U0601952

中国人民大学研究报告系列

中国区域经济发展报告

——"十四五"时期区域经济特征分析与目标展望

2022

REPORT ON REGIONAL ECONOMIC
DEVELOPMENT OF CHINA

主　编　孙久文
副主编　张　皓

中国人民大学出版社
·北京·

总 序

陈雨露

当前中国的各类研究报告层出不穷，种类繁多，写法各异，成百舸争流、各领风骚之势。中国人民大学经过精心组织、整合设计，隆重推出了由人大学者协同编撰的研究报告系列。这一系列主要是应用对策型研究报告，集中推出的本意在于，直面重大社会现实问题，开展动态分析和评估预测，建言献策于资政与学术。

"学术领先、内容原创、关注时事、资政助企"是中国人民大学研究报告系列的基本定位与功能。研究报告是一种科研成果载体，它承载了人大学者立足创新，致力于建设学术高地和咨询智库的学术责任和社会关怀；研究报告是一种研究模式，它以相关领域的指标和统计数据为基础，评估现状，预测未来，推动人文社会科学研究成果的转化和应用；研究报告还是一种学术品牌，它持续聚焦经济社会发展中的热点、焦点和重大战略问题，以扎实有力的研究成果服务于党和政府以及企业的计划、决策，服务于专门领域的研究，并以其专题性、周期性和翔实性赢得读者的识别与关注。

中国人民大学推出研究报告系列，有自己的学术积淀和学术思考。中国人民大学素以人文社会科学见长，注重学术研究资政育人、服务社会的作用，曾陆续推出若干有影响力的研究报告。比如自 2002 年始，中国人民大学组织跨学科课题组研究编写了《中国经济发展研究报告》《中国社会发展研究报告》《中国人文社会科学发展研究报告》，紧密联系和真实反映中国经济、社会和人文社会科学发展领域的重大现实问题，十年不辍，近年又推出《中国法律发展报告》等，与前三种合称为"四大报告"。此外还有一些不同学科的专题研究报告也连续多年出版，在学界和社会上产生了一定的影响。这些研究报告都是观察分析、评估预测政治经济、社会文化等领域的重大问题的专题研究，其中既有客观数据和事例，又有深度分析和战略预测，兼具实证性、前瞻性和学术性。中国人民大学把这些研究报告整合起来，与中国人民大学的出版资源相结合，再进行新的策划、征集、遴选，形成了这个研究报告系列，以期放大规模效应，扩展社会服务功能。这个系列是开放的，未来会依情势有所增减，动态成长。

中国人民大学推出研究报告系列，还具有关注学科建设、强化育人功能、推进协同创新等多重意义。作为连续性出版物，研究报告可以成为本学科学者展示、交流学术成果的平台。编写一本好的研究报告，通常需要集结力量，精诚携手，合作者随报告之连续而成为稳定团队，亦可增益学科实力。研究报告立足于丰富的素材，常常动员学生参与，而这可以使他们在系统研究中得到学术训练，增长才干。此外，面向社会实践的研究报告必然要与政府、企业保持密切联系，关注社会的状况与需要，从而带动高校与行业、企业、政府、学界以及国外科研机构之间的深度合作，收"协同创新"之效。

为适应信息化、数字化、网络化的发展趋势，中国人民大学研究报告系列在出版纸质版本的同时将开发相应的文献数据库，形成丰富的数字资源，借助知识管理工具实现信息关联和知识挖掘，方便网络查询和跨专题检索，为广大读者提供方便适用的增值服务。

中国人民大学研究报告系列是人大学者在整合科研力量、促进成果转化方面的新探索。该系列将紧紧把握时代脉搏，敏锐捕捉经济社会发展的重点、热点、焦点，力争使每一种研究报告和整个系列都成为精品，都适应读者的需要，从而打造高质量的学术品牌，形成核心学术价值，更好地承担学术服务社会的职责。

目　录

第三部分　"十四五"时期区域经济发展新格局

总报告：2021年中国区域发展
与"十四五"时期发展目标

  2021年是"十四五"时期开局之年，也是中国共产党成立一百周年，具有重要的里程碑意义。在这个承前启后的关键年份，中国区域经济发展较为平稳，科技创新、产业发展、制度改革、民生保障、生态文明建设等持续推进，但也面临着需求收缩、供给冲击、预期转弱三重压力。面对百年变局和世界疫情，需要不断激发区域发展潜力，使之持续推进国民经济高质量发展和加快构建新发展格局。

一、2021年中国区域经济运行背景

  面对新型疫情常态化，2021年中国区域经济发展兼顾疫情防控，在保障人民群众生命安全的前提下，努力加强基础设施建设、加大科技创新投入、优化产业结构，有力推动国民经济平稳发展。同时，我国于2021年圆满完成第一个百年奋斗目标，开启向第二个百年奋斗目标进军的新征程，实现了"十四五"时期良好开局。

  首先，疫情防控常态化与经济发展实现接轨。不同于2020年经济发展严重受阻，随着2021年疫情逐渐常态化，经济发展逐渐走上正轨，复工复产平稳进行。在常态化和规范化的统一防控指导下，各省（自治区、直辖市）均客观总结2020年面对突发疫情时的不足，从产业、消费、民生、政策等多方面形成有效提高经济韧性的举措，不断提高应对风险的能力。2021年，中国在疫情防控上提交了令人满意的答卷，在保障人民群众安全的基础上，积极围绕与疫情相关的产业、技术、应急管理等领域开展谋划，形成了新的增收手段，为各省（自治区、直辖市）疫情后恢复经济发展创造了机遇。从2021年各省（自治区、直辖市）经济运行情况来看，各省（自治区、直辖市）均实现平稳发展，特别是以北京、上海等为代表的高技术领域较为成熟的地区进一步围绕医疗卫生等形成了新的效益链条，最终实现了疫情防控与经济发展的深度接轨，为面对和适应疫情常态化提供了初步发展范本。

  其次，时代背景和技术封锁促使技术研发与产权保护力度加大。根据疫情特征与防控需要，我国不断加强疫情防控科研攻关，在药物、疫苗、检测试剂等领域不断取得新突破，持续提高医疗卫生领域的生产力，有力保障民生。同时，面对核心技术的封锁，我国不断推动健全新型举国体制，推进国家重点实验室发展，集中力量打好关键核心技术攻坚战，围绕"十四五"时期发展需要明确新一轮科技创新规划和行动方案，逐渐提高资源配置效率，加强创新人才培养，巩固创新体系建设成果。此外，知识产权更加得到重视，我国于2021年发布《知识产权强国建设纲要（2021—2035年）》，从中央财政科研经费管理、科技成果评价机制、国家实验室等多个方面提出新

的发展要求，进一步明确坚持创新在我国现代化建设全局中的核心地位，使创新驱动国民经济高质量发展的思路更加清晰。从具体成果看，2021年我国航天领域的"天问"和"神舟"系列再次取得新突破，见证多个历史；超导量子计算机取得新发展；基础研究经费投入进一步加大，均显示了我国在某些创新领域的能力与实力。

再次，"十四五"规划为区域经济发展谋划新篇章。2021年是"十四五"时期开局之年，具有承前启后的重要意义。从规划具体内容看，主要是从开启全面建设社会主义现代化国家新征程为始，围绕创新、产业、新发展格局、数字化经济等多方面开始新的布局与展望。其中，在区域经济领域重点指出要优化区域经济布局和促进区域协调发展，强调要优化国土空间开发保护格局、深入实施区域重大战略、深入实施区域协调发展战略、积极拓展海洋经济发展空间。与此同时，2021年新型城镇化和城乡融合发展重点任务进一步明确要深入实施以人为核心的新型城镇化战略，促进农业转移人口有序有效融入城市，增强城市群和都市圈承载能力，转变超大特大城市发展方式，提升城市建设与治理现代化水平，推进以县城为重要载体的城镇化建设，加快推进城乡融合发展。

最后，对外交流和多边主义发展加快。2021年，中国遵循和坚持改革开放以来的发展方向，顺应开放合作的历史潮流，谋求互利共赢，推出一系列扩大开放的政策举措，实现外资准入负面清单持续缩减，自贸试验区开放水平再上新台阶，打造海南自贸港和浦东新区高水平开放等对外开放新面貌。同时，中国维护和践行多边主义，持续深化国际经贸合作，于2021年率先完成《区域全面经济伙伴关系协定》核准程序，正式递交加入《全面与进步跨太平洋伙伴关系协定》和《数字经济伙伴关系协定》等申请，努力融入世界经济大循环，为国民经济发展不断创造新的机遇。

二、2021年中国区域经济发展基本情况

2021年中国区域经济发展不断向好，在疫情常态化后走出了适应疫情、发掘优势、恢复经济的新道路。但是，区域经济仍存在较为显著的差距、分化和不平衡现象，需要在未来继续予以关注。

（一）区域基本情况分析

2021年，面对各种风险挑战，国民经济延续稳定恢复发展态势，全国经济总量达到114.37万亿元，同比增长8.1%，圆满完成预期经济发展目标。取得这一实绩，不仅是各省（自治区、直辖市）积极恢复经济建设和统筹适应新发展特征的结果，而且与顶层的区域发展设计紧密相关。结合区域发展格局看，2021年各省（自治区、直辖市）经济发展总量是不同区域发展战略和已有区域特征下的产物，其虽然受疫情冲击等影响而导致同既有发展轨道偏离，但随经济生产恢复后，又重新取得了新的进展，且更具经济韧性。

如表0-1所示，在2021年，广东经济总量首次突破12万亿元，继续位居全国第一，同比增长8.0%；江苏位居全国第二，经济总量达到11.64亿元，同比增长8.6%。

二者的经济总量远高于其他省（自治区、直辖市），处在断层式的第一梯队，且从经济增速变化中不难发现江苏未来经济总量存在超越广东的可能，这可能是与疫情和科技创新发展受阻影响到广东高新技术产业发展、关键核心技术仍"卡脖子"、产业链和供应链有待增强稳定性和竞争力有关。从两省内城市看，2021 年东莞经济总量首次突破1 万亿元，成为全国第 24 个"万亿之城"。至此，广东与江苏均拥有 4 个国内生产总值（GDP）破万亿元的城市，分别为广州、深圳、佛山、东莞、苏州、南京、无锡、南通。

表 0－1　2021 年全国及各省（自治区、直辖市）经济总量情况

排名	省份	GDP 总量（亿元）	GDP 增速	人均 GDP（万元）	近两年平均增速	2022 年增长预期目标
	全国	1 143 670.00	8.10%	8.09	5.10%	—
1	广东	124 369.70	8.00%	9.87	5.10%	5.5% 左右
2	江苏	116 364.20	8.60%	13.73	6.10%	5.5% 以上
3	山东	83 095.90	8.30%	8.18	5.90%	5.5% 以上
4	浙江	73 516.00	8.50%	11.39	6.00%	6% 左右
5	河南	58 887.41	6.30%	5.93	3.60%	7% 左右
6	四川	53 850.79	8.20%	6.44	6.00%	6.5% 左右
7	湖北	50 012.94	12.90%	8.66	3.30%	7% 左右
8	福建	48 810.36	8.00%	11.75	5.70%	6.50% 左右
9	湖南	46 063.09	7.70%	6.93	5.70%	6.5% 以上
10	上海	43 214.85	8.10%	17.38	4.80%	5.5% 左右
11	安徽	42 959.20	8.30%	7.04	6.00%	7% 以上
12	河北	40 391.30	6.50%	5.41	5.10%	6.50% 左右
13	北京	40 269.60	8.50%	18.39	4.70%	5% 以上
14	陕西	29 800.98	6.50%	7.54	4.30%	6% 左右
15	江西	29 619.70	8.80%	6.55	6.20%	7% 以上
16	重庆	27 894.02	8.30%	8.70	6.10%	5.5% 左右
17	辽宁	27 584.10	5.80%	6.48	3.20%	5.5% 以上
18	云南	27 100.00	7.30%	5.75	5.70%	7% 左右
19	广西	24 740.86	7.50%	4.94	5.60%	6.5% 以上
20	山西	22 590.16	9.10%	6.47	6.30%	6.5% 左右
21	内蒙古	20 514.20	6.30%	8.53	3.20%	6% 左右

续表

排名	省份	GDP 总量 （亿元）	GDP 增速	人均 GDP （万元）	近两年平均增速	2022 年增长预期目标
22	贵州	19 586.42	8.10%	5.08	6.30%	7%左右
23	新疆	15 983.65	7.00%	6.19	5.20%	6%左右
24	天津	15 695.05	6.60%	11.32	3.90%	—
25	黑龙江	14 879.20	6.10%	4.67	3.50%	5.5%左右
26	吉林	13 235.52	6.60%	5.50	4.40%	6%左右
27	甘肃	10 243.30	6.90%	4.09	5.30%	6.5%以上
28	海南	6 475.20	11.20%	6.42	7.30%	9%左右
29	宁夏	4 522.30	6.70%	6.28	5.30%	7%左右
30	青海	3 346.63	5.70%	5.65	3.60%	5.5%左右
31	西藏	2 080.17	6.70%	5.50	7.30%	8%左右

数据来源：各省（自治区、直辖市）统计局公报。

第二梯队主要是包括经济总量突破 4 万亿元的 11 个省份，远高于 2020 年同期水平。首先，山东和浙江位居第三和第四位，同比增速也达到 8%，反映出各省份经济发展迈向新的台阶，未来要进一步根据发展优势走出新思路。其次，湖北经济总量突破 5 万亿元，经济增速达到 12.9%，比预期高出 2.9 个百分点，为全国增速最快的省份。2020 年，湖北经济发展受到严重阻碍，但随着疫情好转与管控得当，经济发展稳中向好，创新动能稳步增强，政策效应加速释放，民生保障有力有效，区域经济发展重新走上快车道。再次，北京和上海两市经济总量首次突破 4 万亿元大关，主要是与两市避免产业空心化，不断发展高新技术产业有关。以北京为例，北京在非首都功能疏解和减量发展中，在疫苗生产和集成电路需求的带动下，充分发挥医药行业和电子行业优势，从而带动区域经济增长。最后，经济总量低于 4 万亿元的省份主要集中在西部地区，但各地经济仍平稳增长，表现喜人。

与此同时，从人均 GDP 看，基于第七次全国人口普查数据计算，有 17 个省份人均 GDP 突破 1 万美元。人均 GDP 的省份位次发生较大变化，其中，北京人均 GDP 继续保持第一，由 2020 年的 16.42 万元增至 18.39 万元；上海人均 GDP 以 17.38 万元位列全国各省份第二；其后，江苏、福建、浙江、天津四省份人均 GDP 均超过 10 万元，分别达到 13.73 万元、11.75 万元、11.39 万元、11.32 万元。从人均 GDP 位次中能够看到，内陆与沿海地区差距显著，在经济总量上位居前列的中西部省份并未在人均 GDP 上继续保持优势，这说明未来各省份要进一步在追求经济高质量发展的同时坚持改善人民群众生活。

从经济增长预期目标来看，2021 年未达标的省份分别为西藏、河南、宁夏、云南、辽宁、青海，其中西藏 GDP 实际增速（6.7%）与目标值（9%以上）相差最大。需要明确的是，实现国民经济高质量发展并非一味追求经济增速。但是，各省份经济发展预期产生偏差也反映出本地经济实力或发展方向有待进一步调整和完善，同时也要提高应对经济不确定性的能力。有 25 个省份的 2022 年经济增长预期目标有所下调，多个省份目标设置在 5.5% 左右，这是在正确研判国内经济发展趋势后的客观反映，因而要积极应对内外部风险，加大宏观政策的稳增长力度。

进一步从四大板块来看，东部地区经济总量占比保持领先地位的绝对优势并未改变，当前依然是东部地区、中部地区、西部地区和东北地区的占比位次。但是，2021年西部地区经济总量占比相较上一年有所减少，基本维持在 21.07% 左右。中部地区经济总量占比由 2020 年的 21.95% 增至 2021 年的 21.99%，相信随着中部地区以湖北为代表的省份经济发展恢复到一定程度后，必然会进一步提高经济总量占比。值得注意的是，东北地区经济总量占比持续下滑，2021 年占全国经济总量的 4.89%，在某种程度反映出中国经济中心持续向西南方向转移。未来，要进一步推动东北振兴，从体制机制、国家安全、新产业布局、城市群建设等方面谋划新的篇章。

（二）区域经济发展特点

从前述分析可知，2021 年区域经济发展持续向好，不同省份积极应对国内外形势，充分发挥区域内部产业特色，走出了独特的发展路子，最终取得了非凡的成绩。但是也要看到，区域经济发展所存在的矛盾仍未改变，呈现出如下特点：

第一，东西部发展差距仍然明显。自新中国成立以来，我国东部和西部之间就存在着差距。作为历史遗留问题，即使是西部大开发实施多年以后，东西部之间差距虽有好转，但区位和资源禀赋上的根本性差别仍导致东西部差距较为明显，并在近些年呈现复杂化倾向。从绝对差距看，2000 年到 2021 年间，东部与西部地区人均 GDP 的绝对差距从 6 791.58 元扩大到了 51 598.33 元。此外，科技创新水平、基础设施水平和医疗卫生水平等方面也仍具有较大差距。"十四五"时期，区域发展政策体系更加健全，区域协调发展战略持续深入实施，东西部区域差距走势要想实现一定水平的缩小，需要抓住这一关键窗口期以努力实现。

第二，南北方发展不平衡现象凸显。按照以秦岭—淮河划分南方和北方后，南北方的面积之比大约为 4∶6，人口之比大约为 55∶45，而产值之比大约为 6∶4。虽然南北方在基础特征上不存在较大差距，但是从 2021 年的数据来看，南方有 7 个省份的产值增速排名全国前 10，而北方却只有 3 个；南方有 9 个省份的产值总量排在全国前 10，而北方有 1 个；南方有 18 个城市的经济总量突破 1 万亿元，而北方只有 6 个。从直观差异中，便能够发现南北方存在着较为显著的发展差距。

第三，区域发展分化严重。从图 0-1 的四大板块经济总量比较看，虽然各省份在2021 年均实现经济增长，但从具体增长速度看，区域间分化严重：东北地区经济增速与其余板块存在较大差距，呈现出转型停滞的特征，同时经济总量占比继续降低，直观反映出我国区域发展存在较为严重的分化现象。未来如何在分化过程中推动区域协调发展和构建新发展格局仍有待进一步思考，需要在区域空间格局变化中探索新思路。

第四，地区发展机会不均等现象依然存在。受区位禀赋等因素的影响，东部沿海

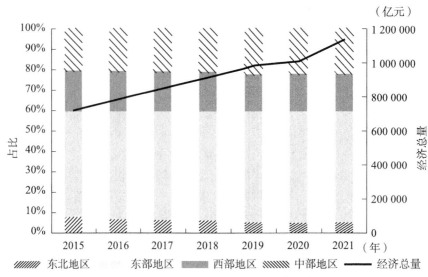

图 0-1 2015—2021 年四大板块情况统计

数据来源：历年统计年鉴和各省（区市）统计局公报。

地区与中西部内陆地区之间产生了发展机会不均等这一客观事实。东部地区凭借区位优势，在改革开放后逐渐摆脱旧体制束缚，市场经济体系建设逐步完善，最终形成了市场体系相对健全、产业外向度高、经济快速发展的发展态势；而中西部地区由于交通相对闭塞、体制机制不健全，限制要素禀赋流动而无法满足地区发展，加之某些以消耗和破坏自然环境为代价的经济行为，最终造成生态环境恶化、经济内生发展动力不足、经济难以可持续发展。

第五，城乡发展不平衡有待进一步缓解。中国城乡发展的不平衡表现之一就是城乡居民收入差距较大。新时代以来，精准扶贫和脱贫攻坚战略的深度实施为欠发达地区发展奠定了坚实的基础，极大改善了欠发达地区基本面貌和低收入人口生活水平，最终有效促进了城乡之间差距在相对数量上不断缩小。以 2014—2020 年的四大板块城乡收入比为例，期间东部地区的城乡收入比值从 2.6 下降到 2.2，中部地区从 2.5 下降到 2.3，西部地区从 2.9 下降到 2.7，东北地区从 2.4 下降到 2.1。同时，2021 年城镇居民人均可支配收入 47 412 元，增长 8.2%；农村居民人均可支配收入 18 931 元，增长 10.5%，也反映出城乡居民收入差距的缩小。虽然整体城乡收入差距仍然较大，但四大板块内部该差距均呈下降趋势，相信当前乡村振兴战略的实施必然能够进一步缩小城乡收入差距。

三、"十四五"时期的区域发展战略与目标

自然地理条件是中国区域发展的空间基础，区域发展战略则是中国区域经济发展政策和产业布局的依据（孙久文，2021）。"十四五"规划对区域发展的战略规划是：

深入实施区域重大战略、区域协调发展战略、主体功能区战略，健全区域协调发展的体制机制，构建高质量发展的区域经济布局和国土空间支撑体系。其主要内容有：优化区域经济布局，深入实施区域重大战略，深入实施区域协调发展战略，积极拓展海洋经济发展空间。

（一）优化区域经济布局

"十四五"时期的区域经济布局主要围绕三大区域发展战略和三大类型区进行部署。首先，三大区域发展战略是区域重大战略、区域协调发展战略和主体功能区战略，其具体的政策方向是健全区域协调发展的体制机制、完善新型城镇化战略和构建高质量发展的国土空间布局和支撑体系。其次，三大类型区是在主体功能区基础上划分而来，分别是城市化地区、农产品主产区和生态功能区。城市化地区的基本功能是高效集聚经济和人口，目前是把划成的 19 个城市群作为城市化地区的最主要承载地；农产品主产区的基本功能是为全国居民提供高质量的农产品，主要分布在平原和绿洲地区；生态功能区的基本功能是保护生态环境，范围是在城市化地区和农产品主产区之外的其余全部地区。

与此同时，优化区域经济布局还需要实现新时代区域高质量发展，这也是"十四五"规划提出的一个重要任务，关键在下述三方面。一是协同推进经济带与经济区的发展。"十四五"规划中的区域重大战略已经明确要重点实施"两带三区"，"两带"是指长江经济带和黄河生态保护与高质量发展带两个经济带，"三区"是长三角一体化经济区、京津冀协同发展经济区、粤港澳大湾区。二是大力解决资源环境约束问题。"十四五"时期实现国民经济高质量发展，首先要将资源环境承载力不足、经济发展与资源环境矛盾等问题予以解决，只有补齐短板才能更好地促进经济发展，提供宜居环境。三是实现区域经济一体化。区域经济一体化是我国长期探索的问题，目前一体化程度最高的就是长三角地区。未来探索区域经济一体化需要以长三角地区为范本，因地制宜地从交通、信息、制度、产业等方面探索可推广的一体化模式，最终实现一体化经济区在地理空间上的"多点开花"。

（二）深入实施区域重大战略

深入实施区域重大战略是"十四五"规划提出的一个重要安排，主要指五大战略，即加快推动京津冀的协同发展、全面推动长江经济带发展、积极稳妥推进粤港澳大湾区建设、提升长三角一体化发展水平、扎实推进黄河流域生态保护与高质量发展。深入实施上述五大战略有利于区域间融合互动、融通补充，实际上是逐渐打破市场、制度、文化等多方面壁垒，提高要素流通性，从而促进区域经济高质量发展和构建新发展格局。特别是随着"黄河流域生态保护与高质量发展"战略的提出，区域重大战略基本涵盖到四大板块下的多个区域，弥补了原先西部地区受区域政策覆盖不足的缺点，为促进区域协调发展奠定了坚实的基础。

第一，加快推动京津冀协同发展。京津冀城市群发展较为迅速，区域协调发展水平提升，三地联动效应增强，GDP 已由 2014 年的 6.65 万亿元提升至 2021 年的 9.64

万亿元。进入"十四五"时期，加快推动京津冀协同发展既是机遇又是挑战，实现这一目标需要进一步从疏解北京非首都功能、建设通州城市副中心，加快建设雄安新区，巩固发展滨海新区，建成轨道交通网这四个方面展开。

第二，全面推动长江经济带发展。长江经济带凭借黄金水道的独特优势，加之充裕的资本赋存、广阔的市场规模，连通东、中、西三大板块，对GDP增长的贡献达到51.1%，已成为经济集聚中心和国民经济发展重心。"十四五"规划提出的全面推动战略是生态优先、绿色发展、共抓大保护、不搞大开发，主要是从生态建设上提出十年禁渔期、绿色产业体系和环境保护举措等，同时也对经济带内的长三角、长江中游、成渝等国家级城市群，黔中、滇中等区域性城市群的联动发展和网络化发展提供一定指导。

第三，积极稳妥推进粤港澳大湾区建设。改革开放以来，珠三角地区就作为对外开放高地不断吸引外资，并依托毗邻港澳的地理优势，实现了较快发展，成为少有的经济增长极。2019年2月，《粤港澳大湾区发展规划纲要》发布，明确指出要构建极点带动、轴带支撑的高质量网络化城市群，指明了粤港澳大湾区发展方向。2021年，粤港澳大湾区的珠江九市创造了占全国8.79%的GDP，城市人均GDP均接近或超越1万美元的门槛，具备建成世界级城市群的巨大潜力。"十四五"时期除了要坚持巩固香港、澳门、广州和深圳中心城市地位以外，还要提高其余城市在城市群网络内的资源整合力度，形成资源要素高质量流动的经济网络，以此促进粤港澳大湾区走上新的高度。

第四，提升长三角一体化发展水平。长三角城市群是中国经济密度最大的区域，首位城市上海周边分布有苏州、杭州、宁波、无锡、南京等多个大城市，"一超多强"的城市格局较为稳定。同时，不同城市的交通网络互相连接，路网密度高，也为一定范围内的一体化发展奠定了基础。"十四五"时期，长三角城市群要继续努力成为实现现代化的先导区，并以建设自贸、发展高端服务业和实现基本公共服务便利共享作为主要目标，促进区域经济发展取得新的突破。

第五，扎实推进黄河流域生态保护与高质量发展。"十四五"规划提出，黄河全流域要优化中心城市和城市群发展格局，打造具有国际影响力的黄河文化旅游带。根据这个战略安排，"十四五"时期要坚持以黄河干流为依托，以西安、郑州、青岛等中心城市为节点，以中原城市群为核心增长极，携手山东半岛城市群、关中平原城市群、呼包鄂榆城市群和兰西城市群，开展流域水土综合治理，推进能源资源一体化开发利用，壮大生态农业与循环工业，以此来实现黄河流域的新发展。

（三）深入实施区域协调发展战略

关于区域协调发展战略，"十四五"规划提出了五个方面的内容，即深入推进西部大开发、东北全面振兴、中部地区崛起、东部率先发展，支持特殊类型地区加快发展，在发展中促进相对平衡。

第一，推动西部大开发形成新格局。自西部大开发战略实施以来，西部地区经济发展长期落后的格局逐渐被扭转，基础设施、产业建设、公共服务、生态修复等方面的大力投入促使地区经济增速长期高于其他板块，为促进缩小区域发展差距起到了重大作用。新时代推进西部大开发形成新格局，除了是对以往区域战略的更迭，更多的是对顺应时代发展和加强区域协调发展的有力部署。从具体内容看，西部地区要进一步将地区划分为西北和西南以便高效规划，据此围绕城市群和中心城市形成区域空间新格局；要推动特色产业发展，加快数字经济发展，抓住发展机遇；要加快生态文明建设与绿色发展，着力解决水资源短缺问题；要以共同富裕为原则解决欠发达地区和低收入人口发展问题；要在"一带一路"倡议的框架下发展陆上边境贸易，同内陆接壤国家发展对外贸易。

第二，推动东北振兴取得新突破。东北振兴是我国长期关注的重点，虽然东北地区各省份经济增速已于2020年实现正增长，但从近年板块间份额比较看，东北地区同其他板块的差距仍在进一步拉大。需要明确的是，推动东北振兴并非是期望其迅速回到经济增长快车道，而是从体制机制、产业布局、市场环境等方面进行扎实的调整，从而在其恢复正增长的基础上再谋划新的发展。"十四五"时期，要重点优化东北地区营商环境，改善体制机制问题；在粮食、生态、能源、产业等领域维护国家安全；加快老工业基地传统制造业改造与发展数字经济，实现新产业布局；培育辽中南城市群建设，促进中心城市发展。

第三，开创中部地区崛起新局面。中部地区从原先产业转移承接中心，逐渐走向自主创新道路，地区经济发展稳健，拥有多个具有优势的城市群和中心城市。"十四五"时期，中部地区要加快建设制造业基地，打造中高端产业集群；积极承接新兴产业转移，形成具有地区比较优势的新兴产业布局；加强对外交流，构建高质量经贸交流平台；加强公共服务体系建设，保障医疗卫生安全。

第四，鼓励东部地区加快推进现代化。东部地区是我国重要经济增长高地，在产业、创新、制度、对外开放、公共服务等多方面均具有极大的领先优势，保证东部地区的高质量发展态势为国民经济平稳发展提供了坚实保障。"十四五"时期，东部地区要扮演好推进社会主义现代化建设的重要角色，要加快实现创新引领，尽快形成可推广的创新赋能高质量发展模式；加快培育先进制造业集群，发展新兴产业和现代服务型产业；全方位参与国际合作，积极学习和吸取国际先进经验；建立全方位开放型经济体系，坚持加大对外开放力度。

第五，支持特殊类型地区发展。特殊类型地区包括以脱贫地区为重点的欠发达地区和革命老区、边境地区、生态退化地区、资源型地区、老工业城市等。"十四五"时期要针对特殊类型地区实行分类规划，如针对革命老区要加强帮扶与资金支持，对边疆地区要推进兴边富民、稳边固边，对资源枯竭型地区和生态退化型地区要加快发展转型与生态修护等。总之，特殊类型地区多数为欠发达地区，坚持因地制宜地开展有效帮扶是促进其发展的必要手段。

（四）积极拓展海洋经济发展空间

当前，我国海洋事业发展已具有一定的战略高度，是"十四五"规划中突出强调的内容。"十四五"规划中明确指出要"坚持陆海统筹，加快建设海洋强国"。

首先，推动陆海统筹战略必须在海权、资源开发、产业、经济发展等方面进行深入部署，以此制定国家海洋战略和海洋经济政策。一是要结合国际局势统筹好海洋维权与周边稳定的关系，保障国家安全与基本权益。二是要统筹好近海资源开发与远洋空间拓展，注重保护生态环境与调整利用时序。三是要加强海洋产业结构优化与产业布局调整，发展可持续的优势产业。四是要注重海洋经济发展与质量提升，避免资源浪费。

其次，加快建设海洋强国，拓展海洋经济发展空间，需要从产业体系、生态环境与对外交流等方面展开。一是要在建设现代海洋产业体系的过程中加大创新投入，攻坚核心技术，努力缩小同发达国家在海洋产业上的差距。二是要打造可持续的海洋生态环境，约束填海行为，确保自然岸线不低于 35%。三是要深度参与全球海洋治理，重视远洋开发和治理，加大对外开放交流力度。

参考文献

孙久文."十四五"规划与新时代区域经济发展 [J]. 中国经济报告，2021 (3)：98-104.

第一部分 "十四五"时期 区域经济发展环境变化

　　"十四五"时期中国区域经济发展环境面临着新的变化,这一系列变化主要源于当前我国正面临着百年未有之大变局。如何抓住机遇与直面挑战,使之有利于中华民族伟大复兴战略全局建设,需要我们不断深入思考。其中,区域经济发展是保证全局建设顺利实施的根本,只有在区域尺度具备面对一切不确定性的能力,才能充分发挥我国制度优势,更加有效地实施区域发展战略,为我国经济高质量发展奠定坚实的基础。

第一章　百年未有之大变局

百年未有之大变局，既是机遇又是挑战。如何在这一变局中明确适宜我国发展的战略方向和抓住有利于中华民族伟大复兴的战略机遇，是当前需要深刻思考的话题。面对复杂的国际形势、疫情、科技革命与产业变革，我们需要辩证看待百年未有之大变局，成为历史发展的参与者和引导者，主动为世界和平稳定发展做出大国应有的贡献。

第一节　百年未有之大变局的内涵

2018 年 6 月，习近平在中央外事工作会议上指出，当前我国处于近代以来最好的发展时期，世界处于百年未有之大变局，两者同步交织、相互激荡。一方面，中国的发展使世界仍然充满着希望；另一方面，世界经济深度衰退，国际贸易和投资大幅萎缩，国际金融市场动荡，国际交往受限，经济全球化遭遇逆流，一些国家保护主义和单边主义盛行，地缘政治风险上升。在这样的形势下，由于国际因素和国内因素的叠加，我国经济发展也将面临新挑战，经济结构性、体制性、周期性问题相互交织带来了新的困难，经济运行面临较大压力（张一飞，2021）。

首先，以中国为代表的新兴经济体集体性物质实力崛起可以作为一种百年未有之大变局。例如：李文（2019）从经济方面指出，以中国为代表的广大发展中国家和以"金砖国家"为代表的新兴国家，经济实力持续增强，使西方世界在经济上丧失绝对优势。亚洲，尤其是东亚取代欧美，成为新的经济增长中心。阮宗泽（2018）从国际实力格局对比的角度对最近百年历史的变化进行了总结。他指出，两次世界大战都主要发生在大国之间，冷战更是以美苏两个超级大国为主，而当下一大批新兴经济体和发展中国家的崛起，促使国际体系和世界格局力量对比更加趋于均衡化。任晶晶（2019）主要强调了中国的实力崛起，指出中国始终保有高度能动性，在融入发展的同时，又在相当程度上驾驭了经济全球化在中国的发展，以及中国参与经济全球化的程度和方式。同时，中国经济具有庞大的规模和体量，这一方面决定了发达国家已对中国经济产生了依赖，另一方面也决定了中国对发达国家具备了经济反制能力。

其次，高新科技的发展可以作为一种百年未有之大变局。例如：金灿荣（2019）从历史发展延续的角度指出，继蒸汽机革命、电气化革命、原子电子化革命之后，以人工智能、3D 打印、5G、量子信息技术、虚拟现实以及生物技术为代表的第四次工业革命正向人类走来。一般而言，第四次工业革命的发展分为两个阶段，即电子和自动化阶段，以及信息化与智能化阶段。尤其需要注意的是，未来 15 年，信息技术与新兴数字经济发展将为人类带来重大发展机遇。更值得关注的是第四次工业革命在智能时代的分布特征。应该看到，智能时代不同于信息时代或互联网时代，大数据和区块链代表了一种从技术垄断到去中心化的转变。虽然第四次工业革命的到来确为共识，但是，高新技术进步的不同方向与百年未有之大变局的联系似乎强弱有别。科技进步有效率进步的一面，也有智能进步的一面。以效率为导向的科技进步是人类前三次工业革命的主题，并非过去百年所未见。因此，以效率为导向的科技进步无论其将生产和生活效率推进至何等神乎其神之状，都不能被视为人类进步尺度上的根本革新。科技进步这一现象中只有超出提升效率的人外智能部分才真正属于过去百年未见之质变。

最后，全球化进程的深化也可以作为一种百年未有之大变局。近20年来，科技进步、创新发展尤其是互联网技术发展，使得全球化发展进入全新的历史阶段，尽管逆全球化也慢慢出现，但是这更多是因为全球化发展已经进入全球价值链分工的新阶段。全球合作与发展已经成为全球化的重要特征和内在规律，因此，试图阻止全球化发展，甚至逆转全球化趋势，都是不可能、也行不通的。从目前的国际形势来看，国家间政治经济联系达到百年未有之紧密，各国相互依赖程度不断加深，气候变化、文明冲突、全球治理、贸易规则、恐怖主义等全球性议题的复杂性和长期性，使得任何国家都没有办法单独应对。从这个角度来说，逆全球化是完全非理性的，逆全球化片面地把全球化理解为一种经济现象，混淆了全球化的本质与现象，忽视了全球化的过程性与阶段性，甚至把全球化误解为资本主义全球化，并将全球化的价值导向与内在理念简单地理解为自由主义。这些"全球化过时论"与"全球化死亡论"都是对全球化发展的误解。

综上，仅从字面理解，百年未有之大变局必须同时满足以下四个条件。条件一，从空间来看，大变局必须以世界为发生范围。习近平总书记所论世界处于百年未有之大变局体现了人类关怀，而非仅仅关乎中国一地，或某些大国。条件二，从时间来看，大变局必须是至少过去百年时长内所未见之现象。换言之，从近年来向前回顾百年至一战结束前后，其间发生的重大现象不能作为大变局所含内容，否则即非百年未有。条件三，大变局是质变而非量变。所谓大者，基本格局、根本形态也。尽管某些现象从百年前即开始萌芽演进，但其漫长演进过程为过去百年所能见，在其出现质变之前是变化而非变局，更不能称之为大。条件四，大变局无关长期稳定存在的事物或事态。恰似达尔文对生物构造所做的概括性评论：自然界富于变化却吝于革新，自有人类伊始便已存在的现象及其必然具备的阶段性生老病死循环都不能被视为大变局的题中之义。因此，对于百年未有之大变局不应拘泥于表面现象或超出上述边界做解读（张艳涛和吴美川，2020）。

第二节　百年未有之大变局的表现

一、国际环境不确定性增强

百年未有之大变局的表现之一是国际环境不确定性增强。美国等一些国家为了转移由疫情激化的国内矛盾，不断在经贸、科技、军事、外交、意识形态等方面恶意制造事端，地缘政治风险不断加剧，给我国安全形势带来不稳定性不确定性。疫情对国际格局产生深刻影响，我国安全形势不确定性不稳定性增大。有学者指出，国际环境不确定性的增强已经或者将导致十大风险。第一是生命风险。第二是产业链断链的风险。第三是通货膨胀风险，这是具有最大不确定性的风险。美国带头实施无限量无底线的宽松货币政策，几十个国家跟进，已经在全球形成了货币放水潮。加上低利率、零利率、负利率，由此引发通货膨胀几乎无可避免。第四是债务风险。第五是金融风险。第六是粮食风险，联合国粮食及农业组织发布报告曾预测，2021年全球将有超过2亿人陷入粮食危机。第七是能源风险，供给侧将受到巨大挑战。第八是贸易和投资风险。第九是安全风险，包括人身安全、地缘安全、整个国际社会的安全。第十是战争风险，一些国家不排除用战争的手段转嫁国内社会矛盾和转嫁国内经济危机。现在世界面临着前所未有的挑战，是20世纪30年代大萧条之后最严峻的时刻。

二、逆全球化趋势的出现与人类命运共同体概念的提出

百年未有之大变局的表现之二是逆全球化趋势的出现与人类命运共同体概念的提出。中美关系的变局将极大地增加世界经济发展的不确定性。当中国人民朝气蓬勃，意气风发，抓住机遇为全面建成小康社会，建设社会主义现代化强国，实现民族复兴而大步前进的时候，美国发起对世界多国特别是对中国的贸易打压，使经济全球化的发展遭遇逆流。上一届美国政府自上任以来，采取"美国第一"的单边主义贸易保护政策，以加征关税等手段相威胁，频频挑起与主要贸易伙伴之间的经贸摩擦（郭树勇和丁伟航，2019）。即便是新一届拜登政府上台，这种逆全球化的情形也并没有得到缓解。2022年1月25日，美国众议院公布了一项野心勃勃的《美国竞争法案》，其中包括520亿美元芯片投资，直指中国。根据该法案，美国将为芯片产业拨款520亿美元，鼓励美国私营部门投资半导体生产；另拨款450亿美元，改善美国的供应链，加强制造业，防止关键物品短缺，保证更多产品在美国本土生产；推动美国的科学研究和技术创新，以及通过经济发展、外交、人权和同盟关系确保美国在全球的竞争力和领导地位。另外，美国政府将利用资金建立库存，以"在供应链受冲击期间维持关键商品供应所需的储备"。从美方的动作看，单边主义、极限施压、以国内法代替国际法几乎已成为常态。中美是两个大国，2021年两国的GDP总量约占世界的40%，制造业约占世界的40%，贸易额约占25%。美国为什么要逆经济全球化潮流而发起贸易打压？原因很多，但深层次的原因是坚持美国第一，追求超额利益，维护美国的世界霸权地位。

世界处于百年未有之大变局，但和平与发展的时代主题没有变，经济全球化的历史潮流没有变。把握这些变与不变，一方面，要适时做出应对之策，例如统筹推进疫情防控与加快复工复产工作，调整内需与外需的关系，推进乡村振兴和实现共同富裕，适时调整宏观政策力度等；另一方面，从战略高度，必须坚持和发展中国特色社会主

义经济发展道路，进一步扩大开放，参与全球治理，构建人类命运共同体。面对世界百年未有之大变局，我国有责任为世界经济发展和全球治理把准航向，以更大的开放抓住发展机遇，以更好的合作谋求互利共赢，主动参与和推动新型经济全球化，发展更高层次的开放型经济，防范全球系统性金融风险，与世界各国一道合作，参与全球治理，构建人类命运共同体，为创造世界经济更加美好的明天不懈努力。中华民族有五千多年优秀文化，新中国成立特别是改革开放以来又创造了世所罕见的发展奇迹，综合国力居于世界前列。我们决不必自认为低人一等，我们更应该有充分的中国特色社会主义道路自信、理论自信、制度自信和文化自信，并有理有力有节地采取措施加以应对。但也要看到，我国仍然是发展中国家，尽管全国年人均收入达到世界平均水平，但仍有广大群众处于欠发达状态，而且在其他领域也与发达国家有差距。更何况，中国建设、改革和发展的成就是同世界人民的支持分不开的，中国的前途是同世界的前途紧密地联系在一起的。因此，我们既要扎根于中国大地，又要不断吸纳人类文明优秀成果，不断发展完善中国特色社会主义经济发展道路。

三、新一轮科技革命和产业变革深入发展

百年未有之大变局的表现之三是新一轮科技革命和产业变革深入发展。新科技革命和产业变革方兴未艾，并以前所未有的能量促进生产力发展，由此带来世界各国综合实力格局的重构。人类社会已经经历了三次科技革命和产业革命，生产力由蒸汽机时代进入电气时代，再从电气时代进入信息化时代。目前正在兴起的以大数据、云计算、人工智能、新材料、新工艺为主要标志的新技术革命正席卷全球，人类正从信息化时代迈入智能化时代。新科技革命的发生和发展，已经并将继续促进生产力大幅提高，使各国综合实力格局发生变化。在这个变化过程中，中国和一批新兴市场国家、发展中国家快速发展，实力相对增强，而美国虽然综合国力仍保持世界第一，但影响力相对下降。美国经济总量（GDP）占世界经济总量比重由1978年的27.8%，下降到2021年的24.4%，而中国经济总量（GDP）占世界经济总量比重在1978年为1.8%，2021年时已经超过18%。

自21世纪初中国政府提出战略机遇期的判断以来，战略机遇期就具有一系列双重属性。只有辩证把握战略机遇期的双重属性，我们才能进一步判断当前和今后一个时期是否还有、如何才有战略机遇期的关键。无论对百年未有之大变局如何理解，但因为是在中华民族伟大复兴的大战略下来解读，所以我们对百年未有之大变局的理解往往趋向于对我们发展有利的方向。例如：在国际权力结构上，以新兴经济体为代表的发展中国家在国际政治经济格局中的地位显著上升，特别是中国日益走进世界舞台中央；在世界秩序维护上，以美国为代表的西方国家正在放弃或者部分放弃其二战后创立并坚持的自由主义国际秩序，而中国则旗帜鲜明地提出要做国际秩序的维护者；在全球治理结构上，发展中国家正在从治理的客体，上升为治理的主体，包括广大发展中国家参与的G20机制对国际金融危机的应对、中国在减贫领域的贡献就是例证；在

高科技领域，新一轮科技革命正在重塑世界科技秩序，并深刻改变了人类生产生活方式。中国占有一定的先机，同时也具有短板且面临挑战。因此，一种观点认为，某种程度上，百年未有之大变局对维护和延长我国的战略机遇期有积极作用；另一种观点认为，百年未有之大变局同样深刻改变了西方发达国家的生存发展环境，推动西方国家国内出现保护主义、民族主义、民粹主义思潮，国际上出现逆全球化、反全球化思潮，导致中国的发展环境趋向恶化，改革开放以来推动中国发展主要依靠的全球化进程受阻。所有这些因素，导致百年未有之大变局对中国发展的战略机遇期产生负面影响。

第三节 百年未有之大变局的应对

变局是世界之常态，多年来，战略机遇期始终是推进中国改革发展进程的关键词。百年未有之大变局对我国并不必然只包含着机遇或者挑战，面对风雷涌动、重新洗牌的时代变局，战略机遇自然是机遇与挑战并存，且机遇大于挑战。如何迎来、抓住、用好战略机遇期将会是谋划中国战略的重要出发点。

第一，我们只有顺应发展趋势，主动应变，因势利导，才能跟上时代洪流。要顺应发展规律，必须要掌握规律。我们必须不断提高对于市场经济规律、自然规律、社会发展规律的认知，加强进行科学分析、民主判断的本领，以全球和全局的视角统筹发展，制定战略。2013年1月，习近平曾在十八届中央政治局第三次集体学习时指出"把世界的机遇转变为中国的机遇，把中国的机遇转变为世界的机遇，在中国与世界各国良性互动、互利共赢中开拓前进"的战略构想。2018年5月4日，在纪念马克思诞辰200周年大会上，习近平特别强调："我们要站在世界历史的高度审视当今世界发展趋势和面临的重大问题，坚持和平发展道路，坚持独立自主的和平外交政策，坚持互利共赢的开放战略，不断拓展同世界各国的合作，积极参与全球治理，在更多领域、更高层面上实现合作共赢、共同发展，不依附别人、更不掠夺别人，同各国人民一道努力构建人类命运共同体，把世界建设得更加美好。"2018年6月，习近平在中央外事工作会议上强调要具有"统筹国内国际两个大局，坚持战略自信和保持战略定力，坚持推进外交理论和实践创新，坚持战略谋划和全球布局，坚持捍卫国家核心和重大利益，坚持合作共赢和义利相兼，坚持底线思维和风险意识"的战略思路。2019年4月，习近平在会见联合国秘书长古特雷斯时强调指出："当今世界正经历百年未有之大变局。我们要从各种乱象中看清实质，从历史的维度中把握规律。经济全球化的大势不可逆转，合作共赢才是人间正道。"一言以蔽之，面对已经到来的百年未有之大变局，以习近平同志为核心的党中央以身作则，高屋建瓴，在对变局提出深刻见解的基础上，秉持战略定力，运筹帷幄，决胜千里，顺应历史周期，适应客观规律，着力打造以"融入到变革，变革到塑造"为核心的和平发展战略框架。将坚持主客观统一，增强转危为机的能力，推动中国在国际舞台上发挥更为积极、更具建设性的作用。中国的崛起不可阻挡，世界和平是大势所趋，习近平统筹国内国际两个大局进行研判，前所未有地提出人类命运共同体、新型国际关系，为世界发展注入了新理念新思想新战略。中国积极运筹战略布局，继续"一带一路"倡议，在全球经济发展、国与国的交往秩序、世界减贫事业和区域分工合作等方面扛起大国的责任，努力打造和构建出新的战略机遇期。通过实施上述的战略，中国不仅化身为助推世界发展的推进器和定盘星，也作为世界和平、人类进步的重要守护者发挥作用。在这一过程中，中国坚持有所为与有所不为的辩证统一，时刻准备应对国内外各种可能在较长一段时间内存在的负面因素，注重事前演练，未雨绸缪，尽力避免判断失误，防止落进战略陷阱，围绕打造出的战略机遇期的可用机会进行部署和规划，在百年未有之大变局中稳健发展。

第二，我们只有聚焦中国多维度发展，进一步面向世界，才能更好地参与全球治理。一方面，中国要继续走不称霸不对抗的发展道路，把重心放在增强综合实力上，保障实现中华民族伟大复兴的物质文明和精神文明，同时抓住时机全面深化改革，以咬定青山不放松的态度继续推动开放，让中国走向世界。冷战结束后，两大阵营、两大平行市场消失，经济全球化深入发展，世界各国进入"你中有我、我中有你"、命运与共的高度相互依赖的时代。在安全领域，没有一国能独善其身，只有在世界共同安全时才能获得真正安全；在发展领域，没有一国能关门兴业，只有在世界共同繁荣时才能获得持久发展。经济稳定良性可持续的发展是中国实现综合发展的根本底气，而塑造战略机遇期的重点是从根本上摆脱粗放型、追求速度的经济增长模式，转变为高质量发展。需要以供给侧结构性改革为主线，推动经济发展质量更新、效率更新、动力更新，提高全要素生产率，重点打造实体经济，让科技创新、现代金融、人力资源融入现代化的产业发展事业，着力构建市场机制有效、微观主体有活力、宏观调控有度的经济体制。要紧扣重要战略机遇期的新内涵，加快经济结构优化升级，提升科技创新能力，深化改革开放，加快绿色发展，参与全球经济治理体系变革，变压力为加快推动经济高质量发展的动力。同步推进国内高质量发展和世界共同繁荣，促进国内国际双循环。当前，中国正处于经济结构转型升级的关键时期。为此，中国必须秉持创新、协调、绿色、开放、共享的新发展理念，一心一意谋求高质量发展。而且，战略机遇期的共享性日益突出。传统的观念认为，发展的战略机遇期具有很大的专属性，指一个国家的综合国力、国际竞争力和影响力均处在一个可以预期的持续上升时期。但是，在相互联系、相互依存日益紧密的全球化时代，中国与世界各国利益的共享性与共同性急剧增强，这也就决定了中国发展战略机遇期同时也是其他国家的战略机遇期，反之亦然。战略机遇期的专属性在弱化，而共享性增强了。所以我们要在国际上继续秉持共赢和多赢思维，坚定推动世界经济的开放性，并秉持正确义利观，推动经济全球化朝着普惠、共赢方向发展。在立足国内大循环的同时，促进国内国际双循环，促进国内经济和世界经济同步提升，同步推进国内文化强国建设和世界文明互鉴互荣。社会主义现代化不仅是物质文明的现代化，而且是精神文明的现代化。为此，必须在国内毫不动摇地坚持马克思主义的指导地位，弘扬社会主义核心价值观，大力发展文化教育事业和文化产业，建设文化强国。在国际上继续坚决反对"西方文明中心论"和"文明冲突论"，推进世界文明的共同进步。通过以上措施，全面激发和展现新时代中国特色社会主义的充沛活力。与此同时，我国充分运用人类社会创造的先进科学技术成果和有益管理经验，通过自由贸易试验区和自由贸易港建设、服务业扩大开放综合试点、开放型经济新体制综合试点等各种试点试验，在商事登记、贸易监管、金融开放创新等领域进行系统性制度改革，并注重加强系统集成，逐步完善法治化、国际化、便利化的营商环境，以系统性的制度开放促进高水平的对外开放；加快构建开放型经济新体制，大力推进"一带一路"建设，积极参与全球治理体系改革和建设，开辟我国参与和引领全球开放合作的新境界。

第三，我们必须拥有全球视野，主动有为地向世界提供新的发展机会。中国战略机遇期的内涵及生成条件的变化，与中国和世界的互动关系有着密切的关联。中国走进世界舞台中心，成为百年未有之大变局的内生因素和内生动力。中国不仅是世界发展机遇的得利者，更应是世界发展机遇的创造者。中国崛起改变了中国与世界的关系，使其遭到多种力量的制约和遏制。因此维护和利用新的战略机遇期，不仅仅是中国自身的事情，还需要与外部世界实现良性互动。抓住重要战略机遇期，必须同步提升抓住机遇和应对挑战的能力。这突出表现在四个方面。一是科学决策能力。不管是抓住机遇还是迎接挑战，都必须科学谋划，打有准备之仗。因此，增强科学决策能力至关重要。二是行动协调能力。全面建设社会主义现代化国家是一个系统工程，牵涉全国各个行业和全国各族人民。因而，必须坚持党的集中统一领导，确保党能总揽全局、协调各方。为此，全国人民必须自觉做到"两个维护"、增强"四个意识"，在思想和行动上严格与党中央保持一致。三是防范和化解重大风险的能力。恰如习近平总书记所言："在前进道路上我们面临的风险考验只会越来越复杂，甚至会遇到难以想象的惊涛骇浪。"因而，我们必须不断提升防范和化解重大风险的能力，确保重要战略机遇期内各项目标如期实现。四是科技自主创新能力。中国曾通过引进国外先进技术获得了快速发展，但随着中国与西方国家的差距日益缩小，西方国家已将技术封锁作为遏制中国快速发展的主要手段。中国唯有提升自主创新能力，才能实现科技安全，为建成社会主义现代化强国提供安全保障和动能源泉。只有这样，我们才能在全球事务上扮演更为积极、建设性和引领性的角色。在世界经济前行至命运的路口时，中国积极推动构建人类命运共同体和新型国际关系，大力推动全球治理体系朝着更加公正合理的方向发展，积极推进总体稳定、均衡发展的大国关系框架建设，佐以"金砖国家"的制度化合作，致力于稳定国际体系变革的方向。其间，中国将全球治理摆在突出位置，积极参与全球治理，增强国际社会应对共同挑战的能力，努力为完善全球治理贡献中国智慧，为人类破解治理赤字、信任赤字、和平赤字、发展赤字等难题指明方向和路径。面对百年未有之大变局，面对严峻的全球性挑战，面对人类发展在十字路口何去何从的抉择，各国应该积极做行动派，不做观望者，共同努力把人类前途命运掌握在自己手中。为此，我国要坚持公正合理，破解治理赤字；坚持互商互谅，破解信任赤字；坚持同舟共济，破解和平赤字；坚持互利共赢，破解发展赤字。通过共同努力，让各国人民共享经济全球化发展成果。在这一进程中，中国不仅要善于抓住机遇实现全球拓展，还要致力于向世界提供新的战略机遇期，让中国机遇、中国贡献为世界所共享，坚持建设性作为，积极应对某些国家推动与中国"脱钩"的图谋，以共商共建共享为主线推动实现国际合作的新境界。

第四，我们必须夯实地区重心，立足东亚，优化中国地缘环境和经济格局。纵观世界历史发展进程，没有一个真正的世界大国不是先从自己所在地区的事务中逐渐占据主导地位而发展起来的。一般而言，不谋全局者，不足谋一域。然而，在经济全球化和地区一体化的潮流之下，不谋一域者不能谋全局。中国战略机遇期的挑战虽则来自全球，但在眼下，工作重心和战略重点仍然是在东亚地区和中国周边。一般意义上，由于历史承继的影响，中国习惯用"周边"来描述地区关系，而"一带一路"沿线国家可视为地区和周边的扩大。鉴于此，中国战略的地区重心体现在东亚、周边和"一带一路"三个层面，要更加积极地推进地区合作，致力于促成东亚地区全面合作的制度框架。与此同时，中国加强与俄罗斯和中亚国家的合作，主导推动上海合作组织的发展壮大，深化与印度、巴基斯坦、阿富汗等南亚和西亚国家的合作，全面提升中国在周边地区的影响力、感召力和塑造力，保证中国周边的稳定和发展。中国倡导并推动"一带一路"，以正确的义利观、安全观、发展观和世界观展现了中国的大国责任和担当，堪称中国主动向世界提供战略机遇的明证。"一带一路"是中国提出的一个陆海并进、依托亚洲、辐射周边、影响全球的泛亚地区倡议，体现了中国对建构开放包容的地区合作机制的思考。"一带一路"首先是一个地区经济概念，以推动各国共同发展为指向，以亚欧大陆经济一体化发展为支撑。"一带一路"倡议是以亚洲国家为重点，以构建陆上和海上经济合作走廊为形式，以运输通道为纽带，以互联互通为基础，以多元化合作机制为特征，以打造命运共同体为目标的区域合作安排。它表明，中国新的国际定位是全球性大国，并不把自身利益局限于亚洲，而是在亚洲、欧洲、非洲等多地扩展国际影响力，在全球范围内寻求制度化合作。亚太地区以往市场开放的成果主要还是靠世界多边体系，以及各国（地区）实施的开放发展战略，因此，从这个意义上说，在世界多边开放进程陷入停滞的情况下，中国应在推动多边进程方面发力，比如让WTO框架下的贸易便利化协议得到落实，推动WTO框架下的服务贸易谈判等，还要通过集体作用，维护亚太地区各国（地区）的开放政策，拒止保护主义。还有，应该努力推动真正互联互通蓝图落到实处，这既能改善地区的发展环境，又能创造新的经济增长动力。"一带一路"是中国通过陆海构建对外经济合作、实现亚太地区经济一体化的重大倡议，是新时代中国塑造战略机遇期的重要抓手，是把中国发展机遇转化为地区乃至全球机遇、为世界提供新战略机遇的重要抓手和核心路径。

参考文献

[1] 郭树勇，丁伟航. 论百年未有之大变局的时代内涵与治理逻辑 [J]. 社会科学，2019（9）：12.

[2] 金灿荣. 观察"当今世界百年未有之大变局"的五个视角 [J]. 东北亚学刊，2019（3）：26 - 27.

[3] 李文. 百年未有之大变局的构成与应对 [J]. 东北亚学刊，2019（3）：26 - 27.

[4] 任晶晶. 在"百年未有之大变局"中奋力实现中华民族伟大复兴 [J]. 东北亚学刊，2019

（3）：18 - 24.

　　[5] 阮宗泽 . 百年未有之大变局：五大特点前所未有 [J]. 世界知识，2018（4）：14 - 17.

　　[6] 张艳涛，吴美川 . 百年未有之大变局之哲学分析 [J]. 吉首大学学报（社会科学版），2020
（1）：7.

　　[7] 张一飞 . 百年未有之大变局的三个面向 [J]. 国际经济评论，2021（1）：75 - 93.

第二章　中华民族伟大复兴战略全局

2021年2月，习近平总书记在党史学习教育动员大会上指出："了解历史才能看得远，理解历史才能走得远。要教育引导全党胸怀中华民族伟大复兴战略全局和世界百年未有之大变局，树立大历史观，从历史长河、时代大潮、全球风云中分析演变机理、探究历史规律，提出因应的战略策略，增强工作的系统性、预见性、创造性。"不谋万世者，不足谋一时；不谋全局者，不足谋一域。深刻把握中华民族伟大复兴战略全局对科学把握国际形势演变规律和明晰历史交汇期我国经济发展面临的机遇挑战具有重要意义。为此，必须有序推动制度优势转为治理效能，逐步解决城乡发展与区域差距重点问题，关注重点领域和问题区域的深化改革，着力提高创新能力和自主研发能力。

第一节　制度优势与治理效能

党的十九届四中全会最鲜明的一个亮点和创新点，就是第一次系统总结概括了我国国家制度和国家治理体系的十三个显著优势，并提出了把我国制度优势更好转化为国家治理效能的重要命题，其目的就是加快中国特色社会主义制度集成创新，充分发挥治理效能，彰显中国制度的显著优势，并为中华民族的伟大复兴提供制度保障。党的十九届五中全会进一步明确了建设国家治理体系和治理能力现代化的时间表和路线图。事实证明，新中国成立以来已取得了经济飞速发展、社会保持长期稳定等诸多令人瞩目的成就，而这些都得益于中国特色社会主义制度的显著优势，以及强有力的制度执行力（李景治，2020）。

所谓制度优势，可以理解为一个国家在制度设计、制度执行及制度环境等方面较之于他国所拥有并彰显出来的有利形势和超越性态势。制度是国家治理的内在依托，制度的优势不仅构成了国家形象的核心要素，而且为国家在国际舞台上赢得比较竞争优势提供了坚实保障（岳奎和王心，2021）。正基于此，制度优势是一个国家的最大优势，制度稳则国家稳。中国特色社会主义制度是契合中国国情，并能够切实引领中国走向未来的先进制度体系，有着自身独特的优势和长处。党的十九届四中全会着重从党的领导、理想信念、民族平等、社会公正、社会活力、民生改善、人才汇聚等十三个方面对我国制度和治理体系的优势进行了概括。这一概括不仅解析了"中国之治"的内在密码，也为领悟中国特色社会主义制度的优势所在提供了基本框架，即我国的制度优势既涉及党的领导层面、理论层面、历史层面，也延伸至社会和文化层面，整体上构成了一个内蕴多重积极因素的优势体系。

从理论性优势、历史性优势到文化性优势、社会性优势，再到党的执政性优势，这些优势因素的客观实在性，从整体上构成了中国特色社会主义制度本源性、运行性和保障性的三维优势架构。对这一架构的归纳和总结明确了制度优势的基本框架，也为进一步发挥制度优势并实现治理效能的转化提供了整体路向。从理论上讲，制度建构是实现国家治理的基本前提。国家治理及其效能的提升，则在实践中构成了制度优势的重要表征。制度作为规范体系，本身是静态的，其内在价值只能在动态的治理实践中得以彰显，因此制度的优势需要通过国家治理及其效能来体现。国家治理是通过国家内部制度的建构和应用，以及各机构职能的发挥等，来达至维持社会秩序和实现国家发展根本目标的行为和过程。而治理效能在很大程度上则是通过治理的效率、效益或功效等展现出来的。国家治理效能，说到底就是国家治理主体在治理实践中带来的积极效应和有效产能。现代国家机器的系统性决定了国家治理价值的复合性，由此也必然带来国家治理效能的多元性。科学把握制度优势向治理效能的转化逻辑，可以通过建构系统模型来对其内在的转化机理及其具体模式做出阐释。

党的十八大以来，党中央以巨大的政治勇气和强烈的责任担当，推动党和国家事业不断向前发展，在社会经济各领域取得了举世瞩目的伟大成就。随着党中央全面从严治党的深化发展，以及国家治理体系和治理能力不断走向现代化，应该说，在推进我国制度优势向治理效能进行转化的历史进程中，无论是内在的系统结构还是外在的运行环境都是不断趋于完善的，这一主流应首先给予充分肯定。

其一，新时代的理论创新和管党治党的不断发力，为中国特色社会主义制度优势因素的不断累积提供了坚实保障。这集中体现在中国特色社会主义制度的理论性优势、执政性优势等本源性和保障性优势因素的系统累积上。党的十八大以来，以习近平同志为核心的党中央在推进治国理政的过程中提出了一系列新理念新思想新战略，并在此基础上形成了习近平新时代中国特色社会主义思想。作为马克思主义中国化的最新理论成果，习近平新时代中国特色社会主义思想不仅建构了新时代坚持和发展什么样的中国特色社会主义的科学认知体系，而且对新时代怎样坚持和发展中国特色社会主义这一重大命题做出了系统性解答，为新时代坚持和完善中国特色社会主义制度提供了坚实的理论支撑。在其科学指引下，党中央坚持"四个全面"战略布局和"五位一体"总体布局，不断推进国家治理体系和治理能力现代化。正是基于强烈的责任担当和使命自觉，新时代以来党的政治领导力、思想引领力、群众组织力和社会号召力得到显著提升，由此为累积中国特色社会主义制度优势因素提供了坚实保障。

其二，新时代党中央治国理政取得的伟大成就，为中国特色社会主义制度优势转化为国家治理效能提供了良好的外部环境。国家治理体系的运行会受到外在环境的影响，同时也会对外在环境产生反作用。新时代以来，党中央全面从严治党不断深化，在不断累积中国特色社会主义制度优势因素的同时，也推动我国社会经济各方面的发展取得了举世瞩目的伟大成就，这反过来又为推进中国特色社会主义制度优势转化为国家治理效能进一步营造了良好的外部环境和空间。一方面，新时代我国社会经济各方面发展取得的伟大成就，为推进中国特色社会主义制度优势转化为国家治理效能提供了更为充分的正向激励和支持。党的十八大以来，在党中央的坚强领导下，国家经济形势的稳中向好、政治生态的不断改善、社会治理模式的不断创新、生态环境质量的持续提升及民生状况的显著改善等，极大强化了中国特色社会主义制度的执行力，为制度优势切实转化为治理效能获取了更多的支持力量。另一方面，新时代政治、经济、社会、文化、生态各方面发展取得的伟大成就，也进一步纾解了国家治理体系运行面临的社会压力。尤其是党的十九大明确提出了新时代中国特色社会主义发展的战略步骤，为中国未来的发展指明了科学的前进方向，在进一步推进国家治理体系和治理能力现代化的基础上，为确保中国特色社会主义制度优势转化为国家治理效能提供了更加坚实的外在保障。

《中共中央关于坚持和完善中国特色社会主义制度 推进国家治理体系和治理能力现代化若干重大问题的决定》（下文简称《决定》）强调要把制度优势转化为国家治理效能，这意味着一种好的制度必须掌握在具有相应能力的人手中，并被合理运用。因此，这种转化关键在于制度的执行者要掌握并运用好制度优势。制度优势一旦被执行者所掌握并加以有效运用，就会显示出强大的力量。第一，要学懂弄通制度优势，解决"知"的问题。知，是行的基础和前提。制度的执行者要对十三个显著优势进行全面准确深入的理解和把握，以明确转化的方向和路径。如果对十三个显著优势一知半解、浅尝辄止，怎么能转化得好呢？由此，要加强对制度的理论研究和宣传教育，引导全社会充分认识中国特色社会主义制度的本质特征和优越性，教育引导广大党员干部群众认识到，中国特色社会主义制度和国家治理体系是经过长期实践检验的，来之不易，必须倍加珍惜。第二，要对制度保持敬畏和信仰之心，解决"信"的问题。知而不信，也是制度执行及其转化的阻力。对制度优势的敬畏和信仰，来自对我国国家制度和国家治理体系十三个显著优势发自内心的理解、把握和认知。这种认知包括理论认知、情感认知，在此基础上，还要进一步坚定制度自信。第三，要具有掌握和运用制度的能力，解决"能"的问题。一种制度即使具有较大优势，如果驾驭这种制度的人的能力跟不上，其优势也体现不出来。所以，正如《决定》所强调的，要把提高治理能力作为新时代干部队伍建设的重大任务，通过加强思想淬炼、政治历练、实践锻炼、专业训练，推动广大干部严格按照制度履行职责、行使权力、开展工作，把制度执行力和治理能力作为干部选拔任用、考核评价的重要依据。第四，要不断运用制度优势，解决"用"的问题。各级党委和政府，以及其他制度的执行者，要切实强化制度意识，带头维护制度权威，做制度执行的表率，带动全党全社会自觉尊崇制度、严格执行制度、坚决维护制度；还要健全权威高效的制度执行机制，加强对制度执行的监督。第五，要强治理能力的弱项、补治理能力的短板，解决"短"的问题。一定要及时健全相关制度，加强相应的治理举措。

第二节　城乡融合与区域差距

城乡融合是一个多层次、多领域、全方位的融合，它包括城乡要素融合、产业融合、居民融合、社会融合和生态融合等方面的内容。城乡融合的本质就是通过城乡开放和融合，推动城乡一体化发展（孙久文，2021）。为实现更高质量、更有效率、更加公平、更可持续的发展，就必须将技术创新作为先导，加快关键核心技术攻关、激发企业创新活力、助力基础前沿研究，通过优化国民经济运行效率，夯实国内大循环的主体地位。改革开放 40 多年来，我国城镇化率已由 1978 年的 17.92％提升至 2021 年的 64.72％，一场由以农为本、以土为生的乡土中国向乡土变故土、乡村变故乡的城乡中国的历史性转型正在悄然发生。然而，在城乡互动的生产、分配、交换、消费四大环节依然存在着诸多堵点，城乡深度融合任重而道远。要想畅通城乡分工大循环网络，就要把实施自主创新战略与深化供给侧结构性改革有机结合，通过技术创新重塑城乡供需体系。

生产环节重在畅通产业供应链，助推城乡深度融合保障关键技术有效供给是畅通城乡产业供应链的重要前提。新中国成立之初，为在最短时间内完成由落后农业国向先进工业国的蜕变，我国政府通过压低农产品价格为工业生产提供廉价原料，强化了工业产品的国际竞争力，在工农产业部门间形成了剪刀差效应，产业供应链重心明显向城市端倾斜，形成了核心-边缘式的城乡产业供应链体系。1978 年改革开放以来，为保障工业与农业、城市与乡村的协调发展，中央秉承以工促农、以城带乡的战略总方针，以技术创新为引擎深入践行农业工业化构想，推进农产品机械化生产，极大优化了农业全要素生产率。在农业技术创新的驱动下，乡村产业的比较优势得到充分释放，城乡产业供应链体系中的不对等现象渐趋消弭，生产环节的城乡深度融合障碍逐步消融。步入 21 世纪，随着新技术革命的到来，生物育种、农机装备、绿色增产等核心技术领域的攻关成为焦点，涌现出一批农产品自动化生产线、智能化车间，农业综合竞争力稳步提升，城乡产业供应链中的位势差被明显削弱，核心-边缘式的城乡产业分工模式被打破，构建一体化的城乡产业供应链体系成为可能。

分配环节重在匹配技术创新前沿与人力资本供给，确保城乡深度融合和消除城乡要素流动壁垒是调控城乡收入分配差距的关键条件。受传统二元分割体制的制约，城乡技术创新能力和创新效率间存在着明显鸿沟，抑制了国内统一大市场的建设。加之农产品具有缺乏需求弹性的特征，农业技术革命将使作为消费者的城市技能型劳动力福利改善，进一步拉大城乡收入分配差距。伴随市场化改革的深入推进，为缓解技术创新的技能偏向性，国家在出台税收减免、延期纳税、盈亏相抵、信贷支持等一系列优惠性政策调动农业部门技术创新积极性的同时，加强了对于乡村劳动力的职业技术培训，乡村高素质劳动力供给增加，避免了农业技术创新与乡村人力资本间的错配现象，有效缩小了城乡收入分配差距。值得一提的是，党的十八大以来，在"互联网＋新技术"浪潮的冲击下，以包容、效率与创新为主要驱动力的数字普惠金融，通过长尾效应提供了更为丰富的金融产品与服务，使得乡村居民的融资困境得到实质性改善，城乡收入分配差距正稳步朝着合理区间前进。

交换环节重在健全城乡产品流通网络，促进城乡深度融合，盘活产品流通网络是城乡良性循环的重要基础，是衔接社会扩大再生产各个环节的中枢。在改革开放以来相当长的一段时间内，虽然交换环节的新业态新模式不断涌现，但城乡产品流通网络中依旧不乏堵点，物流与信息流的"最后一公里"并未真正打通，高企的交换成本成为阻滞城乡良性循环的最大绊脚石。针对上述问题，近年来，国家开创性地将大数据、物联网、第五代移动通信等新兴技术广泛运用于城乡产品流通网络建设中，功能齐全的集成化物流管理平台升格为城乡物质流、信息流网络的核心单元，传统工农产品批发零售市场正面临前所未有的深刻变革。通过对配送中心与销售网点的有效整合，传统规模与地理分割所导致的产业区隔被新技术革命彻底颠覆，工农产品运输、储藏、加工、装卸、包装与流通等交换环节得以平稳运行，有效改善了城乡间商品与要素交换的外部环境。

消费环节重在调动乡村消费潜能，加快城乡深度融合。作为物质资料生产总过程的终极目的和动力，消费既是终点也是新起点，是培育内需潜力的着眼点。虽然我国城镇化率在2019年底已跨过60％的门槛，但乡村人口依然较多，乡村消费市场蓄积着巨大动能，为从消费终端加速城乡深度融合奠定了现实可能性，契合生活富裕的乡村振兴总基调。近年来，在智能化、移动互联网和云计算等新一代信息技术的支撑下，乡村电商平台悄然发轫，不仅引致了新一轮产业革命，而且还显著缩小了城乡居民消费差距。乡村地区特别是偏远贫困地区普遍面临买难卖难等严峻挑战，以移动网络技术为核心支撑的乡村电商平台被推向前沿。在"大智移云"新技术的推动下，乡村居民不仅能顺利完成农产品的上线销售，还能通过电商平台足不出户购置来自全国各地的商品。消费产品高端化、消费结构服务化、消费渠道网络化成为大趋势，与城市消费相呼应，在国民经济高质量发展中的基础性地位日益凸显。在两个一百年奋斗目标的历史交汇点，为从根本上解决城乡产业链供应链不通畅、城乡收入分配失调、城乡骨干流通网络不健全、乡村消费潜能释放欠充分等问题，技术创新被推向历史前台。成功打通生产、分配、交换、消费等城乡互动环节中的梗阻，成为完成从乡土中国到城乡中国的国内大循环战略演进的不二法门。"十四五"时期是我国全面建成小康社会、实现第一个百年奋斗目标之后，乘势而上开启全面建设社会主义现代化国家新征程、向第二个百年奋斗目标进军的第一个五年，唯有坚持将技术创新作为引导城市与乡村良性大循环的第一动力，才能有效突破乡村产业窄化、乡村人口发展机会缺失的瓶颈，确保城乡两种文明形态共生共融，引领更高水平的动态平衡。

除了城乡融合，区域差距也是亟须解决的问题。区域发展差距的变化一方面受国内外环境和区域要素禀赋影响，另一方面则受区域政策和区域发展战略等的影响，而后者往往起到更重要的作用。新中国成立后一段时期的区域平衡化发展是以政府为中心协调资源流动的，区域发展差距维持在一定水平是这一时期的主要特征；改革开放后，我国根据发展实际需要先后实施了区域非均衡发展战略和区域协调发展战略，导致区域发展差距反复波动，最终形成当前区域发展差距缩小且趋缓的态势。在"十四五"时期构建新发展格局和我国全面建成小康社会并向社会主义现代化强国迈进的现实背景下，继续坚持区域协调发展具有重要战略价值。"十四五"时期区域发展战略的实施还需要从基础设施、公共服务等多个方面着力，特别是要以完善财政转移支付制度为基础，加大对革命老区、边疆地区等特殊类型地区的建设投入，扭转欠发达地区与基础设施等的错配，使其具备承接和发展本地产业的基础条件。对其他基础条件相对欠发达的地区也要予以政策倾斜，使其具备形成增长内生动力的基础条件，防止返贫。在这一过程中，要注意处理好中央与地方的关系，以改变地区发展环境的愿景为共同动力，共同促进地区发展基础条件的改善。

区域发展差距演变过程和当前呈现的新趋势，与区域协调发展战略的实施紧密相关。面对当前国外宏观环境新变化和国内经济发展的新形势，应在优化已有战略的基础上尽快迈入区域协调发展新阶段，打破当前区域发展差距的平稳固化，以此实现各区域经济高质量发展和区域发展差距进一步缩小。值得强调的是，区域协调发展是在特定时间和特定范围内的协调发展，区域协调发展战略应在"十四五"时期以更加长远的眼光对未来区域布局和政策制定提供有益指导，抓住战略窗口期的可能机遇。

第一，正确、客观认识与利用区域发展差距。面对我国未来也可能长期存在区域发展差距的基本现实，应正视区域发展差距，并利用区域发展差距造成的地区间发展水平落差，使其从不利变为有利，成为缩小区域发展差距的动力。具体而言，在明确欠发达地区存在发展机遇和潜力的基本认识的基础上，充分利用发达地区经济优势，基于区域发展差距考量估计当前可解决的差距因素，利用此挖掘发达地区能够为欠发达地区作贡献的可行方式，从而加快要素流动，促进欠发达地区发展。当前，国家区域发展政策的基本出发点仍然是东西部之间的发展差距。乡村振兴重点地区的选择、资源型地区、革命老区的扶持政策等，都是从东西部之间差距的角度进行选择的。南北方的发展差距已经有很多学者进行分析和研究。但是，南北方的发展差距还没有到影响区域发展政策的地步，也就是说，对于南北方的发展差距仍需进一步观测。

第二，因地施策形成差异化、特色化区域发展模式。建立统一规范、层次明晰、功能精准的区域发展政策体系，是从全局性和区域性出发推进区域协调发展的重要途径，当前我国区域发展政策已从国家顶层设计—区际规划—省际部署等方面展开诸多有益探索，成效显著，但缺乏进一步从更小尺度的空间单位制定更加精细的地方政策。事实上，在扶贫攻坚中实施精准扶贫战略证实了精准施策在完成战略目标和短期任务中的突出价值和积极作用。现阶段，可在明晰各区域发展所存在问题的基础上，设计与施行更具针对性的经济发展政策，以加快区域经济发展和缩小区域发展差距，推动地区整体发展水平的提高。"十四五"时期，应针对重大战略覆盖区域，城市群、中心城市、特殊类型地区等，制定差异化和特色化的发展战略，从区域经济的比较优势出发，确定不同的发展定位。例如，原来对于西部地区的一些深度贫困地域，我们重视的是如何对其进行发展援助，在新时代则需对这些地域进行重新定位，发挥其在国民经济中的作用，从而在不同程度上推动地区经济发展，形成新时代的区域协调发展格局。

第三，统筹协调区域发展重大战略、地区发展与要素禀赋间关系。区域发展政策是基于地区发展水平和要素禀赋而制定的。虽然已有政策是在考虑上述因素的基础上制定发布的，但从实际应用推广效果来看，往往会受体制机制或资源环境的限制而减弱。在五大区域发展战略的背景下，统筹协调其关系，突破行政区划界限，促进各个地区互融共通，形成从上至下逐一辐射、逐一落实的协作关系，对未来区域协调发展具有重要意义。同时，也要针对不同地区的要素禀赋差异制定差异化的发展规划，使之与重大战略相匹配，从而形成优势互补的层次关系，以便促进区域发展差距缩小和经济高质量发展。"十四五"规划提出的区域发展重大战略充分彰显了中央缩小区域发展差距的取向。其中，长江经济带发展战略、黄河流域生态保护和高质量发展战略，都是涵盖东中西部、发达与欠发达地区的经济带发展战略，京津冀、长三角、粤港澳三个地区的发展战略，则为辐射带动欠发达地区的发展确立了发展的中心区域。

第四，建立更加有效的区域协调发展新机制。"十四五"时期新区域协调发展战略要在《中共中央国务院关于建立更加有效的区域协调发展新机制的意见》的基础上，进一步体现新机制的新价值。首先，区域发展战略特别是经济带战略要进一步深化带状连接，形成空间联动机制，依托中心城市形成扩散式点轴模式，辐射带动周边相对欠发达地区发展。其次，在基础设施、公共服务、财政金融、区域利益等方面做到优化和平衡，为新机制的实施创造良好的软环境，以便形成区域协调发展的最优合力。最后，深度挖掘地区比较优势，促使各个地区在协调发展中协同合作，以此提高各自效率，实现国内大循环。主要的机制应当包括：一是协同发展机制，要推动城市、交通、生态、产业等各个方面的区域协同发展；二是区域一体化机制，包括商品贸易、基础设施、要素流动和政策设计等多方面的一体化，要有统一的领导，编制一体化的发展规划，制定相关的发展政策，用来推动资本、技术、产权、人才、劳动力等生产要素的自由流动和优化配置；三是区域合作机制，在建立地区党政主要领导定期会晤机制的基础上，进一步探索建立有组织、可操作的专项议事制度，积极推动各类经贸活动的开展。加强政策的统一性和协调性，消除市场壁垒，规范市场秩序，形成良好的政策环境和发展条件。

第三节　重点领域和问题区域的深化改革

新常态下推进区域协调发展，需要继续深入实施区域发展总体战略，通过深入实施区域发展总体战略，打造中国区域经济新蓝图。完善并创新区域政策和区域规划，缩小政策单元，提高区域政策精准性。充分发挥各地区比较优势，深化区域合作，推动重点地区一体化发展，优化区域发展总体格局，增强区域发展协调性，缩小地区间发展差距。

第一，理顺区域协调发展机制体制，完善区域政策体系。理顺区域协调发展机制体制，关键点是发挥市场在资源配置中的决定性作用，促进区域协调发展。区域政策应当建立完备的政策体系，将区域发展总体战略和主体功能区战略有机结合，指导我国区域发展宏观布局，形成完备的区域政策体系。加快构建促进区域协调发展长效机制，推动区域协调发展立法工作，完善区域协调发展体制机制，推动建立健全符合新时期发展要求的区域管理体制与利益调节机制。

第二，建立多层次区域空间体系，形成全方位区域开发格局。建立中心城市—都市圈—城市群—经济区区域空间体系，逐渐形成以城市群发展为核心、发展轴打造为引导、经济区合作为重点的国土开发空间组织模式，实现点、线、面的耦合，达到以线串点、以点带面的目的。强化城市群的主体形态作用，建立城市群协调发展机制；加快经济带建设速度，培育新的区域发展战略支点；促进经济区的形成和发展，增强重点城市群的控制力和国际竞争力，形成全面区域开发新格局。

第三，推进城镇化促进区域协调发展，注重生态文明制度建设。新型城镇化战略的落实，应有序推进农业转移人口市民化，破解城镇化发展难题，加强城镇化管理创新等。完善新型城镇化建设的政策引导，促进大中小城市和小城镇协调发展；加强城镇化发展的顶层设计，形成有利于城镇化健康发展的制度环境；加快人口管理制度改革，推进人口有序流动；以资源环境承载力作为区域协调发展的基础，在空间上形成疏密得当的国土开发利用格局，促进经济发展与人口、资源、环境在空间上的协调。

第四，加快推进欠发达地区发展，缩小地区间差距。按照因地制宜的原则，以县域经济发展为核心，以城镇化和精准扶贫为抓手，以自然资源开发为基础，侧重人力资源培育，注重发展能力提升。结合开发式扶贫与保障式扶贫思路，实现专项扶贫、产业扶贫、社会扶贫的有效对接，建立专项扶贫、产业扶贫、社会扶贫三位一体的统筹城乡发展的一体化综合扶贫体系。最终实现扶贫开发与区域发展联动，以区域发展带动扶贫开发，以扶贫开发带动区域发展的目标。

第五，推动陆海统筹战略，建设海洋强国。根据不同地区和海域的自然资源禀赋、生态环境容量、产业基础和发展潜力，按照以陆促海、以海带陆、陆海统筹、人海和谐的原则，积极优化海洋经济总体布局，形成层次清晰、定位准确、特色鲜明的海洋经济空间开发格局。从陆海资源统筹管理、陆海经济统筹发展、陆海环境统筹管理、陆海灾害统筹防范、陆海科技统筹创新五个方面实现陆海统筹、海陆联动。加强海洋污染防治，保护海洋生态环境，增强防灾减灾能力，推进海洋经济绿色发展。

第四节　创新能力和自主研发能力

党的十九大报告提出，创新是引领发展的第一动力，是建设现代化经济体系的战略支撑，区域创新作为现代化经济建设的战略支撑、区域经济发展的不竭动力和创新型国家实现的重要环节，被摆在新时代国家建设的重要位置。然而，我国是典型的发展中大国，各区域创新能力发展不均衡的问题十分突出，导致整体创新发展速度不快，势必会阻碍我国创新型国家建设目标的实现（孙久文，2021）。因此，科学评价我国不同区域的创新能力，寻求科学的解决方案，对加强我国不同区域创新能力建设和整体创新能力提升，加快实现我国创新型国家建设目标，具有重要的现实意义。

改革开放四十多年来，我国技术引进对经济发展的作用十分显著。第一，技术引进促进了企业的技术改造和技术进步。改革开放之后，纺织、轻工、建材、陶瓷、化工、电子、机械等行业通过技术设备引进，使大部分企业得到了不同程度的提升。第二，掌握了一批重大技术装备的关键制造技术。通过与国外合作生产、合作设计、合作研究等方式，在大型发电机组、大型冶金设备、千万吨级露天矿开采系统等重大技术装备方面开展学习和自行研制工作，重大技术装备得以研制成功并投入生产运营，国产化水平不断提高。第三，促进了企业的技术升级和产品结构优化。技术引进使企业在产品设计、产品性能和质量，以及规格、检验、包装、储运等方面的标准都有很大提升，促进了产品的更新换代。第四，用引进技术生产替代进口产品，推动了出口产品的技术升级。在消化引进技术的基础上，我国工业制成品的技术水平和质量有明显提高，已可替代进口和提供出口。如电子电器、通讯信息、电子元件、塑料和精细化工等，主要依靠引进大批先进的生产技术和生产设备迅速发展起来，已经成为我国出口的主要产品。

由于我国经济发展已经进入一个新的阶段，作为世界第二大经济体，原有的技术引进的途径和内容，已经远远不能满足我国经济社会发展的需要，同时国际经贸环境渐趋恶劣，使技术引进面临巨大的制约和瓶颈。当前技术引进碰到的主要瓶颈和问题主要集中在三个方面。第一，技术控制和技术依赖成为制约技术进步的问题。尽管近年来跨国公司对华技术转移的速度和力度有所增强，但跨国公司技术控制也更加明显和严格。跨国公司的技术控制方式呈现多元化的态势，如：设立独资企业，加大了专利保护力度，采取内部技术转让方式，通过向产业上下游延伸来加深相关产业各环节对跨国公司技术转移的依赖。因此，我国的企业获得跨国公司的先进技术日益困难。第二，关键技术引进的困难使引进技术无法继续有效促进我国的技术进步。当今世界，发达国家对核心技术高度垄断、严密封锁，牢牢把握着国际产业分工的高端。西方国家出于政治、地缘等的考虑，以及受冷战思维的影响，对我国引进关键技术采取封锁政策，造成我国想要的技术进不来，能进来的技术或者不想要，或者根本不先进，从而使技术引进遭遇瓶颈。第三，技术引进对经济增长的作用不断递减。进入21世纪之后，技术引进对我国一些地区的经济增长的推动作用已经不甚明显。由于我国现在的技术水平比改革开放初期有了很大的提升，与国际先进水平的差距不断缩小，因此技术引进的效益递减，有很大的必然性。我国与国际先进技术水平的差距主要是在国民经济核心部门和国防部门的核心技术上，而不是在一般性民用技术上。因此，引进一般性民用技术对经济发展的促进作用已经不够明显。

自主创新是指一个国家或区域、城市依靠自身的力量进行独立的研究，创造出前所未有的技术知识，并将技术知识转化为新产品、新工艺和新服务的过程，其基本标志之一就是在创新过程中拥有自主知识产权。一般来说，自主创新包含三方面的内容：一是原始创新，即前所未有的重大科学发现和技术发明等；二是集成创新，即通过对现有各种技术的有效集成，形成具有较强竞争力的产品或产业；三是引进消化吸收再创新，即在引进先进技术的基础上，通过学习、分析、借鉴，进行再创新，形成具有自主知识产权的新技术。自主创新促进经济发展方式转变的路径。

从经济学的理论上分析，自主创新促进经济发展方式的转变，主要有以下三个路径。第一，提高生产要素品质以提升竞争力的路径。从生产的体系来说，自主创新通过提高生产要素的品质，提升产品和企业的竞争力，以及产业升级等路径来促进经济发展方式转变。推动经济增长包括两个途径：一是增加生产要素投入，推动产出的增加，实现经济增长；二是提高生产率，提高要素的投入产出比，推动经济增长。由于长期以来我国的经济增长主要靠要素投入量的增加来推动，经济发展属于粗放型的增长，随着可开发资源的减少，这种经济增长的模式逐渐走到了尽头。第二，推进技术内生增长的路径。如果说在改革开放初期，单纯的技术学习可以实现驱动经济增长的目标，当前则已经走过了这样的阶段，自主创新必须成为技术进步的主要来源，并通过加强研发投入，实现原创性的技术进步，以及实现成果向现实生产力的转化。其中，产学研结合是推进内生增长的基本路径。第三，集约型发展提高科技投入的路径。集约型发展由于具有高质高效的增长特征，依赖于现有生产要素效率的提高。而提高生产要素效率主要依托科技进步、节约能源投入、提高劳动者的素质和管理水平，以及提高经济效益，增强产品竞争力，同时减少资源消耗和环境污染程度。科技进步使经济的集约增长成为可能。

自主创新促进区域经济发展的关键是转变区域经济的发展方式。转变发展方式在于改变我国现有的高投入、高消耗、高污染和低效益的发展模式，通过技术进步来优化区域产业结构，使区域经济发展转到依靠人力资源开发和技术进步的轨道上来，走出一条低投入、低消耗、低污染和高效益的新的发展路子。改革开放四十多年来，我国经济在取得重大成就的同时，出现了一系列的问题，特别是面临着生态环境保护复杂性的问题。习近平总书记关于"绿水青山就是金山银山"的重要论述，为我国当前经济结构调整指明了方向。具体而言，经济结构升级主要包括以下几个内容：一是产业的高集约化；二是产业的高技术化和高附加值化；三是产业的高加工度化。自主创新有利于提高我国企业的技术水平和研发能力，有利于企业参与国际分工和竞争，抢占全球产业链的高端。提高自主创新能力是我国科技发展的战略基石和调整经济结构、转变发展方式的关键环节。我国实施自主创新战略的区域重点在东部沿海地区和内陆若干科技发达的中心城市。我国提出了自主创新促进区域经济发展的战略思路和分区实施国家科技重大专项的空间布局。国家科技重大专项是促进经济发展、提升科技水平的重要促进手段，为核心关键技术的研究与开发取得突破，以及解决投资长、风险大、融资困难和经济发展的技术瓶颈等问题，取得战略上的制高点。当前的科技专项的分布相对集中在个别城市，需要在空间布局上进行拓展，沿海三大都市圈、内地重点大城市，都应成为布局的重点区域。与此同时，还需要全面展开科技支撑经济发展、服务企业的各项工作，启动实施一批自主创新产品规模化应用示范工程，加快实施技术创新工程，培育新的经济增长点。此外，还应制定前沿性的地区科技战略目标。地区科技战略是关于科技发展中带有全局性、长远性、根本性的总构想，决定了一定时期内的科技发展方向。地区和城市都需要有自己的科技发展总体规划和方针政策，与前沿性的国家科技战略相配合，这对自主创新的发展具有重要的意义和作用。地区科技战略目标的制定和实施是国家对科技创新根本性活动支持的主要依据，事关未来科技发展的走向，也关系到国家科技投入的方向。

推进国家技术创新工程要有重点，要针对技术创新体系建设中存在的薄弱环节和突出问题一步一步地解决。首先，要发挥技术创新工程的强有力支撑作用。技术创新要能够成为加快转变经济发展方式、提升企业自主创新能力和产业核心竞争力、建设国家创新体系的有效载体和得力手段。其次，要充分发挥技术创新工程地方试点、示范作用。通过示范作用，促进技术创新工程在全国范围内普及推广，为增强区域创新发展活力和培育新兴产业提供有效支持。最后，要通过建立各种联盟制度推进技术创新的突破。通过深入建设产业技术创新战略联盟、企业技术创新服务平台、创新型企业三大载体，对当前各个载体建设中面临问题的深入研究，及时采取有针对性的政策措施，取得技术创新体系建设的新突破。

此外，各区域都应基于当地资源禀赋形成特色产业基地。这些特色产业或者本身就具有高新技术产业的性质，或者是可以用高新技术武装和改造的传统产业，其中特别要加快发展具有市场前景、资源消耗低、带动系数大、就业机会多、综合效益好的战略性新兴产业。每一个地区都应选择在本地区有优势的领域率先取得突破，把政策的着力点聚焦到支持原创性技术和创新产品的研发，支持产业链条的形成，以及科技产品的推广应用。要结合国家技术创新工程，培育一批具有本地特点的创新型企业，加快构建以政府为主导、企业为主体、市场为导向，产学研相结合的区域创新体系。加强创新型人才队伍建设，创新型人才队伍的建设，是区域经济核心竞争力的基本构成。各区域都应善于利用国际和国内两种人才资源，做到自主培养人才和引进海外人才相结合。在人力资源开发的环境营造方面，要培育创新精神，拓宽创新思路，形成创新氛围、孕育创新体系，大力建构良好的区域人力资源发展环境。构建多元化的分区域科技投入体系。科技投入从广义上讲，指所有用于科学技术上的资源投入，包括科技资金投入、人力投入、物资投入、政策投入、管理投入和技术投入等；狭义的科技投入指科技活动中科技经费的投入总量。根据目前的企业技术创新能力和经济发展的阶段性特点，应积极构建多元化的科技投入模式，特别是要建立分区域的科技投入政策，充分发挥中央和地方政府科技投入的引导作用。完善基础设施建设，进一步完善支撑产业发展的交通、信息通信等基础设施，包括区域间铁路与城市快速轨道交通网络的建设，建立便捷的对内对外交通体系，加强区域内和各科技园区及工业小区之间的交通联系，满足重大产业项目建设配套需要。加强信息环境建设，促进机构间、行业间、企业间的信息沟通与交流；特别是要强调信息公共平台的建设力度，与其他省份实现区域间合作，实现科技资源信息共享化、传播高速化、效益最大化。

参考文献

[1] 李景治. 积极促进我国制度优势转化为治理效能 [J]. 理论与改革，2020 (1)：11-17.

[2] 孙久文. 新技术变革下的城乡融合发展前景展望 [J]. 国家治理，2021 (7)：7-16.

[3] 孙久文. 自主创新推动区域高质量发展：从战略到路径 [J]. 学术前沿，2021 (3)：16-22.

[4] 岳奎，王心. 制度优势何以转化为治理效能 [J]. 甘肃社会科学，2021 (1)：8-15.

第二部分 "十四五"时期区域经济发展新动力

　　"十四五"时期,要根据区域经济发展新特征,围绕创新驱动、现代产业体系、市场经济、生态文明和数字经济等多方面进行深度挖掘与动力培育,使之满足国民经济高质量发展需要。本部分围绕上述几个方面,分别论述了如何形成"十四五"时期区域经济发展新动力,确保各方面在达到新发展要求的前提下助力国民经济高质量发展。

第三章　创新驱动与区域发展新动能培育

科学技术是第一生产力，是推动社会发展的重要力量。当前我国进入经济发展新常态，处于新旧动能转换时期。现阶段我国仍面临一些问题，如区域间发展不平衡、创新能力不足等，因而必须坚定不移地实施创新驱动发展战略，坚持全面深化改革，加快建设创新型国家。加快区域创新是践行"创新、协调、绿色、开放、共享"五大发展理念的集中体现，也是贯彻落实创新驱动发展战略的重要组成，对实现区域协调发展、联动增长和共同富裕具有特殊意义。

第一节　创新投入产出基本情况

从四大板块看，我国区域创新投入产出存在较大差距，其中东部地区的创新投入产出能力最强，中部地区次之，西部地区和东北地区的创新能力有待进一步加强。虽然产生这一现象是区位禀赋与地区经济发展实力差异的必然结果，但仍需通过创新驱动发展战略的深入实施和创新体系的建设来提高我国整体创新实力，以此赋能经济高质量发展。

一、创新投入产出研究背景

党的十九大报告指出，我国处于发展的全新方位，但现阶段仍面临着发展不平衡且创新能力不足的问题，因此必须坚定实施创新驱动发展战略，坚持全面深化改革，加快建设创新型国家。创新是引领发展的第一动力，今天的中国比以往任何时候都更加需要创新驱动和发展。创新，是顺应国家发展新格局调整和变化的现实需要。创新投入和产业结构高级化之间也存在双向促进关系。此外，创新投入也会提高能源利用效率，降低碳排放（丁涵等，2022）。党的十九大确立了我国到2035年跻身创新型国家前列的战略目标，党的第十九届五中全会提出了坚持创新在我国现代化建设全局中的核心地位，把科技自立自强作为国家发展的战略支撑。国家科研机构、高校、科技领军企业都是国家战略科技力量的重要组成部分，这些中坚力量自觉履行自主创新的使命担当，提升技术创新能力，促进不同创新部门的优势合作与竞争，增加区域间人才流动，实现专业人才集聚，完善科技创新体制，对我国面向世界经济主战场、提升战略科技力量、加快实现科技强国的建设具有重大意义。

近年来，我国整体创新投入水平不断提高。其中，2020年广东、北京、江苏、浙江、上海以及山东六省市研发经费投入超过千亿元，且在全国平均水平以上。王俊松等（2017）发现我国东部城市的区域创新能力水平存在地区空间集聚现象，并且从空间上来看存在扩散现象，促进了经济溢出。刘林和张勇（2019）验证了科技创新和政府科技投入对区域经济增长的空间溢出效应。周德田和冯超彩（2020）发现科技创新对我国经济高质量发展有显著促进作用，而且发现该效果存在一定的区域异质性。虽然我国创新水平有了显著增长，但各地区之间的创新投入差距仍较大，创新发展水平不均衡现象依然存在，部分省份科技创新能力相对滞后，不可避免地造成区域创新发展水平失衡。特别是一些省份的创新发展能力不适应经济高质量发展的要求，极大限制了自身的创新改革与形成创新驱动经济发展的潜力。因此，我国必须坚定不移深化改革与开放创新，把创新带动经济高质量发展作为重中之重。

二、分区域创新投入产出情况

此处分析全国各省份创新投入产出基本情况，其中创新投入变量选取了与科学研究与试验发展（R&D）相关的人员数、项目数、经费支出和投入强度，以此较为全面地分析创新投入基本情况；创新产出方面则选取了专利申请受理数、技术市场成交额、新产品销售额和出口总值以反映创新实际效果，并考虑了创新专利授权率以表征各省份创新产出质量。

（一）分区域创新投入情况

2020年，全国共投入科学研究与试验发展（R&D）经费 15 271.29 亿元，比上年增长 9.31%；R&D 经费投入强度（与 GDP 之比）为 1.91%，比上年提高 0.13 个百分点。但分区域来看又有很大的差异，创新投入的多少与各区域经济发展水平有着密切联系（见图 3-1）。

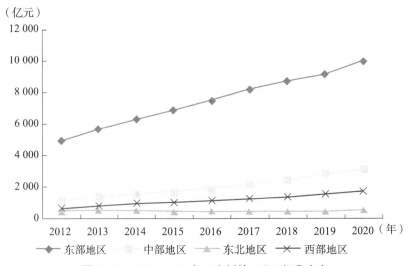

图 3-1　2012—2020 年四大板块 R&D 经费支出

数据来源：EPS 数据库和历年《中国科技统计年鉴》。

从图 3-1 可知，2012 年到 2020 年期间，东部地区 R&D 经费支出增速较快，从 4 921 亿元增长到 9 968 亿元，年均增长率达 9.22%，经费支出长期稳定在占全国 67% 左右的水平，远远领先中部、西部和东北地区。相比之下，东北地区的 R&D 经费支出水平在 9 年间基本没有变化，稳定在 450 亿元左右。从增速上看，中部、西部地区增速较快，增速分别达到 13.69% 和 12.32%。国际上通常用 R&D 经费占 GDP 的比重，即 R&D 经费投入强度，来观察一个地区的科研实力和未来发展上限。结合图 3-2 的各地区 R&D 经费投入强度可以看到，东部地区一直注重研发投入，2020 年是 2.96%，投入强度稳步增长，中部、西部地区投入强度也在增长，但水平偏低，西部地区直到 2016 年才突破 1% 的大关。东北地区研发投入强度一直在波动，一些年份呈现下降趋势，这与东北地区近年来经济增速低、经济发展缓慢有较大关系。

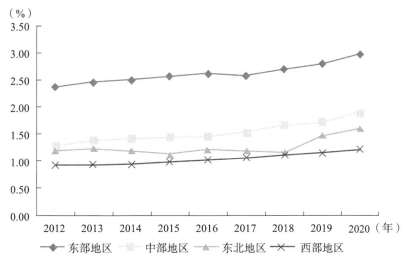

图 3-2 2012—2020 年四大板块 R&D 经费投入强度

数据来源：EPS 数据库和历年《中国科技统计年鉴》。

从图 3-3 可知，在 2012—2020 年的 R&D 项目数上，东部地区也是遥遥领先，从 2012 年的 56% 占比增长至 2019 年的 58%，并与其他地区逐渐拉大差距。中部、西部地区 R&D 项目数几乎同步增加，东北地区增速很慢，几乎停滞。图 3-4 描绘了四大板块研发人员数，东部地区研发人员数增速也是遥遥领先，占比也一直维持在 65% 左右。中部、西部地区研发人员数也在增加，并有增速加快的趋势。东北地区研发人员数在九年间几乎没有增长，并在 2015 年和 2018 两年出现下降的趋势，再一次验证了东北地区创新能力不足。

各地区在研发投入上存在显著差异，主要是因为东部地区有优越的区位、资源禀赋和经济优势，还拥有大量高校和创新企业，具备吸引创新人才的优势，并基本形成同经济发展互相促进的因果效应，完全领先于其他板块。中部、西部地区虽然创新基础较为薄弱，但也积极增加创新投入以提高创新实力，研发人员数和研发投入强度等也在稳步增加。相反，东北地区在 2012—2018 年经济增速较低，发展水平滞后，科研

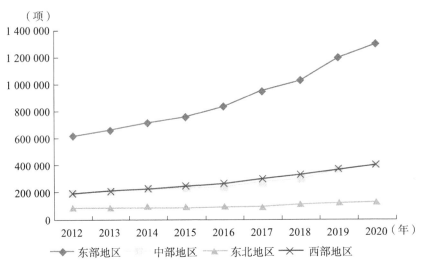

图 3-3 2012—2020 年四大板块 R&D 项目数

数据来源：EPS 数据库和历年《中国科技统计年鉴》。

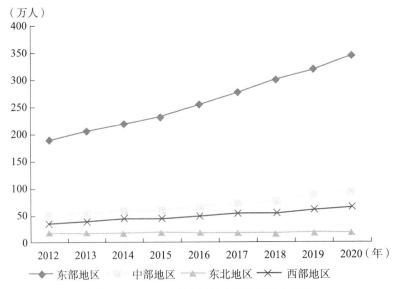

图 3-4 2012—2020 年四大板块研发人员数

数据来源：EPS 数据库和历年《中国科技统计年鉴》。

投入乏力，出现了研发人员流失现象，研发投入强度也较低。基于强度比较分析来看，沿海和内陆的科研投入强度差距还在扩大。这主要是因为沿海经济大省"家底"足，能够在科研上投入大量资金，而内陆地区则只能将资金投入到发展帮扶和基础设施建设等基础性项目上，所以在经济基础存在差异的前提下创新研发投入的差距进一步扩大。

进一步的，从 2012 年和 2020 年各省份的创新投入中还能够看出各地区内部各省份之间存在显著差异（见表 3－1）。首先，虽然东部地区研发投入强度在全国位居前列，但是内部也存在很大差异。2020 年，海南的 R&D 经费投入强度只有 0.66%，而上海和北京的 R&D 经费投入强度居于全国前列，尤其是北京，达到了 6.44%，上海的投入强度也达到了 4.17%。北京是全国一流高校的聚集地，有着众多的高校毕业生，加之工业基础良好，是很多企业的总部所在地，所以 R&D 经费投入强度高并不为过。如果与 GDP 排序对比，则能发现一些新特征，例如经济体量不相上下的天津和重庆，2020 年 R&D 经费投入强度却有较大差别，重庆排第 14 位，为 2.11%；天津排第 3 位，为 3.44%。这两个直辖市，历来是区域经济对比的热门地区，2020 年以来也都陷入了不同程度的失速状态。如果只看科研投入力度，失速更严重的天津，未来反而可能更有潜力。其次，从中部、西部地区看，中部省份安徽在全国经济总量排名中游，不过 2020 年的 R&D 经费投入强度位居全国第 10。例如，安徽省会合肥，近年不断提高创新投入，加大对人才的吸引力度，在"抢人大战"中硕果累累。相反，广西经济总量位于全国中游，但 2020 年 R&D 经费投入强度排到了全国倒数第 5，未来广西经济转型可能会面临一些挑战。

表 3－1　2012 年和 2020 年各省份创新投入情况统计

区域	省份	研发人员数（人）		R&D 经费支出（亿元）		R&D 经费投入强度（%）	
		2012 年	2020 年	2012 年	2020 年	2012 年	2020 年
东部地区	北京	230 589	341 186	197.34	297.42	5.95	6.44
	天津	70 816	90 774	255.87	228.77	2.80	3.44
	河北	70 748	123 456	198.09	485.45	0.92	1.75
	上海	138 186	238 809	371.51	635.01	3.37	4.17
	江苏	354 913	656 292	1 080.31	2 381.69	2.38	2.93
	浙江	230 179	540 262	588.61	1 395.90	2.08	2.88
	山东	253 493	360 432	905.60	1 365.62	2.04	2.30
	福建	101 313	197 007	238.17	666.91	1.38	1.92
	广东	439 875	883 470	1 077.86	2 499.95	2.17	3.14
	海南	6 455	8 070	7.81	11.70	0.48	0.66
中部地区	安徽	94 622	185 210	208.98	639.42	1.64	2.28
	江西	35 587	128 151	92.60	346.02	0.88	1.68
	河南	105 529	206 559	248.97	685.58	1.05	1.64
	湖北	118 801	199 252	263.31	610.96	1.73	2.31
	湖南	84 192	178 127	229.09	664.53	1.29	2.15
	山西	38 431	54 523	106.96	156.18	1.09	1.20

续表

区域	省份	研发人员数（人）		R&D经费支出（亿元）		R&D经费投入强度（%）	
		2012年	2020年	2012年	2020年	2012年	2020年
东北地区	辽宁	84 263	111 995	289.46	335.32	1.57	2.19
	吉林	38 596	43 211	60.43	77.64	0.92	1.30
	黑龙江	56 889	43 762	90.62	77.46	1.07	1.26
西部地区	内蒙古	24 293	24 851	85.85	129.37	0.64	0.93
	广西	33 369	43 814	70.22	113.33	0.75	0.78
	重庆	43 025	107 935	117.10	372.56	1.40	2.11
	四川	89 766	195 681	142.23	427.64	1.47	2.17
	贵州	14 905	38 338	31.51	105.36	0.61	0.91
	云南	21 493	50 296	38.44	145.15	0.67	1.00
	西藏	971	1 349	0.53	0.89	0.25	0.23
	陕西	79 242	116 621	119.28	268.40	1.99	2.42
	甘肃	19 590	24 125	33.78	52.13	1.07	1.22
	青海	3 921	3 802	8.42	10.37	0.69	0.71
	宁夏	7 278	12 207	14.37	45.35	0.78	1.52
	新疆	12 689	13 343	27.34	39.19	0.53	0.45

数据来源：EPS数据库和历年《中国科技统计年鉴》。

从R&D经费支出来看，经济发达的沿海省份在9年间的科研经费投入增速多数都实现了翻番；而以宁夏、青海等为代表的西部省份的科研经费投入增速较为缓慢。具体而言，广东2012年R&D经费支出是1 077.86亿元，2020年几乎达到2 500亿元并超过江苏，成为全国第一科研大省。而宁夏从14.37亿元增长到45.35亿元，青海从8.42亿元增长到10.37亿元，直观显示出东西部地区研发投入差距。除此之外，从表3-1还能发现，东三省研发投入增速迟缓，甚至出现负增长。辽宁本身具有良好的工业基础，在2012年R&D经费支出为289.46亿元，但随着经济持续低迷，辽宁的R&D经费支出增长逐渐缓慢，到2020年仅增至335.32亿元。陷入同样局面的还有黑龙江和吉林，尤其是黑龙江，9年间R&D经费支出从90.62亿元下降到77.46亿元，降幅显著。

（二）分区域创新产出情况

除了创新投入，创新产出也是衡量地区创新发展水平的重要方面。党的十八大以来，我国区域创新能力显著增强，在全国创新创业热潮中，东部沿海地区借助改革开放以来逐步集聚起来的创新基础设施、人才和技术优势，对其他地区起到了引领和带动作用。

东部地区已占据创新产出半壁江山。图 3-5 显示，东部地区专利申请授权数增长迅速，从 2012 年的年均 85.62 万件增长到 2020 年的 246.41 万件，年均增长率达到 10.52%。从总量上看，东部地区占绝对优势，2020 年专利授权数占全国 70.19%。从增速上看，中部、西部地区一直在迎头追赶，年增速分别达到 15.88% 和 14.97%。东北地区增速较慢，只有 6.89%，这与近年来东北地区经济增速下滑有较大关系。

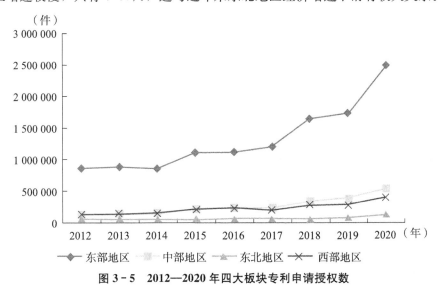

图 3-5　2012—2020 年四大板块专利申请授权数

数据来源：EPS 数据库和历年《中国科技统计年鉴》。

衡量创新产出的另一个指标是技术市场成交额。技术市场成交额是登记合同成交总额中技术部分的成交金额，反映了一国技术市场的发展情况，与研究与试验发展人员全时当量、发明专利申请受理数、研究与试验发展应用研究经费支出、科技成果登记数有着密不可分的联系。从图 3-6 中可以看出，东部地区的技术市场成交额最高，中部、西部地区次之，东北地区垫底的格局依然存在。

另外两个反映创新产出的数据是新产品销售收入和新产品出口额。图 3-7 显示在新产品销售收入方面，东部、中部、西部地区一直稳步增长，从 2012 年到 2020 年，中部地区增长最快，达到 14.04%，东、西部地区也分别达到 9.08% 和 9.83%，东北地区新产品销售收入增长则几乎停滞，仅为 3.73%，这也从侧面反映了东北地区产业结构落后，创新能力偏低。

新产品出口额方面，东部地区出口年均增长率达到 6.85%。从图 3-8 来看，在绝对数量上，东部地区的出口数仍远高于中部、西部地区和东北地区，占全国比重达 79.81%。中部、西部地区增速也较快，分别达到了 23.48% 和 18.46%。但是，东北地区增速只有 6.68%，再一次反映出同其他区域的差距。

从以上指标来看，东部地区由于经济地理位置优越，经济基础良好，创新产出一直稳居前列。党的十八大以来，中部、西部地区创新产出增幅明显，增速稳居全国前列，而东北地区在全国创新创业的大潮中逐渐落后，这与东北地区的创新投入较低密

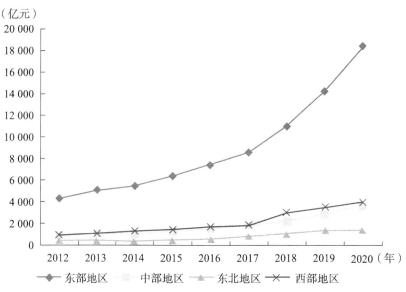

图 3-6 2012—2020 年四大板块技术市场成交额

数据来源：EPS 数据库和历年《中国科技统计年鉴》。

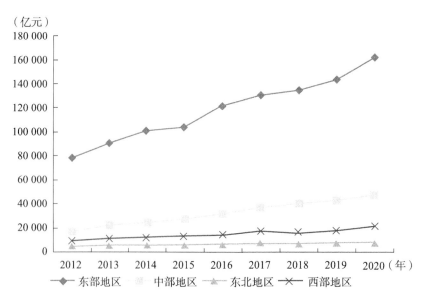

图 3-7 2012—2020 年四大板块新产品销售收入

数据来源：EPS 数据库和历年《中国科技统计年鉴》。

切相关。未来，东北地区要抓住创新驱动发展机遇，强化创新系统的各个环节，扭转创新发展落后的颓势，以此促进区域经济发展转型。

此外，本章还考虑了各省份的创新产出情况，包括专利授权率，即当年专利授权量占申请量的比重，以此进一步衡量沿海地区创新产出的技术质量以及对经济社会的影响。虽然专利授权量所代表的并不一定是当年申请的专利，也可能是之前年度的研

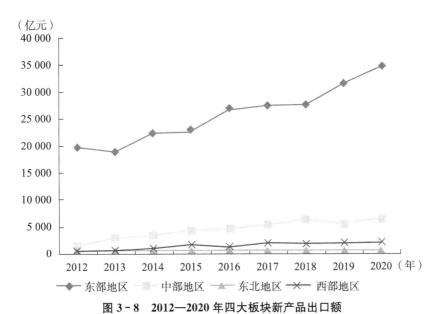

图 3-8　2012—2020 年四大板块新产品出口额
数据来源：EPS 数据库和历年《中国科技统计年鉴》。

究成果，但以此变量表征专利技术质量仍能在某种程度反映出各省份的研发水平。张庆等（2013）指出，提高专利授权率可以激发发明人的创造活力，促使其加大创新投入，提升整体科技水平，促进全社会生产率的提升。

在表 3-2 中，北京和上海作为全国乃至全球科技创新中心的实力和地位已初步显现。作为中关村国家自主创新示范区和张江国家自主创新示范区所在地，两地人力资本和研发机构的集聚水平、创新投入强度、知识创造规模、技术成果扩散效应、对其他地区的辐射能力均遥遥领先其他地区。2020 年，江苏、广东、天津、浙江和山东五省市的新产品销售收入达到 133 031 亿元，占全国比重达 55.88%。江苏和广东的新产品出口额达到 22 073 亿元，合计占到全国的 50.33%。广东、福建和浙江的专利授权率最高。中部地区的湖北和安徽发展迅猛，2020 年新产品销售额分别达到了全国第 7位和第 5 位，分别比 2012 年上升了 2 位和 3 位。2020 年江西的专利授权率为 73.12%，和东部地区的福建相当，超过了北京、上海、江苏等东部省市。

"一带一路"建设为广大西部地区带来新的发展机遇。党的十八大以来，在各项改革政策的带动下，西部地区创新投入快速增长（实际增长 68.6%），超过东部地区的增长（67.3%）。创新产出规模方面虽然低于东部、中部地区，但增长速度明显加快。从新产品销售收入看，四川增长至 2 倍，西藏增长至 10.9 倍，宁夏增长至 2.4 倍，新疆增长至 2.1 倍，青海增长至 12.2 倍，均高于东部地区的增速（183.7%）。西部地区技术市场成果转化能力迅速提升，技术市场成交额实际增长 4.4 倍，远高于东部地区（3.3 倍）。其中，四川增长达 10.9 倍，陕西超过 4 倍，宁夏接近 7 倍。2012—2020 年，东北地区的创新产出出现了停滞，甚至下滑的局面，技术市场成交额、新产品销售收入和新产品出口额均低于全国平均水平，吉林和黑龙江表现尤为明显，专利授权率呈现明显下滑态势。

表 3-2 2012 年和 2020 年各省份创新产出情况统计

区域	省份	技术市场成交额（亿元）		新产品销售收入（亿元）		新产品出口额（亿元）		专利授权率（%）	
		2012 年	2020 年	2012 年	2020 年	2012 年	2020 年	2012 年	2020 年
东部地区	北京	2 458.50	6 316.16	3 317.63	5 344.94	557.25	977.98	54.72	64.06
	天津	232.33	1 089.56	4 460.10	3 891.99	931.76	543.79	48.24	67.65
	河北	37.82	554.96	2 457.66	7 190.98	292.63	603.41	65.90	73.40
	上海	518.75	1 583.22	7 399.91	10 159.22	1 054.40	1 469.43	62.30	66.47
	江苏	400.91	2 087.85	17 845.42	39 442.84	5 272.78	8 940.20	57.11	69.38
	浙江	81.31	1 403.32	11 283.97	28 302.50	2 674.50	5 720.43	75.57	77.25
	山东	140.02	1 903.89	12 913.18	17 081.08	1 864.04	1 881.24	58.70	70.79
	福建	50.09	163.54	3 291.15	6 097.55	1 069.44	1 529.33	71.30	83.45
	广东	364.94	3 267.21	15 402.85	44 313.05	5 979.58	13 132.99	66.92	73.38
	海南	0.57	20.19	134.47	134.73	19.35	2.23	59.92	59.74
中部地区	安徽	86.16	659.57	3 731.85	12 054.38	313.79	1 433.67	57.85	59.17
	江西	39.78	233.41	1 287.13	7 221.34	174.86	935.38	64.10	73.12
	河南	39.94	379.78	2 576.20	7 907.50	211.38	2 522.56	61.67	68.77
	湖北	196.39	1 665.81	3 698.41	9 596.88	236.85	676.34	47.69	67.29
	湖南	42.24	735.95	4 768.98	8 387.90	162.69	590.78	65.00	61.23
	山西	30.61	44.98	928.39	2 311.12	152.73	237.53	42.87	67.73
东北地区	辽宁	230.66	632.81	3 193.60	4 440.94	225.70	437.61	51.57	69.56
	吉林	25.12	462.15	2 157.80	2 240.03	64.58	58.59	64.66	69.55
	黑龙江	100.45	265.20	565.51	820.75	54.14	31.83	66.21	65.84
西部地区	内蒙古	106.10	35.95	581.49	1 242.46	39.09	63.57	65.17	68.48
	广西	2.52	91.67	1 236.93	2 571.30	45.01	177.80	43.35	66.66
	重庆	54.02	117.79	2 429.92	5 880.67	156.11	1 194.13	52.32	66.06
	四川	111.24	1 244.59	2 095.98	4 969.91	150.46	437.20	63.67	67.73
	贵州	9.67	249.11	383.28	876.09	35.41	29.46	53.64	71.08
	云南	45.48	49.95	446.82	1 216.10	26.21	16.41	63.21	64.10
	西藏	—	0.78	2.10	3.45	—	—	78.24	74.13
	陕西	334.82	1 758.72	871.59	2 494.19	39.64	101.65	34.19	60.99
	甘肃	73.06	233.16	595.42	578.03	41.42	46.53	44.33	68.30
	青海	19.30	10.56	10.38	209.46	—	0.76	62.44	69.67
	宁夏	2.91	16.81	185.63	459.20	40.63	23.39	42.52	63.34
	新疆	5.39	15.11	276.02	633.09	7.73	37.04	48.82	67.73

数据来源：EPS 数据库和历年《中国科技统计年鉴》。

从创新产出来看，总体上东部地区仍占有绝对优势，中部、西部地区迎头赶超，增速稳居全国前列，但东北地区创新产出增速仍然较慢，这与东北地区近年来经济增长迟缓有关。

第二节　区域重大科研基础设施的布局与使用效率

我国正处于建设创新型国家的关键时期。深化科技体制改革要求，前瞻谋划和系统部署重大科技基础设施建设，进一步提高发展水平，对于增强我国原始创新能力、实现重点领域跨越、保障科技长远发展、实现从科技大国迈向科技强国的目标具有重要意义。

一、国家重大科技基础设施

国家重大科技基础设施是指通过较大规模投入和工程建设来完成，建成后通过长期的稳定运行和持续的科学技术活动，实现重要科学技术目标的大型设施。国家重大科技基础设施是科学研究的重要工具，近年来成为科研投入关注的重点。在分类上，按照"十四五"规划中对国家重大科技基础设施的分类标准，其可以分为：建设空间环境地基监测网等战略导向型、建设高能同步辐射光源等应用支撑型、建设硬 X 射线自由电子激光装置等前瞻引领型、地震科学实验场等民生改善型四种类型。按照不同的科学用途，国家重大科技基础设施分为专用研究设施（为特定学科领域的重大科学技术目标而建设的研究装置）、公共实验平台（为多学科领域的基础和应用研究提供支撑性平台）和公益基础设施（为国家经济建设、安全和社会发展提供基础数据和信息服务）三类（王贻芳和白云翔，2020）。

在政策上，《国家重大科技基础设施建设中长期规划（2012—2030 年）》提出"到2030 年，基本建成布局完整、技术先进、运行高效、支撑有力的重大科技基础设施体系"，首次在国家战略层面制定了关于国家重大科技基础设施建设发展的中长期战略。"十三五"时期制定了《国家重大科技基础设施建设"十三五"规划》，构建了关于科研设施的健全功能体系，规划覆盖了工程技术、能源、生命、地球系统与环境、材料、粒子物理和核物理、空间和天文七个科学领域。"十四五"时期对基础设施的规划重点覆盖了国家和企业两方面：国家层面，提出要强化应用研究带动，鼓励自由探索，制定实施《基础研究十年行动方案（2021—2030）》，重点布局一批基础学科研究中心；企业层面，明确了对企业投入基础研究实行税收优惠的政策方向，并对企业基础研究投入占比提出了明确要求，要把基础研究经费投入占研发经费投入比重提高到 8%以上。

图 3 - 9 显示，截至 2020 年，重点实验室及相关设施的公共财政支出已达 165.61亿元，且多年来基本呈现逐年上升的趋势。2021 年《"基础科研条件与重大科学仪器设备研发"重点专项 2021 年度项目申报指南》围绕科学仪器、科研试剂、实验动物和科

学数据等四个方向进行布局，拟支持 39 个项目，拟安排国拨经费概算 5.39 亿元，科学仪器方向各项目自筹经费与国拨经费比例不低于 1∶1。

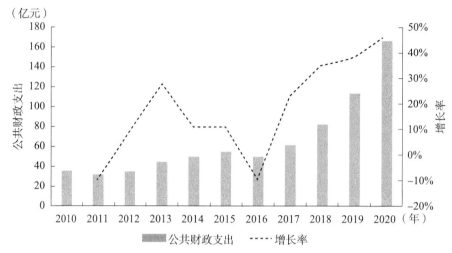

图 3-9 重点实验室及相关设施的公共财政支出

数据来源：中华人民共和国财政部。

二、重大科研基础设施的区域布局现状

（一）重大科研基础设施存在区域分布不均衡现象

国家重大科研基础设施和大型科研仪器国家网络管理平台中对国家重大科研基础设施和大型科研仪器（以下简称科研设施与科研仪器）的定义为政府预算资金投入建设和购置的用于科学研究和技术开发活动的各类重大科研基础设施和单台套价值在 50 万元及以上的科学仪器。本章对中国 31 个省、自治区、直辖市的科研基础设施情况进行了统计，见表 3-3。其中拥有科研设施排名前五的省份为北京、山东、广东、上海和辽宁，拥有科研仪器数量排名前十的省份为北京、江苏、上海、广东、山东、浙江、湖北、辽宁、湖南和吉林，科研仪器数量在 2 500 台以上。

表 3-3 科研仪器和科研设施数量的描述性统计（截至 2020 年）

描述性统计指标	科研仪器（个）	科研设施（个）
平均值	3 159.84	2.74
中位数	2 139.00	2.00
标准偏差	3 748.403	3.651
最小值	20	0
最大值	18 826	17

续表

描述性统计指标		科研仪器（个）	科研设施（个）
百分位数	25％	1 005.00	1.00
	50％	2 139.00	2.00
	75％	3 720.00	3.00

数据来源：国家重大科研基础设施和大型科研仪器国家网络管理平台。

把中国区域划分为四个板块来测算科研设施和仪器在区域上的布局差距[①]（见图 3－10），可以看到科研仪器和科研设施在东部地区的分布均远领先于东北、西部和中部地区，两者布局在东部地区占比超过 50％，而其余三个地区的布局数量差距不大。换句话说，重大科研基础设施和大型科研仪器在区域分布上展现出"东部领跑，东西分布不平衡"的布局现状。

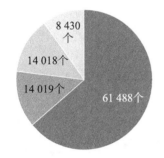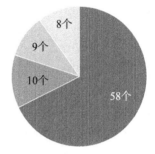

■ 东部地区　■ 中部地区　■ 西部地区　■ 东北地区　　　■ 东部地区　■ 西部地区　■ 东北地区　■ 中部地区

图 3－10　分区域科研仪器（左）和科研设施（右）数量（截至 2020 年）

数据来源：国家重大科研基础设施和大型科研仪器国家网络管理平台。

（二）重大科研基础设施的分布存在聚集和溢出效应

对区域科研仪器和科研设备数量进行空间自相关分析。首先，以省、自治区、直辖市的空间相邻关系构建广义相邻概念的二进制空间权重矩阵，相邻标注为 1，不相邻标注为 0。根据空间权重矩阵计算全局莫兰系数，用于描述所有的空间单元在整个区域上与周边地区的平均关联程度。科研仪器的莫兰系数为 0.361，科研设施的莫兰系数为 0.652，且莫兰检验的 P 值全部通过 1％的显著性检验，说明地区间重大科研设备的分布具备较强的空间相关性。图 3－11 展示了根据全局莫兰指数绘制的莫兰散点图，四个象限分别用来识别一个地区与邻近地区之间的关系：第一象限（HH），表示本身是高值，周围的其他地区也是高值；第二象限（LH），表示本身是低值，但它周边的地区

---

① 其中，东部地区包括北京、天津、河北、山东、上海、江苏、浙江、广东、海南、福建等 10 个省（直辖市）；中部地区包括山西、江西、安徽、河南、湖北和湖南等 6 个省；西部地区包括内蒙古、重庆、四川、贵州、云南、广西、陕西、甘肃、青海、宁夏、西藏和新疆等 12 个省（自治区、直辖市）；东北地区包括辽宁、吉林和黑龙江等 3 个省。

都是高值；第三象限（LL），表示本身是低值，周边地区也都是低值；第四象限（HL），表示本身是高值，但被低值所包围。第一、三象限表示正的空间自相关性，说明相似值集聚；第二、四象限表示负的空间自相关性。由散点的分布可以看出大部分地区分布在第一、三象限，表明地区科研仪器和科研设备的存量分布存在较明显的空间集聚效应。

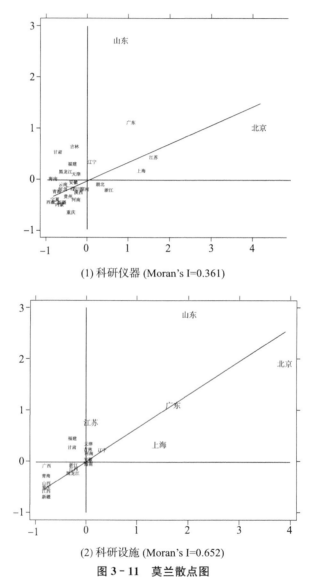

(1) 科研仪器 (Moran's I=0.361)

(2) 科研设施 (Moran's I=0.652)

图 3-11　莫兰散点图

重大科研基础设施会带动区域创新产业和经济的发展，区域重大科技基础设施投入使用会促进技术成果产量的迅速增加和技术发明成果在设备地的应用转化，进一步带来新兴产业发展，优秀研究人员聚集，以及地方的经济、社会、科技、文化事业等的综合实力提升。对区域科研仪器和科研设备存量与区域 GDP 的相关系数进行分析后，可以发现在1%的显著性水平下，科研仪器和GDP的相关系数为0.538，科研设施和GDP的相关系数为0.874。重大科研基础设施存量与经济发展之间存在显著的正相关关系，在一定程度上可以说明当前重大科研基础设施分布不均匀的现象会推动区域间的经济发展差距扩大，拉大东部和西部在数字化浪潮中的转型差距。

三、重大科研基础设施使用效率

（一）重大科研基础设施使用效率的衡量标准

对于重大科研基础设施使用效率的衡量标准已有学者进行了定性和定量方面的讨论。在定量指标方面，主要分为单一指标和复合指标的构建，其中单一指标可以从科研设施工作时间、闲置率、重复购置率、共享和产出比率等方面进行衡量。杨巍等（2019）考虑了样本学校仪器设备的总体年平均有效工作机时、闲置率和高校大型设备维护与维修模式，认为全国部分学校的仪器设备存在闲置现象和资源利用率较低的问题。丁云龙和刘洋（2007）使用科研仪器设备重复购置情况判断其使用效率，以MODIS卫星接收系统的设备购置情况为例，认为全国存在较严重的设备重复购置、利用不充分情况。此外，在产出端，科研基础设施的使用效率还包括共享和投产效率，王剑等（2016）认为共享效率可以从宏观层面的仪器资源分布情况、投入和产出效率进行比较分析，也可以从企业或者科研院所的研发资源配置和优化方面进行分析。

随着研究的深入，近年来关于重点科研仪器使用效率复合指标的研究也逐步展开。其中，根据投入产出指标评价同类部门绩效相对有效性的数据包络分析应用较为广泛，戴计强等（2019）选用生均仪器设备值和仪器设备率的投入指标，结合设备利用率、科研成果等设备产出指标对仪器设备的管理绩效进行了投入产出评价。王健等（2012）利用层次分析法，对制度及安全管理、机时利用、人才培养、科研成果、开放服务收入、功能利用和开发及维修维护等一级指标赋权进行综合指标体系的构建。此外，常用的复合指标构建赋权方法还包括因子分析法、主成分分析法、数据包络分析、熵权法等客观赋权方法和专家评分法等主观赋权方法及两者结合的组合赋权方法。

（二）重大科研基础设施的问题和提升方向

首先，塑造规范的区域间科研仪器共享环境。现阶段科研仪器闲置率高的重要原因之一是共享不充分，从而产生了科研设施饱和区域对科研仪器的使用率不充分不重视，而科研设施缺乏的区域又存在难以开展高端精密仪器相关研究，加剧了科研设施利用不平衡的现状。所以，一方面，在开放共享的良好政策环境的基础上，统筹安排相关研究项目和科研力量布局，加强共享管理与服务团队建设，提升科研设施的使用效率；另一方面，构建以信息化、网络化为支撑的远程共享与虚拟共享体系，提高区域间科研仪器远程共享技术和科技自主研究能力，有效克服科研仪器共享的时空障碍。

其次，提升区域重大科研基础设施和当地产业、劳动力、生产要素等资源禀赋的匹配度，有效扶持中部、西部高新产业园区的科研设施布局。目前，科研设施的使用大部分归于各地的高校和研究所，合理化配置设备布局和区域内高校优势学科、产业优势方向，有效促进科研设施在产、学方面的有效流通，成为提升科研设施使用效率的关键。此外，针对目前科研仪器和设备分布不均匀现象，可以通过重点扶持中部、西部创新产业园区等方式缓解。

第三节　培育企业自主研发能力与竞争力

对企业而言，企业技术创新的方式主要分为三种：（1）自主研发，包括一次创新以及在引进国外技术和购买国内技术基础上的二次创新；（2）协同创新，即与高等院校、科研院所以及相关企业进行产学研合作，充分发挥各自长处进行的合作创新；（3）更新改造，是指企业对原有生产设备进行改造以提高产能或产品质量，其中需要的技术来源于自主研发和协同创新（蒋开东等，2015）。其中，自主研发是企业技术创新的基础和主导力量，对企业能够保持技术优势，创造和保持企业核心竞争力具有非常重要的意义。

一、发展企业自主研发能力的意义

对于国家发展而言，企业是市场的主体、经济的细胞。企业的创新能力直接影响区域的增长潜力。从激励企业加大研发投入，实施更大力度的研发费用加计扣除、高新技术企业税收优惠等普惠性政策，到支持产业共性基础技术研发，推动产业链上中下游、大中小企业融通创新，再到完善企业创新服务体系，畅通科技型企业国内上市融资渠道，"十四五"规划围绕提升企业技术创新能力敲定了具体路线图。"十四五"时期，中央财政通过《"大众创业　万众创新"税费优惠政策指引》《小微企业、个体工商户税费优惠政策指引》《软件企业和集成电路企业税费优惠政策指引》等财税支持鼓励企业创新；工信部、财政部等六部门联合印发《关于加快培育发展制造业优质企业的指导意见》，鼓励"依托优质企业组建创新联合体或技术创新战略联盟"，支持"领航企业整合产业链资源，联合中小企业建设先进制造业集群"。这些政策红利的持续释放，对进一步增强企业创新主体地位，为经济发展注入更多新动能提供了重要支持。

二、现阶段企业自主研发能力和竞争力的区域发展情况

（一）创新企业区域分布情况

截至 2021 年 6 月，企业研发经费占全国总额的 76.4％，成为科技投入的主体。与此同时，一批创新型领军企业加快涌现，高新技术企业达到 27.5 万家，科技型中小企业达到 22.3 万家。根据 CSMAR 国泰安中国经济内循环研究数据库中规模以上的开展创新和实现创新的企业数量，绘制如图 3-12 所示的创新企业数量区域分布图。2019

年，开展创新活动的企业数为 363 422 个，其中东部地区 228 274 个，占比约 62.81%；中部地区 74 532 个，占比约 20.51%；西部地区 50 014 个，占比约 13.76%；东北地区 10 602 个，占比约 2.92%。实现创新活动的企业数的区域分布比例和开展创新活动企业类似，实现创新活动企业总体数量为 335 617 个，其中东部地区占比约 62.77%，中部地区占比约 20.10%，西部地区和东北地区占比分别约为 14.17% 和 2.97%。由图 3 - 12 可以发现，在时间维度上，开展创新活动和实现创新的企业数呈现出逐年递增的趋势，2019年增长率超过 20%；在空间维度上，创新企业的区域分布呈现出"东多西少，南多北少"的不均衡分布现象，东部创新企业占全国创新企业总数的比例达到 50% 以上，造成这一现象的原因可能与东南沿海地区的优越地理和经济优势可以方便其进行进出口贸易有关。同时，引入国外先进的产品和经验也显著提升了区域自主研发能力和效率。

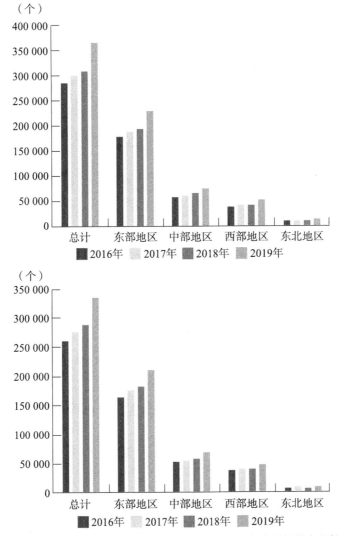

图 3 - 12　2016—2019 年开展创新活动企业数（上）和实现创新企业数（下）
数据来源：CSMAR 国泰安中国经济内循环研究数据库。

对31个省份开展创新活动企业数进行对比，见表3-4，排名前十的省份分别为广东、江苏、浙江、山东、福建、湖南、安徽、河南、湖北、上海。从绝对数量看，可以发现广东、江苏和浙江处于领先地位。由于创新企业绝对数量会受到区域内企业总数、人口、资源初始禀赋的影响，表3-4还展示了创新企业的相对比例，2019年，江苏、浙江和湖南表现突出，开展创新活动的企业数量占到区域内总企业数量的50%以上。总体来说，企业层面创新活动开展靠前的省份主要集中于珠三角地区、长三角地区，呈现多中心且由中心向周围发散的空间特征。相比之下，西部地区、东北地区创新企业分布的密度较小。此外，湖北、湖南、安徽、山东四省的创新企业比例要相对高于周边其他地区，体现出更高的企业自主创新覆盖率。

表3-4 2017—2019年开展创新活动企业数和比例排名前十的省份

| 开展创新活动企业数 | | | | 开展创新活动企业占区域内总企业比例（%） | | | |
省份	2017年	2018年	2019年	省份	2017年	2018年	2019年
广东	39 623	44 577	56 419	江苏	47.74	48.77	55.46
江苏	39 856	41 736	48 973	浙江	47.15	48.18	51.86
浙江	33 222	35 231	42 203	湖南	42.35	45.99	50.9
山东	27 950	24 238	22 623	安徽	43.4	44.04	49.54
福建	13 971	14 510	16 512	广东	42.48	43.83	48.96
湖南	11 491	13 255	15 994	湖北	39.75	43.3	47.37
安徽	13 509	13 822	15 519	云南	41.26	39.06	45.06
河南	13 610	13 481	15 150	北京	39.97	41.37	44.92
湖北	11 049	12 826	14 535	江西	37.81	38.75	42.94
上海	9 273	9 705	13 063	西藏	36.4	31.1	42.87

数据来源：CSMAR国泰安中国经济内循环研究数据库。

（二）上市公司自主研发投入区域分布情况

在区域财政和国家政策均对创新投入产生倾斜的现状下，在宏观层面上各区域的创新活动投入和产出都有了不同程度的增加。聚焦于企业微观层面，区域内上市公司的创新研发投入也存在时间增长性和空间差异性，具体采用中国上市公司研发创新数据库中的上市公司层面数据，对1 532家A股上市公司2007—2020年对研发创新项目的投资情况进行分析。图3-13展示了31个省份14年间上市公司创新项目累计投资额的区域分布情况。其中主要纵坐标轴对应投资额度值，对应创新累计投资额度较高的省份为广东、北京、上海、浙江、湖北、四川、河北和安徽等，其中广东和北京以超过2 000亿元的累计投资额度较大幅度地领先于其他省份。次要纵坐标对应2020年各省份上市公司创新项目投资额度较2019年的变动情况，除内蒙古和青海等区域上市公司投资额度有较大的下降外，其余地区上市公司在 2020 年均继续保持了对自主研发和科技创新的重视和投入，其中河北、陕西和广东上升幅度最大。

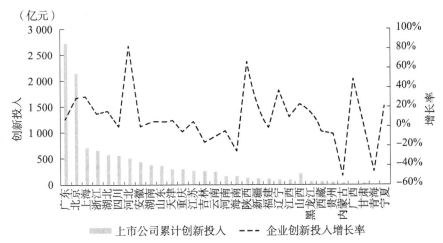

图 3 - 13　2007—2020 年各省份上市公司创新项目累计投资额

数据来源：CSMAR 国泰安中国上市公司研发创新数据库。

根据前文的区域划分方式，对 2007—2020 年间区域内上市公司创新项目投资额进行汇总，得到图 3 - 14。在时间上，自 2013 年以来，全国上市公司创新项目投资额呈现逐年上升的趋势，至 2020 年已达到 2 000 亿元。在空间上，可以发现东部地区的上市公司自主研发创新投资一直处于领先地位，与前文的创新投入、开展创新活动企业数和区域重大科研基础设施布局存在较高的一致性，说明在投入方面，不论是宏观财政基建层面还是中微观企业层面，都呈现出东部地区领跑的特征。

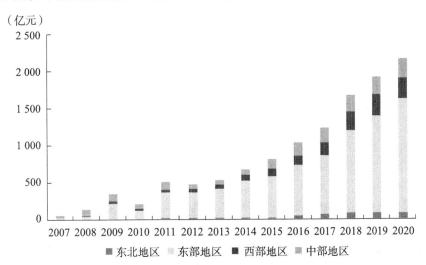

图 3 - 14　2007—2020 年分区域上市公司创新项目投资额

数据来源：CSMAR 国泰安中国上市公司研发创新数据库。

（三）区域企业自主研发效率影响因素分析和问题

目前已有大量研究对区域创新的影响因素进行了探讨。对企业的创新积极性和创新效率而言，其主要的影响因素有以下几个：经济发展水平和规模、互联网发展、市场结构、政府行为、基础设施等。

（1）经济发展水平和规模：经济发展水平和规模会对区域企业的科技创新效率产生一定的影响，已有实证研究证明这一结论在长江三角洲（孙燕铭和谌思邈，2021）和珠江三角洲区域成立（刘冠良和李静，2021）。

（2）互联网发展：互联网可以通过减少信息不对称、降低获取技术资源的成本以及提高创新活动匹配效率等途径提高企业创新效率。此外，互联网还会改变行业竞争结构，从而对创新效率产生影响，而至于此影响的正负性，目前还未形成共识（陈泽聪和徐钟秀，2006）。

（3）市场结构：对于高技术产业而言，市场结构的完善所带来的市场竞争程度的提高，会在一定水平上削减创新要素错配等因素带来的低效问题，进而正向促进企业的科技创新效率（高晓光，2016）。

（4）政府行为：除了政府投入会直接对区域内企业创新情况产生影响外，政府管制也会对企业创新效率产生影响（白俊红，2011）。

（5）基础设施：基础设施作为企业科技创新的基础，会对其科技创新效率产生正向影响，且这种影响存在区域异质性（习明明，2019）。目前关于区域企业自主研发情况的研究在两个方面形成较为统一的结论：一是我国区域内创新企业分布不均，并呈现空间正相关特征，已经形成京津冀、长三角、珠三角区域的集聚格局；二是我国区域企业创新能力的差异正在进一步扩大，这部分的研究较为丰富，结论较为一致，目前的研究重点主要集中在重新审视影响因素间的相互关系，寻求或建立可代表区域间创新企业相互协同的理论发展路径。

在目前创新能力发展要求和现状不匹配的情况下，推进整体和区域创新发展的过程还存在许多问题和瓶颈，未来提升企业自主研发能力的突破点可以关注构建企业自主研发创新效率和投入产出比的衡量和评价框架、区域自主研发要素配置平衡和中小企业创新活动开展瓶颈突破等方面。首先，关注自主研发创新效率和投入产出比的精确度量问题。虽然关于我国企业创新能力相关研究成果非常丰富，但研究的主要内容集中在企业创新能力指标体系和创新能力影响因素及作用机制方面，还需进一步从效率上予以考量。其次，我国区域内企业相关的创新资源分配不均匀，企业创新发展的不平衡不充分问题仍然突出。由于中观层面企业可利用的组织间资源，宏观层面创新型企业数量、创新人才质量资源、产业集群环境和外部技术溢出渠道等创新环境要素结构和配置的不平衡，现阶段的企业自主研发开展情况呈现出东部地区强于其他西部地区的区域发展现状，最大化企业资源内存性、外向性、支持程度和聚居效应成为提升企业自主创新的动力来源与动力持续性的根本。最后，重点领域关键环节改革任务仍然艰巨，中小企业的研发需求需要得到知识产权保护和资金支持。具体而言，小微企业在财务管理、业务管理、库存管理等方面已经具备中等程度的信息化水平，不断促使其经营管理与智能化、数字化相结合，小微企业现阶段数字化转型诉求强烈。此外，中小微企业尤其是专精特新企业，通常具有轻资产、重研发、多专利等特点，对知识产权服务和融资数量与质量的需求十分迫切。

第四节　人才引进与培育、创新主体发展

人才资源是第一资源，是引领创新发展的关键。党的十九大报告指出，要"培养造就一大批具有国际水平的战略科技人才、科技领军人才、青年科技人才和高水平的创新团队"。大力实施创新驱动发展战略离不开科技人才的强力支撑。各地区迫切需要引进和培育大量的科技人才。

一、开通人才绿色通道，积极引进人才

创新离不开人才，人才引进政策对于本地创新有重要推进作用。当前人才引进存在一些问题。首先是人才引进成本高昂，资金缺乏的用人单位难以承担。"老少边穷"地区缺乏重大创新平台支撑，引进的人才难以进行创新活动，人才引进之后又继续流失。其次，人才引进之后相关配套的服务措施不完善，人才引进之后体验差。要加强人才引进，必须破除一些制度障碍，完善一些相关措施，让各方面人才得到充分发挥。再次，对于创新企业引进人才要给予一定的补贴，鼓励高技术企业引进人才。相关的高校和科研院所等单位要有充分自主权，发挥主观能动性。最后，人才引进之后的相关服务配套措施要完善，比如人才住房和子女入学等，要让人才无后顾之忧。

二、建设高素质人才创业基地，培养高素质人才

自我国改革进入深水区，以往高耗能、高污染的发展模式很难适应新时代的发展需求，制约了经济可持续发展。同时，落后的产业结构也使得我国经济总体发展质量不高，效率较低，在国际竞争中处于劣势。推动经济发展的根本动力是创新，其核心就是推动产业结构转型升级，推动高附加值产业发展，利用互联网等数字技术和传统工业相结合，使其升级改造，实现我国产业结构由低端向高端升级，助推经济高质量发展。

在此要求下，培养高素质人才极为迫切。要将培养高素质人才放在重要位置，建立以社会需求为导向的培养机制，为我国高新技术产业发展提供支持。当前我国人才培养机制存在的一个重大问题，就是人才素养与社会需求不匹配。高校自行制订具体教学培养计划，注重基础教学，存在教学模式僵化、和社会需求脱节现象。高新技术要适应市场多变的需求，必须追逐前沿领域并重视现实应用，这与当前高校注重基础教学而轻视实践的现象存在矛盾。高校作为重要的人才培养基地，要加强与企业之间的联系，实践教育要依靠作为市场主体的企业，将理论与实践相结合，培养符合新时

代需求的高素质人才。大中型企业要加强与高等院校、科研机构和同类先进企业协作，开展人才交流培训、挂钩培训或创办培训基地；高校要落实创新创业教育，探索新时期人才培养模式体系（周旋坤，2021）。

三、培育和发展创新主体，让企业成为创新的主力军

面对新一轮科技革命、产业革命蓬勃兴起带来的全球产业链、供应链、价值链深度重构，"十四五"时期应突出发挥企业创新主体作用，增强企业自主创新能力。2020年7月21日习近平总书记在企业家座谈会上讲道："希望大家勇于创新……企业家要做创新发展的探索者、组织者、引领者，勇于推动生产组织创新、技术创新、市场创新，重视技术研发和人力资本投入，有效调动员工创造力，努力把企业打造成为强大的创新主体。"要努力打造创新型企业，让企业成为创新的主力军。扩大中小企业创新资金规模，完善和推广企业专项，充分发挥企业在创新目标提出、资源配置和组织实施过程中的主导作用，各类工程技术类研究中心优先在具备条件的行业骨干企业布局。

高新技术企业是衡量一个地区创新发展水平和经济发展水平的重要指标。如图 3 - 15 所示，我国各区域高科技企业数量存在较大差异。东部地区高新技术企业占七成以上，并在 2012—2020 年间增长了 5.92 倍，在数量上绝对领先。具体到省份，广东一骑绝尘，2020 年拥有 53 776 家高新技术企业，江苏和北京分别位于第二和第三位，达到 32 572 家和 28 795 家。在增速上，广东也遥遥领先；河北也从 2012 年的 708 家增长到 2020 年的 9 431 家；山东由 2012 年的 1 943 家增长到 2020 年的 14 681 家。

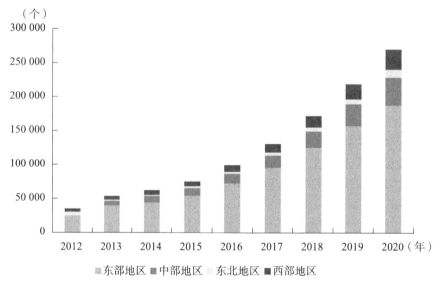

图 3 - 15　2012—2020 年四大板块高新技术企业数量

数据来源：中国宏观经济数据库。

东部地区在知识经济发育、产业价值链层级方面均优于其他三个地区，这主要与

地区经济发展情况有关，同时政府的支持力度也必不可少。中部地区在绝对数量上虽然低于东部地区，但是增速很快：从 2012 年到 2020 年，江西高新技术企业从 356 家增长到 7 152 家，增长了 19.08 倍；湖北从 2012 年的 706 家增长到 2020 年的 10 447 家，增长了 13.80 倍。东北地区和西部地区高新技术企业整体数量较少，2020 年吉林只有 2 509 家高新技术企业，相比之下辽宁表现较为突出，从 2012 年为 372 家增长到 2020 年的 7 024 家，增长了 17.88 倍。西部地区四川表现较为突出，从 2012 年的 393 家增长到 2020 年的 8 155 家，增长了 19.75 倍。

企业孵化器能够为企业提供各种孵化资金、创新基金、融资担保等。企业孵化器是一个沟通的渠道和平台，能够减少高新技术企业自身投入资金的风险，主要是通过引荐和促成高新企业与其他相关单位的合作，完成对高新技术企业投融资的培育。图 3-16 是各区域企业孵化器数量。企业孵化器是培育小企业和促进科技成果转化的一种模式，东部地区企业孵化器数量远远多于中部、西部和东北地区，占全国总量的 65%。东北地区企业孵化器数量最少且增速缓慢。企业孵化器数量的差异也是各地区高新技术企业数量差异的重要原因。

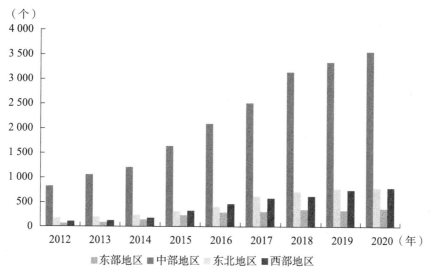

图 3-16　2012—2020 年四大板块企业孵化器数量

数据来源：中国宏观经济数据库。

总之，要提供高质量政策供给，优化提升科技型企业创新支持政策。加强科技创新创业服务体系建设，进一步加强研发公共服务平台建设，建立健全公共服务规范和协同服务机制，加强用户网络建设，支撑中小企业技术创新和技术转移。鼓励企业等社会力量围绕专业领域建设专业技术服务平台。完善科技创业苗圃、企业孵化器和加速器等创业服务链。鼓励和支持民间力量参与企业孵化器的建设和运营。加强科技创新政策的落实与完善。对于高新技术企业，完善相关资质认定后进行补贴。在加强区域创新投入产出的同时，加强与国际交流合作，鼓励在国家之间的技术转移，通过与外资企业的密切合作鼓励外来人才来本地发展，促进本地的创新。

参考文献

[1] 白俊红. 中国的政府 R&D 资助有效吗？来自大中型工业企业的经验证据 [J]. 经济学（季刊），2011，10（4）：1375-1400.

[2] 陈泽聪，徐钟秀. 我国制造业技术创新效率的实证分析：兼论与市场竞争的相关性 [J]. 厦门大学学报（哲学社会科学版），2006（6）：122-128.

[3] 戴计强，罗茂斌，蔡筱梅，等. 融合 DEA 的高校二级学院仪器设备管理绩效评价体系构建研究 [J]. 实验技术与管理，2019，36（1）：286-290.

[4] 丁涵，史璐丽，杨丽华. 创新投入、产业结构升级与碳排放的关系研究：基于长江经济带省域的实证分析 [J/OL]. 中国国土资源经济，2022，35（4）：1-14 [2022-02-24]. DOI：10.19676/j.cnki.1672-6995.000683.

[5] 丁云龙，刘洋. 论高校大型科研仪器设备的治理策略：基于 H 大学科研仪器设备管理的案例分析 [J]. 公共管理学报，2007（4）：92-99.

[6] 高晓光. 中国高技术产业创新效率影响因素的空间异质效应：基于地理加权回归模型的实证研究 [J]. 世界地理研究，2016，25（4）：122-131.

[7] 蒋开东，俞立平，霍妍. 企业自主研发与协同创新绩效比较研究：基于面板数据与非期望产出效率的分析 [J]. 软科学，2015，29（2）：68-71.

[8] 刘冠良，李静. 珠三角地区工业绿色创新效率测度及其影响因素分析 [J]. 时代经贸，2021，18（9）：116-119.

[9] 刘林，张勇. 科技创新投入与区域经济增长的溢出效应分析 [J]. 华东经济管理，2019，33（1）：62-66.

[10] 孙燕铭，谌思邈. 长三角区域绿色技术创新效率的时空演化格局及驱动因素 [J]. 地理研究，2021，40（10）：2743-2759.

[11] 王剑，吴定峰，赵华，等. 科学仪器资源共享利用效率影响因素研究：基于 629 份问卷调查数据的分析 [J]. 情报杂志，2016，35（7）：158-162.

[12] 王健，谭锦才，孔文彬. 高校贵重仪器设备使用效益评价指标体系研究 [J]. 实验技术与管理，2012，29（12）：216-220.

[13] 王俊松，颜燕，胡曙虹. 中国城市技术创新能力的空间特征及影响因素：基于空间面板数据模型的研究 [J]. 地理科学，2017，37（1）：11-18.

[14] 王贻芳，白云翔. 发展国家重大科技基础设施，引领国际科技创新 [J]. 管理世界，2020，36（5）：172-188.

[15] 习明明. 长江经济带创新环境对科技创新效率影响的实证研究 [J]. 江西财经大学学报，2019（3）：19-29.

[16] 杨巍，刘心蕊，张鹤达，等. 重点高校科研设备开放共享现状分析 [J]. 科技管理研究，2019，39（4）：72-78.

[17] 张庆，冯仁涛，余翔. 专利授权率、经济绩效与技术创新：关于专利契约论的实证检验 [J]. 软科学，2013，27（3）：9-13.

[18] 周德田，冯超彩. 科技创新对中国经济高质量发展的影响研究：基于省际面板数据的实证 [J]. 河南科学，2020，38（2）：321-328.

[19] 周旋坤. 围绕创新创业核心探索人才培养体系 [J]. 商业文化，2021（32）：116-117.

第四章　现代产业体系建设与产业布局优化

现代（新型）产业体系是现代经济体系的核心（芮明杰，2018），任何经济活动最终都要立足于具体产业之上。党和政府对于产业发展高度重视，2019 年 8 月召开的中央财经委员会第五次会议指出，要充分发挥集中力量办大事的制度优势和超大规模的市场优势，以夯实产业基础能力为根本，打好产业基础高级化、产业链现代化的攻坚战。"十四五"规划纲要则从发展现代产业体系、壮大战略性新兴产业与促进服务业繁荣发展等多方面对产业发展提出了要求。立足于我国迈入高质量发展阶段这一基本事实，现代化的产业体系与合理的产业空间布局将成为"十四五"时期区域经济发展新动力的重要来源。

第一节　现代产业体系建设初见成效

早在 20 世纪 90 年代，如何转变经济增长方式业已成为摆在我国政府面前的重要课题。作为转变经济增长方式的重要途径，现代产业体系建设的重要性不断提升，历次"五年规划"（计划）纲要对其的论述亦不断深入。2017 年，党的第十九次全国代表大会做出了我国经济发展由高速增长阶段转向高质量发展阶段的重要研判。高质量发展需要产业规模的不断扩大以及现代农业、先进制造业和现代服务业的不断完善（张永恒和郝寿义，2018），从这一角度上来说，健全的现代产业体系将是"十四五"时期以及未来更长时期我国经济高质量发展的重要支撑。

一、产业结构逐渐优化

产业结构调整的基本表现形式是国民经济中三次产业比例的变化。根据劳动对象进行加工的顺序对国民经济部门进行划分是三次产业划分的经典方式。根据国家统计局相关规定①，第一产业是指不包含对应服务业在内的农、林、牧、渔业；第二产业是指采矿业（不含开采辅助活动），制造业（不含金属制品、机械和设备修理业），电力、热力、燃气及水生产和供应业，建筑业；第三产业即服务业，是指除第一产业、第二产业以外的其他行业。第三产业包括：批发和零售业，交通运输、仓储和邮政业，住宿和餐饮业，信息传输、软件和信息技术服务业，金融业，房地产业，租赁和商务服务业，科学研究和技术服务业，水利、环境和公共设施管理业，居民服务、修理和其

---

① 国家统计局设管司于 2013 年 1 月 14 日对 2003 年发布的《三次产业划分规定》进行了修订，修订后第一产业为 4 个大类，第二产业为 2 个门类和 36 个大类，第三产业为 15 个门类和 3 个大类。

他服务业，教育，卫生和社会工作，文化、体育和娱乐业，公共管理、社会保障和社会组织、国际组织，以及农、林、牧、渔业中的农、林、牧、渔服务业，采矿业中的开采辅助活动，制造业中的金属制品、机械和设备修理业。

图4-1展示了改革开放以来（截至2020年）我国历年三次产业增加值在国民经济中所占比重变化情况。改革开放以来，第一产业总体上呈下降趋势，2020年其占比仅为7.7%，不足1978年比重（27.7%）的1/3；第二产业增加值比重历年均值达44.40%，是助推我国经济发展的中流砥柱；在四十余年的发展中，第三产业不断发展壮大，2012年其占比便已超过第二产业，2015年起更是占据国民经济半壁江山以上，成为我国的支柱产业。

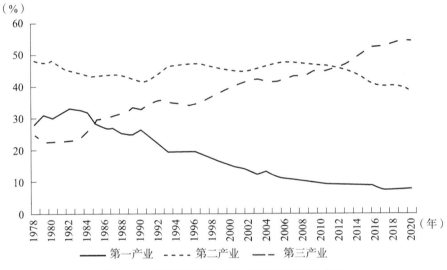

图4-1 三次产业增加值占GDP比重变化情况

数据来源：国家统计局。

产业结构的调整也可从三次产业就业人数中一窥端倪。图4-2展示了改革开放以来（截至2020年）我国劳动力在三次产业间的分布情况，可以发现，我国劳动力资源配置在此期间不断优化。1978年增加值占比27.7%的第一产业吸纳了70.53%的劳动力，而彼时在经济中占据主导地位的第二产业却仅吸纳了17.30%的劳动力。在较长时间内，第一产业吸纳了社会过半劳动力，是劳动力的主要流入方向。随着城市化的推进与产业结构的改善，劳动力逐渐开始向第二、第三产业流动。第三产业吸纳劳动力数量逐年递增，2011年起成为吸纳劳动力最多的行业，截至2020年其容纳就业超3.5亿人，这与其在我国经济中重要性的不断提升遥相呼应。

需要指出的一点是，产业结构的合理与否是以一定的空间和时间为转移的，不论是在经济学理论还是在现实中，都没有关于"合理产业结构"的绝对标准（金碚，2014）。产业结构的优化亦绝非简单的三次产业间比例转换，更不能将之曲解为第三产业对第一产业和第二产业的替代，产能过剩问题得到缓解、产业基础高级化水平提高与产业链现代化程度不断提升也是产业结构改善的重要表征。

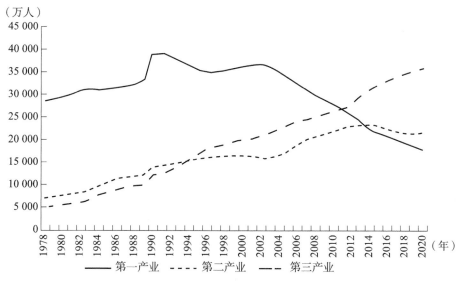

图 4-2　三次产业就业人数变化情况

数据来源：国家统计局。

（一）产能过剩问题得到缓解

产能过剩通常是指由于受社会总需求限制而使得资源未充分利用所产生的生产能力闲置，是市场经济的一个普遍现象。

我国政府早已察觉到在过去数十年快速的工业化进程中因重复建设的泛滥、粗放式增长的久存与先进管理手段的匮乏而日趋严重的产能过剩现象（郭克莎，2019），并早在 2006 年便出台相关文件以期解决产能过剩问题。但囿于为减轻 2008 年席卷全球的金融危机影响我国政府所出台的扩张性财政政策，钢铁和有色金属等部分产业的产能过剩问题并未得到有效解决。去产能政策执行情况的不如人意也导致了产能过剩现象的蔓延，如《国务院关于加快推进产能过剩行业结构调整的通知》中所提及的水泥、煤炭等潜在产能过剩产业逐渐发展成为产能过剩产业。[①]

我国政府始终将化解产能过剩矛盾作为推进产业结构调整的工作重心（相关政策文件见表 4-1）。我国政府始终秉承创新、协调、绿色、开放、共享的发展理念，着眼于推动各产能过剩行业供给侧结构性改革，坚持市场倒逼、企业主体，地方组织、中央支持，综合施策、标本兼治，因地制宜、分类处置，将积极稳妥化解过剩产能与结构调整和转型升级相结合，努力实现各行业脱困升级和健康发展。

---

① 该文件中具体表述为"水泥、煤炭、电力、纺织等行业目前虽然产需基本平衡，但在建规模很大，也有潜在的产能过剩问题"。

表 4 - 1 产能过剩相关政策文件

政策成文时间	政策文件
2006 年 3 月 12 日	《国务院关于加快推进产能过剩行业结构调整的通知》
2009 年 9 月 26 日	《国务院批转发展改革委等部门关于抑制部分行业产能过剩和重复建设引导产业健康发展若干意见的通知》
2010 年 2 月 6 日	《国务院关于进一步加强淘汰落后产能工作的通知》
2013 年 10 月 6 日	《国务院关于化解产能严重过剩矛盾的指导意见》
2016 年 2 月 1 日	《国务院关于钢铁行业化解过剩产能实现脱困发展的意见》
2016 年 2 月 5 日	《国务院关于煤炭行业化解过剩产能实现脱困发展的意见》

在十数年的不懈努力下，我国产能过剩问题得到了较大缓解，这离不开包括政府、行业与公众在内的全社会共同努力。国家相关部门建立了综合协调机制，制定了实施细则以督促任务落实，并统筹推进各项工作，各级政府加强了监督检查与宣传引导工作。各行业内部均加强了行业自律，并积极引入相关中介、评级、征信机构参与标准确认、公示监督等工作。同时民众也积极履行社会监督职责，助推去产能。此外，我国在行业发展过程中也坚决遏制盲目发展，努力预防产能过剩的发生，如《中共中央 国务院关于完整准确全面贯彻新发展理念做好碳达峰碳中和工作的意见》中就明确指出需加强产能过剩分析预警和窗口指导。

（二）产业基础高级化水平提高

产业基础能力是指产业发展的核心和基础的能力，涵盖底层技术、零部件和材料、基础设施、质量标准、政策环境、人才队伍等多要素，是对工业基础能力的一个拓展和补充，是产业发展的根本支撑条件和动力之源，直接决定了产业链水平的高低。传统意义上的产业基础包含关键基础材料、核心基础零部件、先进基础工艺和产业技术基础，但在互联网、大数据和人工智能逐渐成为经济发展新动力的当下，良好的创新创业生态环境、网络设施建设与专业人才储备培养等数字经济领域的基础条件也应成为产业基础的一部分。

新中国成立初期，我国工业基础薄弱，工业部门残缺不全。经过七十余年的建设，我国建成了完整的现代工业体系，工业规模跃居全球首位，同时也在 5G 等部分领域实现了由"跟跑"到"领跑"的转变，这一转变带来了经济发展动力的不断增强，也是未来很长时期我国发展的重要支撑。但值得注意的是，我国的产业基础仍存在"偏科"现象，部分基础材料"卡脖子"问题较为严重。根据 2018 年工业和信息化部对全国 30 多家大型企业 130 多种关键基础材料的调研，我国 32% 的关键材料仍为空白，52% 依赖进口，最为典型的是高端芯片制造基础，当前 95% 的高端专用芯片、70% 以上智能终端处理器以及绝大多数存储芯片依赖进口，而产业基础的受制于人必然导致经济整体韧性不足。

此外信息化的时代背景对产业基础的建设提出新的更高的要求——物联网推动万物互联，全球范围的网络连接终端数量大幅增加，数字技术与网络技术相融合，生成的数据呈现指数型增长，云计算、大数据、人工智能、物联网、区块链等新一代信息技术发展需要更强更广的网络覆盖。新时代以来，我国持续加强相应产业基础建设，致力于实现产业现代化与高级化，进而保持了经济发展的稳定性，也为未来发展提供了良好保障。

（三）产业链现代化程度不断提升

产业链是各个产业部门之间基于一定的技术经济关联，并依据特定的逻辑关系和时空布局关系客观形成的链条式关联关系形态。学界从不同的角度对产业链进行了解读，解读视角主要有如下三种：一是秉承"过程论"的视角，侧重于产业链是生产与加工的过程这一特点，认为提升产业链的关键在于强化提供产品生产或服务到消费者手中的这一完整产业过程；二是强调产业链能够不断提升产品价值这一功能，进而提出产业链实质上是产业价值转移和创造的过程，即"价值论"；三则可被概括为"组织论"，其聚焦于产业链的组织形式，将产业链视作供应商—制造商—分销商—零售商各节点企业间合作所形成的产业组织形态。盛朝迅（2019）对此三种看法进行了整合，认为产业链是指各个产业部门之间基于一定的技术经济联系而客观形成的链条式关联形态，包含价值链、企业链、供需链和空间链四个维度，是"过程论""价值论""组织论"的统一，是一种介于市场与企业之间的新型产业组织结构与形态，涵盖产品生产或服务提供全过程，包括原材料生产、技术研发、中间品制造、终端产品制造乃至流通和消费等环节，是产业组织、生产过程和价值实现的统一。

学界过往研究认为我国产业链对经济韧性提升的制约主要体现在以下两点：一是受原始创新能力、关键核心技术、品牌、全球营销网络、产业标准制定等方面的影响，我国部分产业和领域存在核心技术缺失、产业转移导致产业链空心化的风险增大、产业链不健全及产业链掌控能力不强等问题；二是很多产业处在价值链中低端，高端产业低端化现象明显，多数制造企业在国际产业链分工中仍处于制造、加工、组装等低技术含量和低附加值环节，创新体系技术创新能力与发达国家相比依然存在较大差距。前者是产业链自我维持能力弱、高质量发展不充分的根源之一，并使得我国产业活动易受到外国政治因素干扰；后者则导致了相关企业利润在受国际大宗商品价格波动影响严重的同时缺乏同其产业上下游的议价能力，进而致使经济在面对突发风险时的自我修复能力较低。多年以来我国从此二点出发不断提升产业链现代化程度，为经济的良好发展提供了有力支持。

二、战略性新兴产业蓬勃发展

战略性新兴产业是以重大技术突破和重大发展需求为基础，知识技术密集、物质资源消耗少、成长潜力大、综合效益好的产业，代表着新一轮科技革命和产业变革的方向，是培育发展新动能、获取未来竞争新优势的关键领域。发展战略性新兴产业是我国为实现经济转型的实施的重要决策，是建设创新型国家的战略基点（陆国庆等，2014）。

党和政府高度重视新兴产业的发展。2010年10月10日，国务院发布了《国务院关于加快培育和发展战略性新兴产业的决定》，提出要抓住机遇，加快和发展节能环保产业、新一代信息技术产业、生物产业、高端装备制造产业、新能源产业、新材料产业和新能源汽车产业等战略性新兴产业，并将其加快培育为先导产业和支柱产业。面对新技术与新产业的迅猛发展，为更好地把握住新一轮产业革命这一战略契机，国务院根据经济实际与产业发展变化情况相继出台了《"十二五"国家战略性新兴产业发展规划》与《"十三五"国家战略性新兴产业发展规划》，为战略性新兴产业发展指路护航。除了发展目标和行动路线的不断明确外，我国也从拓宽融资渠道、支持技术创新、加强国际交流与强化产学研协同等多方面来支持战略性新兴产业的发展。《战略性新兴产业发展专项资金管理暂行办法》《战略性新兴产业专项债券发行指引》《关于加强战略性新兴产业知识产权工作的若干意见》《关于促进战略性新兴产业国际化发展的指导意见》《教育部办公厅关于战略性新兴产业相关专业申报和审批工作的通知》等一系列文件正是直接体现。此外，国家也聚焦于不断加强全面准确评估战略性新兴产业发展，如国家统计局于2012年发布了《战略性新兴产业分类》，并在2018年对其进行了调整，以便能够及时、全面、准确地反映战略性新兴产业发展状况，为规划实施和相关政策制定提供更加坚实的统计支撑。

战略性新兴产业发展在过去十几年间取得了显著的成效。从发展趋势上看，我国战略性新兴产业增长迅猛（黄燕秋，2019），较1987年增长近150倍，2010年以来增速均超10%[①]；从空间分布上看，战略性新兴产业呈现出"大集中、小分散"的特征，总体上来看多集中于长三角、珠三角和京津冀等基础好、配套完善、开放水平高的地区；从人才储备来看，战略性新兴产业人才储备不断提升，科技创新和成果转化力量不断提升，以清华大学发布的《AI 2000人工智能全球2 000位最具影响力学者榜单》为例，我国入选学者共171人，排名全球第二。

战略性新兴产业是未来发展的战略支点，正逐渐成为各国抢占未来发展先机的制高点。我国现正围绕重点产业链、龙头企业、重大投资项目，加强要素保障，促进上下游、产供销、大中小企业协同，培育壮大经济发展新动能，推动战略性新兴产业蓬勃发展（申桂萍和孙久文，2020）。我们完全有理由相信，战略性新兴产业将成为引导我国经济社会发展的重要力量。

第二节　产业布局的优化

产业布局研究产业在空间的分布规律。作为政府调控的重要手段，产业布局在新中国成立之初的国防战备、改革开放之后的东部地区率先发展、20世纪末以来的区域协调发展等战略的实施方面发挥了极为关键的作用。党的十八大以来，以习近平同志为核心的党中央高度重视产业布局，先后提出"一带一路"、京津冀协同发展、长江经

---

① 部分数据来自黄燕秋《我国战略性新兴产业发展现状分析》一文。

济带、粤港澳大湾区、长三角一体化、黄河流域生态保护和高质量发展等国家战略，努力通过产业布局拓展新空间，带动高质量一体化发展。

站在"两个一百年"奋斗目标的历史交汇点上，面向百年未有之大变局，产业布局思路的调整与优化将是迈向 2035 年基本实现社会主义现代化、2050 年建成社会主义现代化强国宏伟目标的有力助力。

一、产业布局的历史演进

"十四五"时期是开启全面建设社会主义现代化国家新征程、向第二个百年奋斗目标进军的第一个五年。产业布局的变迁既有突发因素的偶然性，又有历史发展的必然性。为让产业布局进一步助推我国经济发展，首先要摸清产业布局的演进脉络。

（一）农业生产布局的历史变迁

农业生产布局是指农业各个生产部门、各种生产项目在空间上的动态组合与布局。影响农业生产布局的因素有很多：农业的生产和地区自然条件息息相关，因此自然条件是农业生产合理布局的基础；同时，随着社会经济的不断发展，农业生产结构和空间区位也会不断调整和变化。从社会发展历程看，农业布局已由小规模零散式布局模式向大规模专业化布局模式转变。

1978 年改革开放后，全国农业区划委员会将我国划分为九大综合农业区，不仅反映了光、热、水、土等自然条件的不同配合为农业生产所提供的多种可能性，而且反映了我国各地区在长期历史发展过程中所形成的农业生产基本地域特征。九大综合农业区的农业生产有其鲜明的特点：（1）东北区是全国的粮食、大豆、甜菜基地，也是我国最大的天然用材林区；（2）内蒙古及长城沿线区以牧业为主，农牧交错发展；（3）黄淮海区以旱地灌溉为主，土地利用率高，农业生产总量大，是我国小麦、棉花、玉米、花生、暖温带水果等多种农产品的重要生产基地；（4）黄土高原区以旱作为主，夏粮比重大；（5）长江中下游区是我国最重要的农业综合商品基地，种植业以水稻为主；（6）西南区的立体农业层次分明，多种多样，烤烟、油菜以及桑茶果在全国居重要地位，生猪商品生产优势明显，林特产品丰富多样；（7）华南区是我国适于热作的地区之一，以鲜活农产品为重点的创汇农业占较大比重；（8）甘新区农耕历史悠久，农区普遍分布于有灌溉水源的平原，牧业以山地放牧业为主，草原牧业与农区牧业并存；（9）青藏区海拔高，空气稀薄，太阳辐射强度大而热量不足，土地资源以草地为主，林地次之，耕地数量极少但分布相对集中，水资源异常丰富但地区分布不均，水的矿化度高，利用难度较大，野生动植物资源丰富，名贵中药材、珍稀动物繁多。21世纪以来，我国先后实施了两轮优势农产品区域布局规划，农产品合理化布局、专业化生产、产业化经营水平不断提高。

（二）工业生产布局的演进脉络

新中国成立之初，为应对以美国为首的资本主义阵营的政治孤立、经济封锁、军事威胁，我国于 1953 年起实施"一五"计划。"一五"计划优先发展重工业。在此期间，我国先后组织开工一万多个工业项目，阜新海州露天煤矿、鞍山钢铁公司三大工厂、长春汽车制造厂、沈阳飞机制造厂和机床厂相继建成投产，国产解放牌汽车、喷气式歼击机先后问世，以辽宁为中心的东北地区成为国家工业建设的重点。

在独立自主构建工业经济体系的同时，受"一边倒"外交政策的影响，我国以等价交换的外贸方式，接受苏联和东欧社会主义国家的资金、设备与技术援助，20 世纪 50 年代共有 156 个工业重点项目被提上议事日程，推动了新中国工业生产力的进一步发展。为平衡生产力的空间分布，我国政府将内陆地区作为战略重心，中西部地区因此成为工业重点项目的集中分布区域。在实际实施的 150 个工业重点项目中，分布于内陆地区的项目多达 118 个，覆盖军事（44 个）、冶金（20 个）、化学（7 个）、机械加工（24 个）、能源（52 个）、轻工业与医药制造（3 个）等行业领域。

进入 20 世纪 60 年代，以大三线建设为核心的工业生产布局调整是我国的另一关键战略。在中苏关系恶化的背景下，我国以靠山、分散、进洞为原则，将北京、上海、江苏、辽宁等省份的工业迁往云贵川、青甘陕六省份以及湘鄂豫西部，几乎涵盖了所有的工业部门，包括不宜在内陆建设的船舶工业。大三线建设一定程度上扭转了近代以来我国沿海与内陆工业的位势差，但却存在着政治色彩浓厚、忽视经济效率、操之过急、积累率过高等问题。

随着改革开放的大幕拉开，沿海地区就成为工业发展的战略重心。在承接国际工业转移的同时，内陆工业也纷纷向沿海集中，沿海地区国家工业中心的地位得以确立。出于充分利用劳动力成本优势的战略考量，我国以市场效益最大化为遵循，在践行沿海发展战略的进程中充分吸收"亚洲四小龙"的成功经验，将拥有大量劳动力的珠三角地区作为承接港澳电子、机械等工业部门转移的前沿地带，形成了"三来一补"的加工贸易新模式，成为国家工业生产布局的中心之一。步入 20 世纪 90 年代，面对愈发澎湃的市场化洪流，我国为持续释放劳动力的成本红利，以浦东开发开放为契机，建成了以苏锡常、杭绍甬为龙头的长三角工业中心，传统工业与战略性新兴工业协同推进，成为我国依照市场化法则开展工业化布局实践的又一重要举措。

步入 21 世纪，为提升工业生产要素在空间上的配置效率，我国高度重视工业生产力布局的优化。为贯彻西部大开发和中部崛起战略、拓展工业发展空间，国务院于 2010 年 9 月发布《关于中西部地区承接产业转移的指导意见》，积极引导劳动密集型工业、资本密集型工业向要素成本更低的中西部地区转移，形成了皖江、湘南、黄河金三角等一批承接工业转移的国家级示范区。

二、产业区域分布

我国各省份依据自身城镇空间、生态空间、农业空间总体布局，综合资源优势、区位条件和产业发展基础，立足不同区域发展定位，发挥比较优势，因地制宜发展特色产业。经过数十年的建设，各省份明确了自身的重点发展产业，并将之孕育培养为自身优势产业经济增长的重要引擎、转型发展的重要动力、高质量发展的亮点和标志。

发展特色优势产业也是我国特殊地区实现弯道超车的重要途径。特殊类型地区包括以脱贫地区为重点的欠发达地区和革命老区、边境地区、生态退化地区、资源型地区、老工业城市等。"十三五"时期，决战脱贫攻坚取得决定性胜利，易地扶贫搬迁任务全部完成，全国现行标准下的农村贫困人口全部脱贫，当地产业的发展将是未来脱贫攻坚成果与实现共同富裕相衔接的重点所在；区域特色产业的发展将不断增强革命老区的内生发展动力，进一步弘扬传承红色文化；资源型地区的后续长远发展需要接续替代产业的良好发展；产业转型升级示范区建设也将为各老工业城市新旧动能转换提供有效助力。

（一）各省份的优势产业与发展方向

作为一个发展中大国，我国拥有多达 960 余万平方公里的陆上国土，自然条件与社会经济环境差异巨大，各省份优势与重点产业也因而不同。总的来看，劳动密集型产业占优势的地区为发达的东部沿海地区，资本密集型产业占优势的地区为欠发达的中西部地区；随着时间的推移，我国大部分地区的优势产业类型逐渐变为资本密集型。而从各省份"十四五"规划中对自身优势与重点产业的相关论述来看（见表 4 - 2），以北京、上海和广东为代表的东部省份优势产业众多，是战略性新兴产业发展的主要地区，老工业基地所在的东北省份在汽车制造、电子信息等产业上具有优势，而西藏、新疆等西部省份的重点产业则多含有农业。

表 4 - 2 各省份优势与重点产业

省份	优势与重点产业
北京	现代制造业，现代服务业，高新技术产业、新一代信息技术、生物医药、新能源、节能环保、新能源汽车、新材料、高端装备制造和航空航天八大战略性新兴产业，金融业，批发和零售业，文化创意产业
天津	装备制造，汽车，石油化工，航空航天
河北	农业，钢铁，建材
山西	煤化工产业，装备制造，材料，化学原料药及制剂、中成药及大健康、生物制品和医疗器械
内蒙古	农业，稀土，煤化工，钢铁
辽宁	集成电路装备及关键零部件，先进制造、石化和精细化工、汽车、机械、现代农业、电子信息
吉林	石油化工，医药健康，冶金建材，电子信息，装备制造、轻工纺织
黑龙江	农业，绿色食品，高端装备，化工，汽车，传统能源
上海	金融业，现代服务业，电子信息，生命健康产业，新能源，高端装备，新材料
江苏	电子信息产业，纺织产业，医药产业，建材产业，机械产业，石化产业，轻工产业，冶金产业

续表

省份	优势与重点产业
浙江	汽车，绿色石油化工，现代纺织，智能家居
安徽	汽车及工程机械，家用电器行业，电子信息产品制造业，软件业，新型建材工业及矿产资源的开发利用，能源，建材，冶金，有色金属，化工
福建	特色现代农业与食品加工，冶金，建材，文化，数字经济
江西	航空，电子信息，装备制造，中医药，新能源，新材料
山东	轻工业，纺织，机械，化工，建材和冶金
河南	化学制品，氧化铝，电解铝，整车产品，粮食制成品，装备制造业，彩电玻壳，新型电池，血液制品，抗生素原料药和超硬材料
湖北	冶金，汽车，纺织，建材
湖南	烟草，钢铁，机电制造，高新技术产业，生物医药
广东	电子信息、电气机械、石油化工、纺织服装、食品饮料、建筑材料、造纸、医药、汽车等九大支柱产业，造船、轨道交通装备、核电装备、风电装备、通用飞机等先进制造业
广西	传统产业机器换人、设备换芯、生产换线、推动制糖、机械、有色金属、冶金、建材、造纸与木材加工、茧丝绸
海南	旅游业，现代服务业，高新技术产业，热带特色高效农业，清洁能源、节能环保、高端食品
重庆	资源产业，装备制造业，高新技术产业
四川	资源产业，农产品加工业，装备制造业，高新技术产业
贵州	农业，磷化工
云南	先进制造，旅游文化，高原特色现代农业，现代物流，健康服务
西藏	旅游业，天然饮用水，现代农牧业，商贸流通，清洁能源
陕西	航空航天装备，智能制造装备，先进轨道交通装备，重型装备，节能环保装备、石油装备
甘肃	石油化工，有色冶金，生物医药，新能源
青海	绿色种植，生态林业，草地生态畜牧业
宁夏	煤化工，新材料，特色农业，葡萄酒，装备制造
新疆	农业，农副产品加工，纺织服装

作为制造强国战略的落脚之处，制造业是各产业中颇受关注的重点。制造业是实体经济的主体，是城市能级和核心竞争力的重要支撑，各省均致力于增强重点标志性产业链韧性、根植性和国际竞争力，以期形成一批世界级领军企业、单项冠军企业、知名品牌、核心自主知识产权和国际标准，全球先进制造业基地建设取得重大进展。浙江在制造业数字化、高端化、绿色化发展中居于全国领先地位，也以锚定全球先进

制造业基地的定位不断前行。[①]

如上所述，产业发展助力了我国经济的蓬勃发展，而产业布局的空间优化也必将是未来我国经济高质量发展的有力臂助。

（二）特色产业助推特殊地区发展

特殊地区是我国区域发展不平衡不充分体现最为明显的区域，也是为了满足人民群众对美好生活的向往、实现共同富裕的重点攻坚地区（贾若祥，2021）。学界对特殊地区的发展多有关注，普遍认为应当从产业着手，如有学者从增长极和产业集群领域提出了引导落后地区建立"非完全意义上"的产业集群，促进区域分工体系的建立和完善，从而促进欠发达地区发展的办法，亦有学者分析了比较优势理论的缺点，提出欠发达地区政府制定产业升级战略过程中应重视需求分析。特殊地区发展不及发达地区与其产业发展能力密切相关。特殊地区产业发展基础较为薄弱，从三次产业发展来看，第一产业生产方式较为粗放，第二产业则多停留在农牧业产品或资源的粗加工阶段，产业附加值不足，第三产业则多较为羸弱，发展严重不足，难以支撑地区高质量发展；从产业发展动力来看，特殊地区产业多依赖政府政策扶植，国有经济占比较高，民营经济发展欠佳，市场主体活力有待提升；从人才储备来看，特殊地区劳动力素质较东部沿海发达地区存在一定差距，而城市化进程的推进更引致地区劳动力外流，进一步导致区域产业发展受制于劳动力供给问题。

党和政府基于特殊地区的特殊区位、特有资源、特色文化、特别定位，立足新发展阶段，贯彻新发展理念，构建新发展格局，通过发展特色优势产业、建立内生发展机制以推进特殊地区的发展，在推进基本公共服务与基础设施建设的同时依据以脱贫地区为重点的欠发达地区和革命老区、边境地区、生态退化地区、资源型地区、老工业城市的自身特质定制不同产业发展方案。

其一，对于以脱贫地区为重点的欠发达地区，党和政府首先在推进交通、能源、水利、通信和物流等基础设施方面加大投入，着力解决相对贫困地区的用水问题、互联网全域覆盖问题等（孙久文和张倩，2021）。其二，创新产业扶贫模式。对于欠发达地区而言，要充分利用当地的特有资源、充分发挥当地的比较优势，制定符合当地实际情况的产业发展蓝图。其三，建立易地搬迁的稳定生产与生活的机制，如通过"互联网＋"打造特色产业研发、供销、包装设计到物流服务的全产业链一体化发展，提高相对贫困地区的教育质量。

对于革命老区，则依据其自身区位探索各具特色的振兴发展路径（见表4-3）。如对于赣闽粤原中央苏区，根据其稀土产业和有色金属产业优势探索建设稀土产业和有色金属产业基地，同时依据邻近粤港澳大湾区的区位优势，深入参与粤港澳大湾区建

---

① 2021年7月2日浙江省人民政府发布了《浙江省全球先进制造业基地建设"十四五"规划》，明确提出要"加快建设全球先进制造业基地"。同年，重庆、福建、广东、江苏、江西、宁夏、陕西、天津与上海也发布了关于"十四五"时期制造业发展的相关规划文件，除上海用词"先进制造业"外，其余省份多论述为"制造业高质量发展"。

设；对于陕甘宁革命老区，则通过推动能源资源产业集约节约利用，融入黄河流域生态保护和高质量发展；对于大别山革命老区，则基于其地处长江流域的特质建设特色资源精深加工基地以全方位开放合作融入长江经济带发展；川陕革命老区身负保护建设秦岭重要生态屏障任务，更是成渝地区双城经济圈的重要能源产地，故在双碳目标下大力发展清洁能源和绿色产业。在革命老区确立发展的同时，党和政府还着力促进大中小城市和小城镇协调发展，通过支持有条件的重点城市完善功能和设施，承接产业转移，促进消费升级，培育新生中小城市和区域性中心城市。

表4-3 各革命老区发展路径

城市	革命老区	建设目标	产业基地
赣州	赣闽粤原中央苏区	全国性综合交通枢纽，知名红色旅游目的地	稀有金属等特色产业基地
吉安	赣闽粤原中央苏区	区域性交通枢纽，生态旅游目的地和全域旅游示范区	生态旅游、信息产业基地
龙岩	赣闽粤原中央苏区	赣闽粤交界地区区域性中心城市	有色金属生产加工基地
三明	赣闽粤原中央苏区	闽西地区区域性中心城市，物流中心，林业改革发展综合试点市	新材料产业基地
梅州	赣闽粤原中央苏区	粤北地区区域性中心城市和综合交通枢纽	特色产业基地
延安	陕甘宁革命老区	中国革命圣地、历史文化名城，革命文物保护利用示范区	西部地区重要的能源和农副产品加工基地
庆阳	陕甘宁革命老区	特色旅游目的地	现代能源产业基地、现代农业产业园
六安	大别山革命老区	大别山区域性中心城市	绿色农产品生产加工基地
信阳	大别山革命老区	鄂豫皖交界地区区域性中心城市和豫南地区综合交通枢纽	承接产业转移集聚区
黄冈	大别山革命老区	大别山区域性中心城市，武汉城市圈重要功能区	——
百色	左右江革命老区	沿边重点开发开放试验区，区域性重要交通枢纽	农业改革试验先行区
巴中	川陕革命老区	成渝地区重要交通枢纽	成渝地区重要交通枢纽，清洁能源、绿色食品、生物医药产业基地

对于沿边地区，国家基于沿边节点城市的产业竞争力相对于内陆地区而言还较薄弱的基本事实，充分发挥其邻近国门的区位优势，采取外贸优惠政策，发展边境旅游、现代贸易和物流业，通过加快沿边地区自贸区建设促进沿边口岸城市的发展。边疆地区城市产业基础薄弱，根据当地比较优势发展特色产业，提升产业竞争力，适时设立出口加工基地、跨境能源资源调配中心、国际商贸物流园区，加强沿边城市的营商环境，吸引各类优质生产要素向沿边节点城市集聚，使沿边节点城市完成由"通道"向

"枢纽"的功能转换（孙久文和张翱，2020）。

值得注意的是，边境城市还承担着守护边疆、保卫国家安全的职责，故而出于国家经济安全考虑，边境城镇体系中不适合涵盖超大型城市与特大城市，结合边疆地区的地理特征，可探索发展山地城镇化和山地经济，平衡好边疆经济活动在空间上的分布关系，做到适当集聚以提升资源配置效率，通过沿边节点城市辐射带动周边地区经济发展；同时也要做到经济活动适度分散，做到边境城镇均衡发展，保障边疆地区经济安全。例如云南兴边富民工程的重点任务之一就是要加强沿边集镇建设，"发展一批具备一定人口规模和集市功能、交通便利，且周边10公里范围内无城镇的特色小集镇"，而辽宁、内蒙古等省份则可依仗区域内规划城市群，以通过强化各节点城市溢出效应带动地区整体经济发展。

国家注重特殊区域中的资源枯竭地区的产业转型发展，始终坚持以市场为导向，在严格保护生态环境的前提下，立足当地资源状况和气候特点，科学分析资源承载能力和市场发展空间，鼓励和引导生态退化地区因地制宜发展特色优势产业，加快发展特色种养业、农产品加工业，以及以自然风光与民族风情为特色的文化产业和旅游业。支持地方因地制宜利用沙漠、戈壁、石漠化以及荒坡荒滩等地区发展光伏、风电等可再生能源，探索可再生能源发展与流域治理、生态修复、特色产业发展有机融合的新模式。优化可再生能源项目的空间利用，积极探索"板上发电、板间养殖、板下种草（药）"的立体发展模式，恢复生态脆弱地区的生态环境，加快发展畜牧业、中草药种植等特色产业，探索形成可再生能源、生态修复和特色产业多位一体、治用并行的发展体系。而在部分具备条件的地区，国家亦支持创建转型创新试验区，实施动能转换示范工程，探索了解资源开发引起的相关矛盾问题，如尝试当地传统产业与大数据、云计算、互联网、人工智能等信息技术深度融合，切实提升产业基础能力。同时，资源枯竭往往伴随着劳动力流出和人口老龄化，这一现状需要此类区域充分挖掘自然山水和人文资源优势，培育壮大休闲旅游、健康养老等特色服务业，而党和国家将其同区域特色产业发展相结合，很好地完成了这一使命。

与资源枯竭型城市相呼应的是资源型城市，其资源大多丰富，具备良好的发展潜能，但若不在发展过程中予以恰当指导，其难免将落入资源枯竭困境之中。党和政府高瞻远瞩，长远规划探索资源富集地区创新发展模式，延伸资源型产业链条，通过加快发展资源精深加工和配套装备设备制造产业，打造若干特色鲜明、主业突出的产业基地，如鼓励大小兴安岭和长白山林区在强化生态保护基础上，适度发展木本油料、森林食品、木本饲料、森林药材等产业，提升林业经济发展水平。资源型城市大多承担着维护国家能源资源安全的重要职责，故而此类地区在产业发展中多积极推进能源资源集约、高效、绿色开发，支持发展清洁能源和资源精深加工产业。此外，资源型城市还通过加强创新能力建设，加快开采工艺、材料研发、装备设计等领域特色创新平台建设，培育能源化工、节能环保、装备制造、新型材料、安防设备等创新型产业集群来建设若干有影响、有特色的区域产业创新中心。

东北地区是特殊区域中老工业基地的典型代表。受限于产业发展与资源困境，老工业基地逐渐陷入衰退困境之中。党和国家对老工业基地发展抱有重大期许，东北振兴战略正是其力证。老工业基地工业基础良好，产业基础扎实，但产业链条有待延长，资源消耗现象较为严重。基于这一事实，国家做精做强支柱产业，通过强化科技创新、要素支撑来集中资源强优势、补短板，培育若干产业基础强、产业链条长、能有效抵御经济周期影响的支柱产业。此外，基于新一代信息技术不断融入生产制造过程的事实，国家扎实推进产业数字化，加快推进基于互联网的商业模式、服务模式、管理模式及供应链、物流链等各类创新，实施制造业数字化转型行动，制定行业领域数字化转型路线图。推动工业机器人、工业控制系统、物流装备等关键智能装备及工业软件开发，开展智能制造示范推广，建设一批高水平的数字化车间和智能工厂。建设推广工业互联网平台，培育数字管理、平台化设计、智能化制造、网络化协同、个性化定制、服务化延伸等新业态新模式。老工业基地的另一特点是存在一批工业实力强的产业园区，国家在此基础上优化产业布局，不断整合、调整、优化现有各类产业园区，引导地理位置相邻的地区共建产业园区、共享发展收益，通过产业集聚发展增强经济和人口承载能力。

站在全面建成小康社会的历史节点上，我国发展的外部环境和内部条件正在发生复杂而深刻的重大变化，世界百年未有之大变局加速演变，我国经济社会持续健康发展、城乡区域协调发展、生态文明建设、民生持续改善也面临新的形势和挑战。相信在区域特色产业的支撑下，特殊类型地区定能为城乡区域协调发展补短板、生态文明建设增强项、边疆巩固发展强重点、工业基地建设添砖瓦。

三、产业布局的未来趋势

"十四五"时期是建设制造强国、构建现代化产业体系和实现经济高质量发展的重要阶段，而这正需要对产业空间布局进行合理谋划。本小节对各产业空间布局提出若干倡议。

（一）农业生产布局的未来趋势

面向"十四五"时期，为切实保障农产品稳产增产，我国应持续发挥优化发展区、适度发展区、保护发展区的比较优势。（1）优化发展区。对水土资源匹配较好的区域，提升重要农产品生产能力，壮大区域特色产业，加快实现农业现代化。（2）适度发展区。对农业资源环境问题突出的区域，重点加快调整农业结构，限制资源消耗大的产业规模，稳步推进农业现代化。（3）保护发展区。对生态脆弱的区域，重点划定生态保护红线，明确禁止违法类产业，加大生态建设力度，提升可持续发展水平。详细构想如表4-4所示。

（二）工业生产布局的未来趋势

面向百年未有之大变局，原有国际工业转移轨迹发生了深刻变化：一方面，我国工业向国外转移的态势开始显现；另一方面，国内劳动密集型工业、资本密集型工业自

表4-4 "十四五"时期农业生产布局构想

功能区域	农业区	内容
优化发展区	东北区	增加食用大豆生产,加快推进东北三省大型商品粮基地和优质奶源基地建设。
	华北区	适度调减地下水严重超采地区的小麦种植,加强果蔬、小杂粮等特色农产品生产,推动京津冀现代农业协同发展。
	长江中下游区	稳步提升水稻综合生产能力,巩固长江流域油菜生产,发展高效园艺产业,大力发展名优水产品生产,适时发展以江西泰和县千烟洲为典型代表的立体农业。
	华南区	加快发展水稻种植与现代水产养殖,巩固海南、广东天然橡胶生产能力,稳定广西糖料蔗产能,加强海南南繁基地建设,推动基塘农业发展。
适度发展区	西北区	扩大甘肃马铃薯、玉米良种繁育基地规模,稳定新疆优质棉花种植面积,加快发展绿洲农业。
	北方农牧交错区	推进农牧业发展与生态环境保护深度融合,扩大青贮玉米和优质牧草生产规模,发展奶牛和肉牛肉羊养殖。
	西南区	推广坝子农业以稳定水稻面积,巩固云南天然橡胶和糖料蔗生产能力,适时发展生态畜牧业和特色渔业。
保护发展区	青藏区	严守生态保护红线,加强草原保护建设。稳定青稞、马铃薯、油菜生产规模,发展牦牛、藏系绵羊、绒山羊等特色畜牧业。
	海洋渔业区	控制近海养殖规模,拓展外海养殖空间。扩大海洋牧场立体养殖、深水网箱养殖规模,建设"蓝色粮仓"。

东部沿海地区向中西部地区转移的步伐也逐渐加快。在此背景下,"十四五"时期工业转移将与更加复杂的国内国际形势相伴,呈现出以下新特征:

(1)双向转移渐成趋势。在纺织、服装等劳动密集型工业,钢铁、石化、有色金属等资本密集型工业向中西部地区转移的同时,新能源汽车、新材料、计算机等技术密集型工业逐渐向更有效率的东部沿海地区转移。

(2)交通基础设施的改善、新技术的推广削弱了工业对劳动力、土地的依赖。在国家高速铁路网络渐趋完善的"十四五"时期,空铁联运降低了贸易成本,加之大数据、人工智能、物联网等先进技术的使用,劳动力、土地等要素成本上升对工业生产经营的约束有所减弱,国内工业梯度转移可能呈现放缓态势。

(3)集群招商成为重要模式。集群招商从市场细分和专业化分工的角度出发,致力于引进配套项目与相关企业,通过共享、匹配与学习三大微观机制最大化集聚经济正外部性。

在国家尺度上,为更好地适应上述新特征,"十四五"时期要在因地制宜、分类指导的基本原则下,独资、合资、收购、兼并、非股权安排等方式并重,科学引导劳动密集型、资本密集型工业向中西部地区转移,避免过度向东南亚、南亚的国家和地区

"外流"。在肯定梯度推移主导地位的同时，不断优化产业结构，夯实东部地区京津冀、长三角、粤港澳，东北地区辽中南国家工业中心的地位。此外，为建设山清水秀的美丽中国，"十四五"时期应综合考虑生态容量和资源承载力的双重约束，部署工业的空间转移。具体而言，要根据《国务院关于中西部地区承接产业转移的指导意见》《产业转移指导目录》等政策性文件，以绿色发展为首要评价准则，圈定各省份转入与转出工业的主要门类，坚决避免高污染高耗能工业向限制开发区、禁止开发区转移，防止其沦为污染避难所。

在区域尺度上，我国工业布局可以将特大、超大城市作为中心，以交通线为主轴，形成以点带面的空间格局。在此基础上，各大经济区（城市、城市群）要根据资源环境承载力，不断调整各地区的工业布局。此外，要对过于密集的工业区的企业实施转移，将其转移至资源环境承载力较高的地区，进而缓解资源与环境的压力。

在厂区尺度上，我国应将工业布局在工业集聚区或工业园区。我国正处于工业化和城市化稳步推进的阶段，农村环境受到工业废水、废气、废渣的多重威胁。因此，从绿色发展的角度来看，在推进城市化的进程中应将工业布局在城镇的工业集聚区或工业园区，集约利用土地，共享基础设施，通过建设循环经济园区达到节约资源与保护环境的目的。

（三）服务业布局的未来趋势

服务业的构成极其庞杂、性质各异，既不宜简单套用研究实体经济的分析思路，也没有反映服务业一般特征的普适框架（胡安俊，2020），因此服务业的研究多从具体的行业出发。目前对服务业布局规律的研究，主要集中于生产性服务业，包括生产性服务业布局的影响因素、与制造业的互动格局、与城市等级体系的关系等方面。随着我国进入服务业社会和城市社会，城市问题日益凸显，越来越多的城市进入功能疏解阶段，未来需要重点研究服务业的协同布局规律，回答什么类型的生产性服务业与什么类型的生产性服务业协同聚集、什么类型的生产性服务业与什么类型的生活性服务业协同聚集、什么类型的服务业与什么类型的制造业协同聚集等问题。这对于有序推进功能疏解、解决大城市问题等具有重要参考价值。

通常而言，生产性服务业的内部结构与城市的属性、功能定位和规模结构是有关联的，附加值高、知识密集度高的新兴生产性服务业多集中于规模较大的城市，而在城市化进程相对迟缓、工业布局相对分散的中小城市，生产性服务的中间需求较弱，生产性服务资源分布相对分散，业态种类较少，集聚程度偏低。总体上看，我国生产性服务业的分布与其他产业的分布特征相似，企业集聚状况与资源禀赋、社会经济发展水平存在密切关联。社会经济发展水平越高，生产资源要素越丰富，集聚的生产性服务企业越多。例如在东部、中部地区，城镇化水平高，中心城市汇聚的人才、资金、技术、信息要素大幅增加，使得生产性服务业向这些区域集聚，出现循环累积因果。

面向"十四五"时期，为推动不同地域的生产性服务业协调发展，要按照地区产业发展规划确定生产性服务业的发展方向，稳步扩大西部、东北地区生产性服务业的规模。在此过程中，要按照高质量发展的目标进行生产性服务业领域的供给侧结构性改革，不断提高生产性服务业增加值在GDP中的占比。要通过创新生产运营模式、延伸产业价值链，形成科学合理的分工体系，实现生产性服务业在不同地域的协调发展，塑造"普遍沸腾"的区域经济格局。

参考文献

［1］郭克莎．中国产业结构调整升级趋势与"十四五"时期政策思路［J］.中国工业经济，2019（7）：24-41.

［2］胡安俊．中国的产业布局：演变逻辑、成就经验与未来方向［J］.中国软科学，2020（12）：45-55.

［3］黄燕秋．我国战略性新兴产业发展现状分析［J］.科技和产业，2019，19（10）：43-48.

［4］贾若祥．支持特殊类型地区发展研究［J］.中国经贸导刊，2021（14）：42-45.

［5］金碚．工业的使命和价值：中国产业转型升级的理论逻辑［J］.中国工业经济，2014（9）：51-64.

［6］陆国庆，王舟，张春宇．中国战略性新兴产业政府创新补贴的绩效研究［J］.经济研究，2014，49（7）：44-55.

［7］芮明杰．构建现代产业体系的战略思路、目标与路径［J］.中国工业经济，2018（9）：24-40.

［8］申桂萍，孙久文．地方政府推动区域经济发展的作用路径［J］.甘肃社会科学，2020（1）：97-103.

［9］盛朝迅．推进我国产业链现代化的思路与方略［J］.改革，2019（10）：45-56.

［10］孙久文，张翱．新时代兴边富民的实现路径与政策建议［J］.中央民族大学学报（哲学社会科学版），2020，47（6）：83-93.

［11］孙久文，张倩．2020年后我国相对贫困标准：经验、实践与理论构建［J］.新疆师范大学学报（哲学社会科学版），2021，42（4）：79-91+2.

［12］张永恒，郝寿义．高质量发展阶段新旧动力转换的产业优化升级路径［J］.改革，2018（11）：30-39.

第五章　扩大内需与区域市场发展

近年来，贸易保护主义抬头，逆全球化趋势涌现，各国间贸易缩水，经济全球化经受着百年未有之大变局。为应对复杂多变的国内国际市场，2020 年 7 月 30 日，中央政治局会议提出"加快形成以国内大循环为主体、国内国际双循环相互促进的新发展格局"。构建新发展格局，关键在于坚持扩大内需这个战略基点，加快培育完整内需体系，释放内需市场潜力，促进区域市场发展。

第一节　国内大循环视角下经济运行情况

新发展格局以国内大循环为主体，所谓国内大循环，即依托于强大的国内市场，贯通生产、分配、流通、消费各环节，形成需求牵引供给、供给创造需求的更高水平动态平衡，促进国民经济良性循环。本节分别在供给侧和需求侧的视角下，从生产、流通、消费、分配等角度考察党的十八大以来我国经济运行情况。

一、供给侧经济运行情况

（一）生产

1. 生产端：产业结构的变迁

从三次产业的贡献率来看，党的十八大以来我国第三产业对 GDP 的贡献超过第二产业，并呈现不断上升的趋势。如图 5-1 所示，2012—2020 年，第三产业对 GDP 的贡献率持续上升，从 2012 年的 45.5% 上升至 2019 年的 63.5%，表明我国产业结构不断向高附加值的服务业倾斜。第二产业的贡献率不断下降，2012—2019 年由 50% 下降至 32.6%。对于第二产业和第三产业对 GDP 的贡献率，2012 年第三产业的贡献率比第二产业的贡献率低 5%，到 2019 年第三产业的贡献率超过第二产业的贡献率 30.9%。而第一产业的贡献率随时间变化趋势不大，相对稳定。三次产业的增加值呈现出与其各自对 GDP 的贡献率相似的趋势。

2019—2020 年国内国际生产力遭到严重冲击，劳动力流动受阻和企业生产率降低进一步导致社会有效需求下降。其中，旅游、餐饮、交通运输等服务业受冲击程度较大，表现为第三产业对 GDP 的贡献率下滑。而第一产业和第二产业受到疫情冲击相对较小，对 GDP 贡献率有所上升。

2. 要素端：投入要素亟待升级

创新是引领发展的第一动力，是建设现代化经济体系的战略支撑。党的十八大以

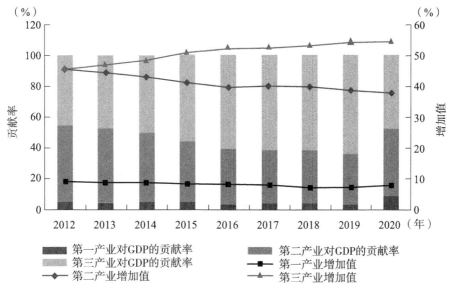

图 5 - 1　2012—2020 年我国三次产业对 GDP 的贡献率及增加值

数据来源：国家统计局。

来，我国科技创新能力有了大幅度提升，2020 年我国专利申请授权数为 363.90 万项，比 2012 年提升了 2.90 倍，其中发明专利申请数为 149.72 万项，比 2012 年提升了 2.29 倍，申请数量高居世界第一。同时，相关经费支出不断增加，2020 年研究与试验发展经费支出为 24 426 亿元，是 2012 年的 2.37 倍。总体来看，我国科技创新能力在某些领域已走在世界前列。然而，我国在关键技术和创新方面仍面临较大的挑战，在某些重要领域和环节的核心技术仍依赖于国外引进技术和人才，自主创新能力较为薄弱，出现被西方发达国家"卡脖子"的问题。同时，我国科技成果转化的效率不高，科技研发转化成果通道不畅，是阻碍科技强国的重要因素。

劳动力要素方面，随着国外廉价劳动力的挤占和国内人工成本的上升，我国劳动力比较优势逐渐减弱。随着新一轮产业革命的到来，劳动力结构面临冲击。土地资源要素方面，历史遗留因素造成土地粗放式利用，耕地资源稀缺，后备耕地资源不足，工业污染排放导致土地污染严重等问题可能会阻碍新发展格局下我国经济高质量发展的进程。

（二）流通

区域之间通过机构、企业、个人等经济主体产生特定的经济联系，搭建起商品、资金、信息等要素高效流通的桥梁。供给侧结构性改革的任务仍将持续，随着"三去一降一补"的有效实施，供给侧出现了物流不畅的新问题，因此，在中央提出构建新发展格局的背景下，如何建立现代化流通体系成为打通国民经济大循环的重点环节。

国内大循环的堵点之一体现在资本、劳动力、土地等生产要素无法畅通流动，其重要原因之一是市场化程度较低，资源要素市场不够健全，导致资源要素无法实现有效配置和充分流动。原因有三，其一，土地的市场化程度较低，导致土地的利用效率较低；其二，运输成本和运输方式具有区域性特征，导致区域之间的流通成本较高，导致流通具有地方性和区域性的特征，尚未形成统一的国内大市场；其三，供应链之间融合程度不深，导致上下游产业的物流成本居高不下。

二、需求侧经济运行情况

（一）消费

1. 消费率波动下降，落后于世界主要经济体

改革开放以来，我国经济呈现高速增长趋势，最终消费的绝对值不断攀升。1978—2020 年，最终消费由 2 233.6 亿元增加至 556 986.4 亿元，增长率为 248.4%。但是，最终消费的增加不意味着最终消费占 GDP 比重（最终消费率）的增加，事实上，最终消费率经历了上升—下降—上升—下降—上升的过程（见图 5‐2），整体上呈现波动下降的趋势。1978 年我国最终消费率为 61.9%，表明最终消费是我国 GDP 的主要组成部分。随后在 1981 年占比达到 66.6%，为改革开放以来最终消费率的最大值。1982—1995 年，最终消费率略微下降。随后，在亚洲金融危机前后，中央政府实施多项刺激消费的政策，最终促使 1996—2000 年最终消费率平稳上升。但在 2002 年后，我国最终消费率呈现明显的下降趋势，由 2000 年的 63.9% 持续下降至 2008 年的 50.0%。随后，为应对全球金融危机带来的冲击，国务院常务会议部署进一步扩大内需促进经济平稳增长的任务。2010 年后，我国内需水平呈一定的上升趋势，但与 2008 年以前的最终消费率相比，仍有较大差距。

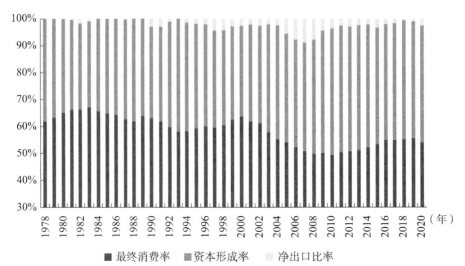

图 5‐2 　1978—2020 年我国消费、资本、净出口占 GDP 的比重

数据来源：国家统计局。

进一步，对比党的十八大以来我国与世界主要经济体的最终消费率，如图 5‐3 所

示，我国最终消费率与世界主要经济体相比仍有较大差距。2011—2019 年，我国最终消费率均值为 53.39%，与英国、美国、日本和德国分别相差 30.72、29.14、23.59、19.65 个百分点。从演化趋势看，2011—2019 年我国最终消费率水平有所上升，表现为从 50.16% 上升至 56.02%，与英国、美国、日本和德国分别相差 27.1、25.81、19.27、16.79 个百分点，可见仍有较大差距。因此，我国仍需要继续扩大内需。

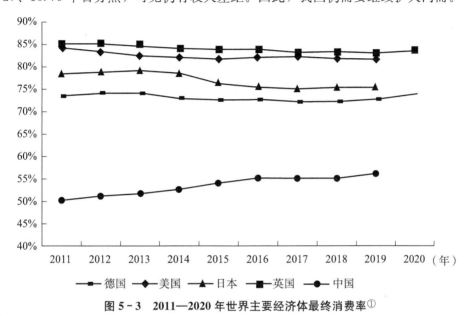

图 5-3　2011—2020 年世界主要经济体最终消费率[①]

数据来源：国家统计局。

2. 居民消费占比呈下降趋势

最终消费由居民消费和政府消费构成，将最终消费按照构成进行分解分析。由图 5-4 可以看出，我国的内需主要由居民消费构成，1978—2020 年居民消费占比始终高于政府消费占比，如 1978 年居民消费占最终消费比重 78.76%，是政府消费占比的 3.71 倍。就趋势看，1978 年后居民消费占最终消费比重有下降趋势。1978—2020 年居民消费占比均值为 74.54%，政府消费占比均值为 25.46%，居民消费占比是政府消费占比的 2.93 倍。其中，2020 年居民消费占比是政府消费占比的 2.28 倍，相比 1978 年降低了 1.43 倍。结合图 5-2 和图 5-4 可以看出，1978—2008 年我国消费率下降的主要原因是居民消费不足，2008 年后最终消费率虽有上升趋势，但主要是由于政府消费上升，实际上居民消费占比仍在不断下降，可见扩大内需的重点在于提高居民的消费水平。

---

① 注：2020 年中国、美国和日本的最终消费数据未公布，因此图中未显示。

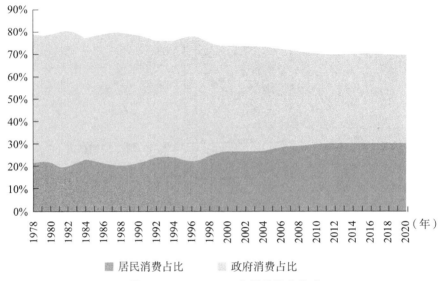

居民消费占比　　政府消费占比

图 5 - 4　1978—2020 年最终消费构成

数据来源：国家统计局。

3. 居民消费结构不合理

居民消费结构指各类居民消费支出在总消费支出中所占的比重，通常认为可以在一定程度上反映国家经济发展水平。一般情况下，发展中国家的家庭基本消费占比较大，而发达国家居民消费的家庭基本消费比重较小，服务业消费支出占比较高。图 5 - 5 体现了我国仍为发展中国家这一事实，从我国的居民消费结构来看，食品烟酒消费和居住消费是我国居民消费支出的主要用途，2013—2020 年食品烟酒消费和居住消费支出占比均值分别为 29.88%、22.78%，共占总消费支出的 52.66%。随着时间的推移，食品烟酒消费支出呈现先上升后下降的趋势，居住消费支出不断上升，表明我国居民的消费支出始终集中在食品和居住方面，这一定程度上阻碍了居民消费结构升级。

（二）分配

分配是新发展格局中的另一重要环节。贫富差距过大会导致诸多经济和社会问题，不利于经济可持续发展。党的十八大报告指出，调整国民收入分配格局，着力解决收入分配差距过大的问题，使发展成果更多更公平惠及全体人民，朝着共同富裕方向稳步前进。下面从城乡、区域、行业等角度分析了我国收入分配格局。

1. 城乡收入分配

如图 5 - 6 显示，城镇、农村的人均可支配收入和人均消费支出的特征及演化均存在较大差异，主要体现在以下三个方面。

其一，从城乡收入分配结构来看，城镇居民人均可支配收入始终高于农村居民人均可支配收入。2013—2020 年，农村居民人均可支配收入均值为 13 113.13 元，城镇居民人均可支配收入均值是农村的 2.69 倍，为 35 245.25 元。收入是影响消费的重要

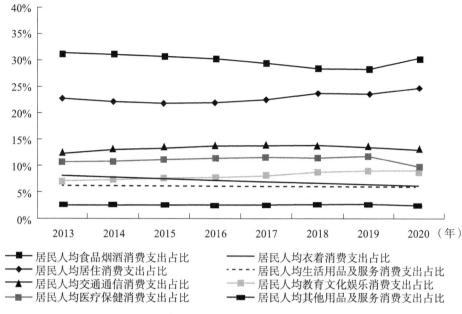

图 5 - 5　2013—2020 年居民消费的构成

数据来源：国家统计局。

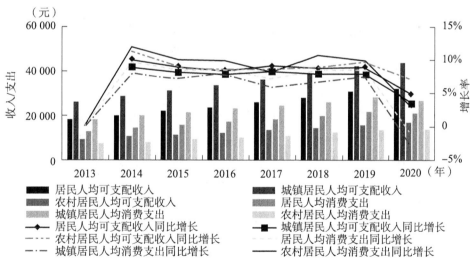

图 5 - 6　2013—2020 年城镇、农村居民收入分配

数据来源：国家统计局。

因素，因此城镇居民人均消费支出高于农村，如图 5 - 6 所示，2013—2020 年农村居民人均消费支出均值为 10 667.63 元，城镇居民人均消费支出均值为 23 569.25 元，城镇是农村的 2.21 倍。

其二，人均可支配收入和人均消费支出同比增长的变化趋势大致相同，但城镇和农村的增长率有所差异。2013 年以来，农村居民人均可支配收入同比增长始终高于城镇居民，2013—2020 年农村居民人均可支配收入增长率平均为 8.89%，比城镇居民高 1.39%。同样的，农村居民人均消费支出同比增长同样高于城镇居民，2013—2020 年农村居民人均消费支出增长率为 9.06%，比城镇高 3.43%。这一现象能够证实经济增长理论所提出的农村资本积累周期短导致增长率较高的理论。

其三，2019—2020 年我国的消费增长率大幅降低。值得注意的是，2020 年我国居民人均消费支出呈负增长的特征，其中，城镇居民人均消费支出同比下降 3.8%，乡村居民人均消费支出同比上升 2.9%。未来这一内需不足的趋势需要进一步引起重视，其重点在于如何恢复城镇收入和消费水平，以及如何继续提高乡村收入和消费水平。

2. 区域收入分配

从四大板块的收入分配分析我国区域收入分配情况（见图 5-7），发现具有以下几方面特征。

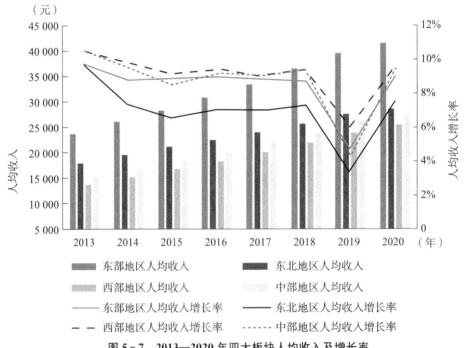

图 5-7　2013—2020 年四大板块人均收入及增长率

数据来源：国家统计局。

其一，各省份间收入差距较大。从国家统计局公布的各省份的人均收入水平来看，2020 年人均收入最高的前三个省份为上海、北京、浙江，人均收入分别为 72 232 元、69 434 元和 52 397 元。随后分别是天津、江苏、广东、福建、山东、辽宁、内蒙古、重庆等省份，这些省份的人均收入均高于 30 000 元。2020 年人均收入最低的省份为甘肃。

其二，四大板块间的人均收入水平相差较大。2013—2020 年四大板块的人均收入水平呈现增加趋势，其中人均收入由高到低依次为东部地区、东北地区、中部地区、西部地区。2020 年，东部地区的人均收入分别是东北地区、中部地区、西部地区的 1.45 倍、1.53 倍和 1.63 倍。

其三，从四大板块人均收入增长率来看，东北地区的增长率明显低于其他三个板块。从演化趋势看，2018 年以前四大板块的人均收入增长率呈现先下降后平稳的特征。2013—2018 年，西部地区、中部地区和东部地区的人均收入增长率均值分别为 9.50%、9.29% 和 8.99%，整体相差不大，而东北地区为 6.86%，显著低于其他三个板块。2018—2019 年，各板块的人均收入虽然仍保持增长，但增长率大幅降低。

3. 行业收入分配

不同行业间收入分配存在较大差距，国家统计局 2019 年各行业收入的数据显示（见图 5-8），信息传输、计算机服务和软件，科学研究、技术服务和地质勘查，金融，卫生、社会保障和社会福利，电力、燃气及水的生产和供应，文化、体育和娱乐等行业的平均工资均高于 10 万元；而住宿和餐饮，农、林、牧、渔等行业的平均工资仅有 50 346 元和 39 340 元。

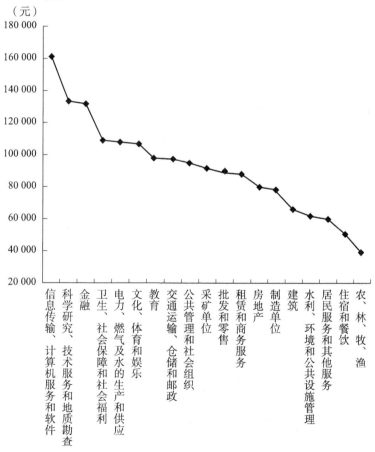

图 5-8 2019 年各行业人均工资水平

数据来源：国家统计局。

对比 2011—2019 年各行业收入的增长情况可以发现，2019 年卫生、社会保障和社会福利，信息传输、计算机服务和软件，教育，文化、体育和娱乐，公共管理和社会组织，批发和零售，制造单位，水利、环境和公共设施管理，科学研究、技术服务和地质勘查，交通运输、仓储和邮政，电力、燃气及水的生产和供应，建筑，农、林、牧、渔等行业比 2011 年增长超过 100％，其他行业的收入也都有所增长，但增长的幅度没有上述行业大。

第二节　统筹推进供给侧结构性改革与消费升级

改革开放 40 多年来，我国国民经济实现高速增长，发展模式主要是引进、模仿国外先进技术形成的粗放型工业生产，这种发展路径主要特征体现在数量和规模的快速扩张（金碚，2018），同时助力我国实现了"追跑跟跑"。然而，当前中国特色社会主义进入新时代，国内国外经济环境出现了新变化，国外经济形势复杂严峻，对外贸易的不确定、不稳定因素增加。国内经济变化主要表现为经济发展缺乏新动力，国内有效需求不足。2020 年 5 月 14 日，习近平在中共中央政治局常务委员会指出"要深化供给侧结构性改革，充分发挥我国超大规模市场优势和内需潜力，构建国内国际双循环相互促进的新发展格局"，要求继续深化供给侧结构性改革。基于以上分析，本节首先指出供给侧存在的结构性问题，依据问题阐述深化供给侧结构性改革的方向以及破除流动壁垒、打通区域市场的路径。

一、供给侧结构性问题

过去我国经济增长依赖于投资、消费和出口这三辆"马车"，实现了快速增长。现阶段我国由高速增长转向高质量发展阶段，供给侧结构性改革再一次得到重视，如何从供给侧寻找我国经济增长的新动力，是未来我国培育中长期增长的新机遇。当前，我国供给侧存在产能过剩、创新能力不足、流通不畅、制度不完善等问题，造成国内大市场供需错配、经济增长动力不足。

（一）产能过剩问题突出

新时代以来我国经济放缓，尽管"三去一降一补"初见成效，但传统产业产能过剩问题依旧突出，同时战略性新兴产业也出现产能过剩的新现象，节能环保行业、生物及新能源行业的产能过剩呈上升趋势（颜晓畅和黄桂田，2020）。产能的持续过剩会阻碍生产效率提高，造成经济增长的停滞，不利于经济持续向好发展。内在机制的创新动力不足，生产资源未实现合理配置，投资效益低下，产业结构同构化和扭曲化，使得供给侧结构性矛盾突出。

（二）新技术、新产品、新业态创新能力不足

尽管我国创新产出和创新成就快速增加，但是在关键核心技术上的科技创新水平

有限、新技术、新产品、新业态发展不足，导致生产以低端供给为主，高质量供给不足，从而使得供给产品缺乏核心竞争力。然而随着我国经济实力的不断发展，人民对美好生活的需求日益提升，对高质量的产品需求日趋增加。在此背景下，过去的生产模式已经不足以满足人民需求，中低端供给过剩、高质量供给不足抑制了国内消费。同时，我国供给体系尚未完善，产品缺少多样化和个性化，这加剧了内需不足。

（三）国内大循环流通存在堵点

流通作为连接供给侧和需求侧的中间环节，对实现国内大循环，形成国内大市场有着重要意义。然而，目前我国流通业现代化水平不高，长期的重生产、轻流通的政策和观念导致流通行业形成了粗放的管理模式（吕立邦等，2016），尚未健全现代流通体系，使得流通效率低、成本高、环节多，制约着国民经济循环发展（汪旭晖和赵博，2021）。

（四）供给侧制度有待完善

不合理的制度可能会阻碍有效供给水平的提高，长期来看会导致资源错配，不利于经济发展方式的转变。目前来看，财政金融体制的不健全、行业管制的不合理，以及户籍制度、土地制度遗留难题等是供给侧结构性改革面临的主要问题。以上产能过剩、供给质量不高等问题，本质来源于劳动力、土地、资本等要素配置的不合理，根本上是由于供给侧制度的不完善。

二、供给侧结构性改革的政策发展

党的十八大以来，我国经济进入新常态。针对经济发展出现的新问题，中央政府积极出台相关政策，为促进新发展格局下供给侧结构性改革提供了强有力的政策支撑。表5-1梳理了党的十八大以来政府有关明确供给侧结构性改革的发展历程。2015年11月10日，习近平总书记在中央财经领导小组第十一次会议中明确提出加强供给侧结构性改革。结合党的十八届五中全会"释放新需求，创造新供给"的表述，当前中国推进供给侧结构性改革的主要含义，是从"需求管理"到"供给管理"的重大调整。

表5-1 党的十八大以来供给侧结构性改革的重要政策

发布时间	相关政策	强调内容
2015.12.18— 2015.12.21	着力加强结构性改革，在适度扩大总需求的同时，去产能、去库存、去杠杆、降成本、补短板，提高供给体系质量和效率，提高投资有效性，加快培育新的发展动能，改造提升传统比较优势，增强持续增长动力。	"三去一降一补"
2016.12.14— 2016.12.16	以"三去一降一补"五大任务为抓手，推动供给侧结构性改革取得初步成效，部分行业供求关系、政府和企业理念行为发生积极变化。明年要继续深化供给侧结构性改革。	继续深化供给侧改革

续表

发布时间	相关政策	强调内容
2017.10.18	重点在"破""立""降"上下功夫。大力破除无效供给，把处置"僵尸企业"作为重要抓手，推动化解过剩产能；大力培育新动能，强化科技创新，推动传统产业优化升级，培育一批具有创新能力的排头兵企业，积极推进军民融合深度发展；大力降低实体经济成本，降低制度性交易成本，继续清理涉企收费，加大对乱收费的查处和整治力度，深化电力、石油天然气、铁路等行业改革，降低用能、物流成本。	"破""立""降"
2018.12.21	我国经济运行主要矛盾仍然是供给侧结构性的，必须坚持以供给侧结构性改革为主线不动摇，更多采取改革的办法，更多运用市场化、法治化手段，在"巩固、增强、提升、畅通"八个字上下功夫。	"巩固、增强、提升、畅通"新导向
2021.3.5	必须坚持深化供给侧结构性改革，以创新驱动、高质量供给引领和创造新需求，提升供给体系的韧性和对国内需求的适配性。	创新驱动、高质量供给引领和创造新需求

三、深化供给侧结构性改革，以供给创造需求

构建新发展格局需要牢牢抓住供给侧结构性改革这条主线。党的十九大首次提出以供给侧结构性改革为主线，改革重点放在化解过剩产能、消化房地产库存、帮助企业降低成本、防范化解金融风险等方面。"十三五"期间，我国"三去一降一补"已见成效，如消除过剩产能效果显著，也在一定程度上降低了企业成本。新时期对供给侧结构性改革的要求进一步提高，从继续完成"三去一降一补"到供给创造需求，不仅需要解决产能过剩的问题，更需要提高供给质量，激活消费热情。

（一）提高供给效率，合理配置要素

以创新驱动提高供给效率。众所周知，受2008年全球金融危机的冲击，国际市场需求大幅度下降，与此同时，新科技革命和第四次产业革命兴起，正在重塑世界产业发展的格局。为了顺应这两个方面的革命性变化，中国主动放弃自改革开放以来所形成的传统经济发展模式，大力实施科技创新驱动发展战略，构建科技创新发展动力，科技创新已成为现阶段供给侧结构性改革的重要驱动因素。

强化科技创新服务支撑，完善科技研发平台，突破核心关键技术，提升科技创新水平。注重培育科技创新人才，营造良好的研发环境，建立科学的科研评价体系，以人才驱动激发科技创新活力。通过科技创新优化生产要素配置，集约生产模式，提高供给的质量和效率。

推动劳动力、资本、土地的高效配置。要素无法充分流动是当前供给侧结构性改

革的堵点。应该重视发挥市场的作用，促进资源要素合理流动和有效配置。同时，建立和完善区域、城乡合理流动的体制机制，发挥好政府和市场的互动作用。首先，加快土地要素流动和市场自由配置，促进农村集体用地入市，以形成完整的全国土地市场。其次，推进户籍制度改革，持续推进劳动力的有序流动，转移贫困地区过剩劳动力。强化户籍制度改革的目标，进一步改善人口登记制度、户籍制度改革与地方政府激励挂钩的制度化关联。最后，提高金融服务实体经济的能力，加快完善资本市场。

（二）提升产品质量，增加有效供给

促进产业链的完善，建立现代产业链、延伸生产链有利于解决产业创新模式不足、产业布局分散、产业基础不稳固和产业供给质量低等问题。一是要依托主导产业，打造产业研发、生产、包装、存储、加工、运输等分工链条，构建完整、完备、完善的生产链条，提高产品供给能力。二是秉承互惠互利原则，加快国家现代产业园建设，打造产业集群，形成发展合力，降低学习、匹配、共享的空间成本，从而降低产品供给成本。三是推进产业的深加工模式，以高质量的服务和供给满足日益升级的内需要求。

引导传统产业转型升级，推动产业数字化转型。推进传统产业由低附加值产业向高附加值产业转型，促进传统产品更新换代，加快新旧动能转换，淘汰僵尸企业，淘汰落后产能。打造产业优势，推动高新技术行业发展，培育新产品、新技术、新业态，提高市场供给质量。大力发展数字经济、新能源、工业机器人、无人驾驶等新产业、新业态，发挥大数据、人工智能、物联网、云计算等高新通信技术的作用，实现生产的高效化和智能化。以新业态激活消费新需求，满足个性化和多元化需求，促进服务供给结构和需求结构匹配（张磊和刘长庚，2017）。

（三）完善要素端和生产端的体制机制

要素端的体制机制改革包括土地制度改革、劳动力制度改革、科技创新制度改革等。就土地制度改革而言，首先需要扭转地方政府依靠土地财政的发展模式，改革地方政府垄断土地市场制度，加快乡村土地要素流动和市场自由配置。其次，健全"三权分置"制度，保障乡村土地集体所有权、农户承包权、土地经营权的权能。完善土地产权制度，提高乡村居民的财产性收入，增加乡村发展用地数量。最后，推动城乡土地"同地同权"，给予两种所有制土地平等权利，打破城乡土地分割的局面。就劳动力制度改革而言，降低区域间劳动力流动成本，完善劳动力市场，加快农村剩余劳动力转移。同时加快工业化进程，促进劳动力融入地区。就科技创新制度改革而言，增强国家科技治理能力，完善国家科技治理体系，优化科技体制的顶层设计，建立科技成果与市场需求的双向沟通机制（苏继成和李红娟，2021）。

生产端的体制机制改革包括财政金融体制改革、产业体制机制改革、国有企业改革等。推进税收改革，大力推进降低中小微企业、新兴产业的税费改革，为新兴产业的进入破除壁垒。将税率优化普惠房地产、金融、建筑业等各个行业，为企业降成本。推进金融体制改革，降低企业融资成本，使金融服务于实体经济。

四、破除流通壁垒，打通区域市场

我国当前处于供给侧结构性改革的深化阶段，供给侧的主要矛盾已从产能过剩转为流通不畅，因此推动现代化流通体系建设是"十四五"时期供给侧结构性改革的重点，是形成以国内大循环为主体、国内国际双循环相互促进的新发展格局的重要组成，是贯通生产到消费各环节的关键途径。

（一）建立健全现代流通体系

加强现代物流体系建设，首先鼓励各类经营主体完善流通理念，打造产品高效流通平台，推动产业链、供应链的完善，构建覆盖研发、生产、包装、存储、加工、运输的流通体系，在企业内部和企业之间形成安全高效的流通网络。其次，以数据分析为导向，发挥数字技术在流通体系的作用。数字经济可以提升流通体系的基础设施条件，同时降低成本和提高效率，为流通体系的发展赋予巨大潜力（汪旭晖和赵博，2021）。完善现代化流通布局，合理有效地规划传输线路和集散中心，从而推进商流、物流、信息流、资金流等流通时间缩短和流通费用降低。最后，加强区域之间的联系与互动，增强市场经济发展活力，也是建立现代物流体系的一个重要选项。亦即，要重视借助于区域间经济互联互通。在这个方面，可以考虑的策略包括：鼓励和支持多种形式的区域合作，建立多路径、紧密的经济流通网络。同时，重点规划建设增长极和中心城镇，发挥其组织和带动作用，着力打造全国大市场经济增长的空间动力源。进一步加强沟通区域间的发展轴建设，启动区域互动通道建设。

（二）加强流通基础设施建设

物流体系的建设离不开基础设施等硬件设施。首先，推动公路、铁路、港口等多种物流基础设施建设，合理和可持续规划现代流通体系，打通流通基础设施建设"最后一公里"，为实现国内大循环、打通区域大市场提供公共服务保障。其次，推动数字化新型基础设施建设，以智慧物流为发展目标，完善智慧物流的技术配备，制订新型转向计划，推进物流企业智能化改造，建设物流互联网，促进线上线下基础设施的互动发展（何黎明，2019）。加快建设数字化流通企业，树立一批先进的流通行业标杆，实现行业之间的信息共享，加强产业之间的互联互通，提升产业内部的生产效率。同时，加强偏远贫困地区的流通基础设施建设，实现物流体系的全覆盖。

（三）完善现代流通制度

第一，建立市场流通制度，保护中小流通企业的发展，允许私营企业进入行业，培育超市、驿站、物流中心等新物流业态。同时，降低中小流通企业的税费经济成本，鼓励多类型、差异化的物流企业的发展，根据多样化的需求建立差异化的流通体系。第二，打破地方保护主义壁垒，激发行业活力。通过制定、实施市场化的流通体系的管理制度，降低区域间流通的制度性成本。第三，建立健全流通行业法规，明确流通管理部门权责，推动管理理念、管理方式的创新，在价格制定、交易规则、质量标准等多方面建设完善的评价体系，促进现代物流体系的品质建设。

五、推进消费升级

（一）消费升级战略意义

改革开放以来，受益于和平稳定的外部环境，以及不断探索出的正确的发展道路，中国培育出巨大潜在消费市场和强劲内需。对于中国的经济发展来说，除了巨大的国内市场外，强劲的国外需求也是中国改革开放几十年来经济快速发展的重要支撑。2008 年全球金融危机后，国外需求逐渐下降，国内需求不足问题变得越来越重要，对整体经济活动产生了影响。根据对新形势的准确评估，2020 年中共中央做出重大战略部署，提出"加快形成以国内大循环为主体、国内国际双循环相互促进的新发展格局"。

1. 有利于构建新型流通模式

中国在生产、分配、流通、消费四大领域存在许多堵点、短板，特别是分配、流通、消费体制改革滞后，应该坚持改革开放的大方向，加快形成有利于我国的新型流通模式。丁俊发（2021）认为，要想实现国内国际双循环相互促进国民经济的良性循环，提高国民经济体系的整体效率，其中一个十分重要的内容就是把生产、分配、流通、消费联系起来。通过国家流通体系构建具有中国特色的现代流通体系，激发巨大潜在消费市场和强劲的内需，坚持不懈地促进共同富裕。

2. 有利于稳定基本经济盘

长期以来，中国经济主要由消费、投资和净出口驱动。但在净出口方面，中国一般处于全球价值链的中低端，因此扩大内需更有利于稳定基本经济盘，其中国内消费是关注的第一位。随着中国进入工业化中后期，投资增长持续承压，受中美贸易摩擦影响，进出口面临较大不确定性，消费成为经济增长的主力军，成为拉动经济正常运行的杠杆。消费市场被抑制对经济的影响最为明显，因此必须促进经济的快速复苏，利用各种刺激消费的手段刺激居民消费，提高居民的消费意愿和能力。在此背景下，由于人口增长放缓，传统消费无法继续支撑消费的巨大增长，新的消费形式、模式正在出现。新的消费浪潮能有效促进经济增长，促进中国经济发展的结构改善与质量提高。

（二）我国当前消费增长障碍及影响因素

当前我国消费增长障碍包括：最终消费率波动下降，落后于世界主要经济体；居民消费占比呈下降趋势，居民消费结构不合理；刺激消费与促进经济增长之间往往存在着矛盾和冲突，可能导致消费过度、资源浪费和生态环境恶化的非理性消费，成为社会总效用减少和经济可持续性增长的障碍。当今我们面临着人民日益增长的美好生活需要和不平衡不充分的发展之间的矛盾。这样就会带来区域消费发展不均衡，城乡居民消费发展不平衡和农村地区消费发展不充分。

1. 居民消费水平的增速低于居民收入水平的增速

当前我国区域收入分配情况是：各省份间收入差距较大；我国四大板块间的人均收入水平相差较大；从四大板块人均收入增长率来看，东北地区的增长率明显低于其他三个板块；不同行业间收入分配存在较大差距。在经济新常态阶段，消费成为经济增长的新引擎。徐嘉祺和刘雯（2019）分析新常态以来中国居民人均可支配收入和消费支出情况，发现收入水平和消费水平稳步上升，增速高于经济增速。但是，由于经济增长普遍放缓，收入水平和消费水平的增长率都有所下降，消费不再是经济增长的主要驱动力。居民消费水平的增长速度低于居民收入水平的增长速度，居民消费意愿总体下降。

2. 人均可支配收入和人均消费支出的特征及演化差异

人均可支配收入和人均消费支出差异主要体现在：从城乡收入分配结构来看，城镇居民人均可支配收入始终高于农村居民人均可支配收入；居民人均可支配收入和居民人均消费支出同比增长趋势大致相同，但城镇和农村的增长率有所差异；2019—2020年我国的消费增长率大幅降低。在现实中刺激消费与促进经济增长之间往往存在着矛盾和冲突。长期以来，中国面临低消费率和较高的储蓄率，这显然不利于带动经济发展和刺激经济增长。推动消费增长成为新常态，要多渠道增加居民收入，多方位完善社会保障体系，激发居民消费潜力，引导国内消费稳定增长。安华（2013）认为要根据环境保护和双循环发展的要求，制定刺激消费的政策、转变消费模式、促进经济可持续发展、通过收入再分配来刺激消费。

（三）消费提升路径

1. 政府短期消费刺激政策

政府短期消费刺激政策类型各异，各种政策可以相辅相成，对经济复苏的效果各不相同。张梦霞和蒋国海（2021）着眼于短期内政府政策刺激消费促进经济复苏的机制，选取6个典型国家作为研究重点，采用案例研究法对发达国家和发展中国家进行多案例比较研究。短期政府消费刺激可能通过收入效应、替代效应、乘数效应、挤出效应等因素影响经济复苏，具体情况根据发展中国家和发达国家的国情而有所不同。

（1）财政政策。虽然学术界普遍认同财政政策对经济复苏的影响，但对其影响的方向却没有共识，即财政刺激政策既能支持经济复苏，又在一定程度上延缓经济复苏。财政政策，特别是社会保障支出，可以有效地缩小区域经济差距，显著促进经济复苏，但也可能受到消费支出的限制及引起促进经济复苏的具体效果的扭曲，同时也取决于政府关于经济信息的有效性。政府决策和执行的有效性，通常存在长期的内部延误。王梦珂和唐爽（2021）分析四个税率（消费税、农民工劳务报酬税、城镇居民劳务报酬税和资本利得税）的调整所带来的影响后发现：第一，在总体税负水平不变的情况下，四种税率的降低仍可能鼓励居民消费，但对城乡居民消费的影响不同；第二，城乡二元经济结构的弱化，增加了税率变动对城乡居民消费的影响，有利于缩小城乡消费差距；第三，合理减税有利于缩小城乡居民之间的收入差距，并有缩小城乡消费差距的效果；第四，实施政策增加直接税的比重不仅可以促进总消费，而且可以减少城市和农村消费和收入之间的差距。

（2）货币政策。货币政策影响实体经济最直接的方式是利率。它主要通过影响投资、资产价格和汇率来影响经济复苏及其增长。此外，当金融结构以银行业为导向，银行业具有一定的集中度，汇率制度具有一定的灵活性时，可以加强利率机制。从全球化的角度来看，虽然各国的货币政策相对独立，但各国都采取浮动汇率制度，通过进出口价格和国内债券市场影响溢出效应。

（3）财政和货币政策的协调。财政和货币政策的协调是必要的。货币政策的效果更稳定，财政政策的效果更明显。在整个财政政策环境中，关键宏观经济变量对货币政策冲击的影响存在显著差异。因此，适当的组合可以提高政策的可持续性和对经济复苏的影响。此外，财政和货币政策的结合应根据经济发展的不同阶段进行调整，以满足不同阶段的需要，确保经济平稳快速复苏。

2. 大力发展新型消费

针对产品和服务不能满足人民提高生活质量的需求情况，为了解决消费发展"不平衡不充分"的多维问题，有效解决社会主要矛盾，有必要大力发展新型消费。随着国民经济的持续发展，人民收入来源越来越丰富，收入水平不断提高。收入决定消费，因此居民收入水平的不断提高对新消费产生了强烈的需求。消费需求的扩大导致资本、人力、资源等生产要素的不断投入，促进了供给侧新消费的发展，更好地匹配了新需求。在这一过程中，社会财富不断积累，形成了消费发展的良性经济循环。科学技术是促进和转变人类生产方式的一个重要环节。在科学技术不断进步的支持下，新的消费观念被提出，新的消费形式被实施，新的消费模式被普及，新消费发展带动各行业领域进一步细分。随着我国经济社会发展进入新时代，新消费基于数字技术、信息技术、5G、人工智能、大数据等现代技术构建数字环境，创造满足新消费的相关产品和服务。

第三节　优化投资结构，提升投资效率

一、投资结构和投资效率面临的问题

经济的正常运行离不开资本的支持。资本是企业扩大生产和再生产规模的重要前提，也是支撑一个国家经济持续增长的基石。我国供给侧产能过剩，新技术、新产品、新业态创新能力不足，国内大市场流通存在堵点，财政金融体制不健全，行业管制不合理，以及户籍制度、土地制度遗留难题等，是供给侧结构性改革的主要问题。供给侧一系列问题会影响投资结构和投资效率。目前我国投资结构和投资效率面临的问题包括以下几方面。

（一）结构性发展问题

随着经济进入新常态，经济增长率放缓，出现结构性发展问题。当前中国投资结构存在投入冗余、生产不足等不平衡问题。追求GDP增长的传统发展观和粗放型发展模式导致了一系列经济结构问题，迫切需要在政策引导下树立正确的发展观。实体经济的发展面临着企业高昂的交易成本、融资成本和社会保障成本，影响了企业经济活力。投资结构影响投资有效性和经济运行有效性，不仅是理论研究的中心，也是宏观经济政策制定和调整的重要依据。因此促进生产力提高的相关政策和安排需要优化，特别是科技创新、人才培养以及科研成果转化管理体制、成果等方面。

（二）资本效率降低，边际回报降低

首先，如果没有技术进步支撑，经济增长速度也会受到影响；其次，资本的配置效率降低，不同行业资本的分配不合理，资本和劳动之间的不匹配，以及其他方面因素，均会影响生产力的增长。刘键和于棋（2021）在新发展格局下，测算政府投资效率发现：政府投资效率具有区域差异性和空间相关性特征。经济发展水平越高的地区，政府投资的效率越高。政府投资有效性存在显著的空间相关性，存在协同效应和负溢出效应。减少政府干预，建立市场经济，可以显著提高政府投资效率。在此基础上，他们提出了政府部门控制投资强度、优化投资结构、提高区域经济效益、全面加强市场化建设的政策建议。

（三）对外直接投资效率普遍较低

中国对"一带一路"沿线国家的对外直接投资效率普遍较低，而对东南亚、中亚、南亚的对外直接投资效率较高，对东亚和南欧的直接投资效率仍有待提高。王昕和董耀武（2021）发现中国工业"内循环"产能与对外直接投资存在负相关关系，但在不同的发展阶段，两者是相互影响的。更确切地说，高质量阶段的工业产业的"内循环"产能与对外直接投资是互惠互利的，但对外直接投资的增加限制了处于转型阶段和低质量阶段的工业产业的"内循环"产能的发展。董有德和夏文豪（2021）研究"一带一路"沿线国家投资便利化水平发现，投资便利化水平差异明显，地域分布不平衡。

二、资本回报率下降的理论解释

（一）劳动力成本不断上升

在经历了长期快速的经济增长之后，中国经济发展的基本条件发生了变化。尽管中国一直保持较高的投资率，但是人口出生率一直在下降，老年人口的比例一直在增加，劳动资本比率影响资本回报率的提高。在改革开放之初，中国劳动人口规模相对较大，但是资本短缺。因此，资本的不断增加不仅促进了经济增长，而且提高了资本的盈利能力。由于我国二元经济结构演变的影响，在投资蓬勃发展的同时，一方面，农村剩余劳动力流向城市；另一方面，国有企业员工流向私营企业，大量的劳动力资本转移到高回报领域和部门，资本的盈利能力有所下降。与此同时，改革开放以来，

中国凭借劳动力成本优势实现了快速发展。资本回报率可以保持长期稳定是由于平均工资水平低于边际产出水平。然而，随着资本深化的加剧和人口增长率的下降，劳动力成本不断上升。

（二）改革红利和"高储蓄和高投资"影响

在 2007 年之前，经济总体处于上行阶段，资本回报率持续上升，主要是由于改革红利和"高储蓄和高投资"。这一阶段，推动资本回报率整体提高的因素主要来自两个方面。一是制度改革的红利，特别是价格体制改革，以及 20 世纪 90 年代以来农村改革和城市改革的不断推进，释放了制度红利，共同提高了中国改革开放以来的资本回报率水平。二是经济发展的早期阶段，"高储蓄和投资"提高了我国区域资本存量水平，带来较高的资本回报率，在这一时期背景下的外部市场，依靠庞大的外部需求和劳动力成本优势，形成"高投入、高资本回报、高经济增长"的发展机制。

2008 年以来资本回报率总体下降，主要是由于全球金融危机后私人投资和对外直接投资对资本回报率下降的影响。与此同时，粗放型增长模式下的结构性矛盾开始显现，调整经济结构的紧迫性不断增强。2008 年全球金融危机后，外部需求减弱，对中国出口导向型经济增长产生了很大影响，私人投资和对外直接投资的活力已经减弱，国内需求疲软的问题变得越来越尖锐。为有效应对中国陆续出台的刺激政策，大量资金进入房地产市场，一些制造企业将金融投资转向虚拟经济，对实体经济的影响越来越大，金融风险的集中度越来越高。价格形成机制的扭曲，阻碍了社会整体资本质量的提高。然而，经济增长对政府投资或国有企业投资的依赖程度越来越高。与此同时，产能过剩和通货膨胀压力开始显现，信贷紧缩加大了实体经济的融资成本，投资过热后，资本回报开始下降。2015 年以来，供给侧结构性改革正式提上中国经济改革的议程，主要任务是控制产能过剩，弥补发展不足。从实施效果来看，产能过剩控制取得初步成效，为创造更加高效的市场环境提供了可能。

（三）以技术进步为导向的资本投资不足

在工业化前期和中期，技术进步对推动建立全面的市场体系、融入国际分工网络发挥了积极作用。在技术进步和人力资本没有显著提高的情况下，必然会导致资本收益率的下降。通过促进技术进步为导向的资本投资，能提升资本回报，而对技术和人力资本的长期投资将提升投资质量。企业在创新活动中往往需要边做边学，创新的生产方式对资本回报有积极的影响。但也应指出，中国在很长一段时间自主创新能力不强，核心技术和关键环节被外国企业所束缚。在全球分工体系越来越完善环境下，技术进步在提高资本回报率中的关键作用不断提升。

三、供给侧结构性改革提升资本回报率的逻辑机制

从供给侧结构性改革提升资本回报率的逻辑机制来看，主要有以下几点：提升存量资本总体增值能力、增加新资本要素供给、提升资本配置效率、降低税费、提高循

环效率、促进技术进步为导向的资本投资，以及鼓励国内资本走出去，扩大对外直接投资。

（一）提升存量资本总体增值能力

通过去产能、去库存、去僵尸企业，可以对传统资本进行改造，提高资本存量的整体增值能力。根据产业结构升级的发展方向，引导资本流向符合发展方向的产业类别和企业类型，优化资本产业布局，提高资本配置效率。通过鼓励对技术更新改造的投资，降低资本存量的衰减率，从而提高资本的生产能力。提高劳动资本比率也是提高资本回报率的可能途径。人力资本不仅可以吸引资本，而且可以通过促进技术流动，从而提高资本与有效劳动力的比率，提高资本回报率。

（二）增加新资本要素供给

数据、信息、知识等新资本要素由于其涵盖技术进步和创新要素，在生产中发挥着越来越重要的作用。依靠新资本的技术进步，可以在先进技术和新经济领域引导新的投资，增加新的资本要素的供给，改善资本边际收益下降的问题。通过对新经济的投资，刺激数字经济产业和人工智能产业的创新发展，通过增加资本密集型产业的比重，扩大新经济的发展规模，提高经济资本的整体盈利能力。骆柳毅（2021）认为数字经济的发展，其目的是继续增加消费，促进消费的提高。在中央和地方政府的财政和货币政策支持下，中国互联网技术的发展和由此带来的重要大数据资源不断增加。这种互惠互利的局面特别有利于某些新业态、新模式的发展。数字化意味着工业化、城镇化融合发展。个体经营和产业融合的发展，需要一个公平竞争的经营环境，数字化为企业适应当前的新形式模式和适应当前的竞争环境创造条件。

（三）提升资本配置效率

通过调整、改善传统资本要素和新资本要素的对应关系，提高资本配置效率。（1）加强制度建设，消除资本要素自由流动的障碍。改善要素流动是提高资本回报率的重要途径之一。供给侧结构性改革政策措施有利于优化投融资体制机制，消除资本要素流动的制度性障碍，提高资本回报率。资本流动可以促进高新技术和服务业的发展，同时限制或缩小一些高污染和传统产业的规模。（2）通过一系列扶持民营经济和小微企业的政策措施，激发大量民营企业和小微企业的经济活力，有助于提高资本的整体盈利能力。（3）清理过剩产能，清理高耗能、高污染企业，鼓励企业清洁生产和科技创新，将有助于提高经济在全球价值链中的地位，改善贸易发展环境和对外贸易发展质量。

（四）降低税费提高循环效率

供给侧结构性改革启动阶段的相关政策措施，主要集中在关闭落后生产设施、严格环保和防范杠杆风险。从初步效果来看，经济上游行业，如有色金属、煤炭、化学工业和运输业的资本净利已大为改善，但对工业特别是制造业和消费业的平均资本净利的影响却很有限。因此，应进一步改革，减轻中间商和下游消费者的负担，提高经济流通效率。一方面，应当进一步减税，释放改革红利，提高利润在中下游消费领域的份额，提高资本回报率。另一方面，应当视科技创新发展为契机，综合利用各种财政和税收优惠政策和直接融资支持政策，鼓励和引导的创新发展主体。

（五）促进技术进步为导向的资本投资

通过促进技术进步为导向的资本投资，提升资本回报率。对技术和人力资本的长期投资将提升投资质量。企业在创新活动中往往需要边做边学，创新的生产方式对资本回报率有积极的影响。具体来说，一方面要加大对关键技术和核心领域的研发投入，进一步发挥产学研各领域合作纽带的作用，提高科研成果转化率和科技人员流动性。另一方面，加大对技能教育的投资支持，不断提高技能产业劳动者的人力资本水平，从实体经济发展的角度加强技术创新能力建设。针对我国目前的特点，有效整合规模和技术对市场发展的积极作用，积极融入以国内大循环为主体、国内国际双循环相互促进的新发展格局。在资本领域，要减少低效和低端资本的供应，提高资本效率，加大对高技术、高附加值产业的投资，帮助提升价值链地位。同时，通过优化资本要素配置结构，提高对需求变化的适应性。在短期内，有必要降低微观实体的资本成本，将资本流动转向结构调整、风险预防和加强薄弱环节，鼓励企业进行技术升级，充分调动微观实体的经济活力。

（六）鼓励国内资本走出去，扩大对外直接投资

我国目前的储蓄率仍处于较高水平，传统的出口增长模式面临巨大挑战，这使得扩大对外直接投资需要长期的努力。政府的监督和东道国的金融健康发展对中国对外直接投资效益有积极影响。而基础设施建设、商业环境和技术创新的能力则会影响中国对外直接投资的有效性。通过一系列宏观调控政策的制定和协调，积极引导国内资本参与"一带一路"建设，本着风险防范原则，有序发展对外直接投资，鼓励国内资本退出，流向资本回报率较高的地区和行业。

四、小结

总体看来，当前我国消费需求存在的问题包括：最终消费率波动下降，落后于世界主要经济体；居民消费占比呈下降趋势；居民消费结构不合理。当前我国区域收入分配存在的问题包括：各省份收入差距较大；四大板块间的人均收入水平相差较大；从四大板块人均收入增长率来看，东北地区的增长率明显低于其他三个地区；不同行业间收入分配存在较大差距。供给侧结构性问题包括：产能过剩问题突出，新技术、新产品、新业态创新能力不足，国内大市场流通存在堵点，财政金融体制不健全，行业管制不合理，以及户籍制度、土地制度遗留难题等主要问题。

新时期对供给侧结构性改革的要求进一步提高，为解决供给侧结构性问题要做到：提高供给效率，合理配置要素；提升产品质量，增加有效供给；完善要素端和生产端的体制机制改革；建立健全现代流通体系；加强流通基础设施建设；完善现代流通制度等。供给侧结构性改革，既要调整库存，也要逐步完善制度；既要"补短板"，也要

"调结构"；要培育新的市场主体，发展新产业、新业态、新模式；以及通过重视资本要素和改善资本配置结构来提高资本回报率。

为了解决消费发展"不平衡不充分"的多维问题，有效解决社会主要矛盾，有必要大力发展新型消费。消费是最终的需求，最终消费是经济增长的可持续动力。与传统消费不同，新消费通过动力和效率的变化为经济增长增添"新燃料"，是经济发展的"助推器"。发展新型消费是更好发挥消费基础性作用的必然选择。在经济新常态阶段，消费成为经济增长的新引擎。以数字技术、信息技术等现代科技手段为基础的新消费将提供新动能，推动经济社会高质量发展。与传统消费相比，新消费的经济社会功能具有更丰富的现代科技属性。通过对资本回报率变动情况的分析，探索推进资本回报率持续提升的路径包括：提升存量资本总体增值能力，增加新资本要素供给；提升资本配置效率；降低税费，提高循环的效率；促进技术进步为导向的资本投资；鼓励国内资本走出去，扩大对外直接投资。需要注意的是：一方面，增加投资要瞄准当前经济发展的"薄弱环节"，降低社会融资成本，加大对重点领域和薄弱环节的金融支持，提供有效资金；另一方面，提高资本配置效率的角度，优化现有资本结构，提高资本在生产中的作用。

参考文献

[1] 安华. 刺激消费拉动经济增长的政策反思：基于逻辑学的分析视角 [J]. 理论学刊，2013 (2)：61-64.

[2] 丁俊发. "贯通生产、分配、流通、消费各环节"的战略意义 [J]. 全球化，2021 (11)：19-33.

[3] 董有德，夏文豪. 投资便利化、中国 OFDI 拓展与效率提升 [J]. 上海经济研究，2021 (7)：115-128.

[4] 何黎明. 我国物流业 2018 年发展回顾与 2019 年展望 [J]. 中国流通经济，2019，33 (4)：3-9.

[5] 刘键，于棋. 结构优化视角下政府投资效率与空间效应分析 [J]. 新金融，2021 (9)：4-13.

[6] 骆柳毅. 数字经济助力中国双循环发展新格局 [J]. 对外经贸实务，2021 (10)：43-47.

[7] 吕立邦，黄恒学，吴朝阳. 供给侧改革背景下流通行业存在的问题与对策 [J]. 经济问题，2016 (12)：86-88.

[8] 金碚. 关于"高质量发展"的经济学研究 [J]. 中国工业经济，2018 (4)：5-18.

[9] 苏继成，李红娟. 新发展格局下深化科技体制改革的思路与对策研究 [J]. 宏观经济研究，2021 (7)：100-111.

[10] 徐嘉祺，刘雯. 经济新常态下居民消费意愿变化的统计检验 [J]. 统计与决策，2019 (8)：95-98.

[11] 汪旭晖，赵博. 新发展格局下流通业促进形成强大国内市场的内在机制与政策思路 [J]. 经济学家，2021 (10)：81-89.

[12] 王梦珂，唐爽. 稳定税负约束下税率调整对居民消费的影响 [J]. 统计与决策，2021 (23)：126-130.

[13] 王昕，董耀武. "双循环"新格局与中国工业跨国直接投资研究 [J]. 亚太经济，2021

（6）：97-107.

[14] 颜晓畅，黄桂田.政府财政补贴、企业经济及创新绩效与产能过剩：基于战略性新兴产业的实证研究 [J].南开经济研究，2020（1）：176-198.

[15] 张磊，刘长庚.供给侧改革背景下服务业新业态与消费升级 [J].经济学家，2017（11）：37-46.

[16] 张梦霞，蒋国海.政府短期消费刺激政策对经济复苏的作用机制研究：基于发达国家与发展中国家比较的多案例诠释 [J].财经问题研究，2021（12）：33-41.

第六章 "双碳"目标与生态文明

2021年3月15日，中央财经委员会第九次会议召开。会议强调，我国力争于2030年前实现碳达峰，2060年前实现碳中和①，这是党中央经过深思熟虑做出的重大战略决策，事关中华民族永续发展和人类命运共同体的构建。同时，会议还指出，要把"碳达峰、碳中和纳入生态文明建设整体布局"，直观表明"双碳"目标与生态文明建设具有紧密联系。实现碳达峰和碳中和目标，实际上就是在解决资源和生态环境问题的基础上促进经济社会全面绿色转型，实现国民经济高质量和可持续发展，推动生产生活方式绿色低碳发展。这与生态文明发展理念不谋而合，均是为了人民群众能够更好地享受美好生活与环境，经济社会能够实现更加全面的发展。

本章主要以"双碳"目标为主要内容，以统计数据和案例分析为基础，具体说明了我国碳排放的基本情况和"双碳"目标的政策演进，然后围绕"双碳"目标与生态文明的关系提出将"双碳"目标纳入生态文明建设整体布局的思路。

第一节 碳排放现状与基本事实

我国力争于2030年前实现碳达峰，单位GDP二氧化碳排放将比2005年下降65%以上，非化石能源占一次能源消费比重将达到25%左右，风电、太阳能发电总装机容量将达到12亿千瓦以上，2060年前实现碳中和（庄贵阳，2021）。从双碳目标的具体内容能够看出，当前我国碳排放水平仍较高，减排压力较大，仍需加强对绿色能源的推广和使用。本节重点探究我国碳排放的基本情况与双碳目标的政策演进。

一、碳排放的基本情况

我国碳排放水平在近30年间发生了较大变化。1990年，我国二氧化碳（CO_2）排放当量为1 824百万吨，随着社会主义市场经济建设和加入世界贸易组织（WTO）进一步加快对外开放的速度后，人口增长、工业化高速推进、承接产业转移等导致我国碳排放当量在2000年之后突破3 000百万吨，并位居世界第二。之后，我国碳排放当量在5年时间内超过美国，位居世界第一，并于2005年达到5 636百万吨。截至2018年，我国碳排放当量已达到9 663百万吨，远超美国、欧盟等发达经济体，碳排放体量

---

① 碳达峰是指某个国家、地区或行业年度二氧化碳排放量达到历史最高值，即由增转降的历史拐点。碳中和是指某个国家、地区或行业通过节能减排、能源替代、产业调整、植树造林等方式，使二氧化碳排放量与碳清除量相互抵消，实现二氧化碳"净零排放"。

较大为减排与实现双碳目标带来了不小的挑战。[①]

(一) 全国碳排放的基本情况

1. 总体情况

在 2000 年,我国碳排放当量为 2 999 百万吨(见图 6-1),低于美国和欧盟。随着对外开放水平不断提高,以及工业化进程的加快,我国碳排放当量增幅明显,于 2005 年突破 5 000 百万吨,同时也首次位居世界第一。之后,为缓解全球金融危机的影响而实施的 4 万亿元投资计划进一步加快碳排放速度,促使碳排放当量在 2008—2012 年的年均增速维持在 8% 左右。随着生态文明理念深入人心,以习近平同志为核心的党中央加大环境保护力度,围绕能源减排、绿色技术、政策监管等多方面努力控制碳排放总量,遏制了碳排放持续增长的趋势,并最终于 2021 年明确提出"双碳"目标,为未来中国经济可持续发展和推广使用绿色能源奠定了基础。

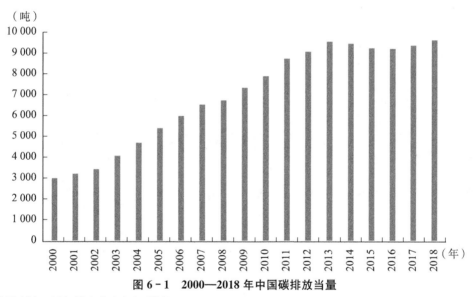

图 6-1 2000—2018 年中国碳排放当量

数据来源:中国环境年鉴和生态环境部。

分能源看,我国能源使用结构发生了一定转变(见表 6-1)。在 2000 年左右,主要是以原煤、焦炭、柴油、燃油、汽油及加工过程作为产生碳排放的主因,占比高达 86.20%。之后,虽然原煤、焦炭和其他气体等长期作为我国能源碳排放的主体,但随着生态文明建设的深入实施和新能源技术的推广和普及,以天然气为代表的清洁能源使用增多,同时也导致碳排放总量随之增长。截至 2018 年,原煤、焦炭、其他气体、柴油、天然气及加工过程成为新的产生碳排放的主因,但除其他气体和天然气以外,其余能源的碳排放增速大幅下降,低于 2.70%,甚至柴油与加工过程的排放增速为负,反映出能源利用与结构调整确实起到了控制碳排放的作用。此外,其他洗煤、煤球、

---

① 上述数据来源于 WRI Climate Watch。

燃油、原油和其他焦化产品等污染水平较高的能源的碳排放逐渐减少，这也能反映出中国调整能源消耗以减少碳排放的决心。

表6-1 2000—2018年中国分能源碳排放总量统计

能源	2000年	2002年	2007年	2012年	2015年	2016年	2017年	2018年
原煤	1 767.0	2 049.3	3 752.1	5 076.8	4 872.0	4 771.6	4 828.9	4 956.7
焦炭	295.8	350.1	852.7	1 242.0	1 217.1	1 233.4	1 212.4	1 220.4
其他气体	69.3	92.9	275.9	396.3	493.5	526.5	553.5	703.0
加工过程	173.5	210.7	395.6	634.7	685.6	700.4	677.3	641.6
柴油	205.9	240.2	385.7	523.4	534.7	517.8	520.3	505.6
天然气	39.1	47.4	129.1	244.5	316.8	326.7	357.7	399.5
汽油	102.1	110.8	161.2	238.8	332.4	346.8	363.1	381.3
其他洗煤	62.3	68.2	132.6	171.9	172.0	235.8	237.5	221.6
液化石油气	45.4	49.1	70.7	68.6	104.8	127.2	139.2	146.0
煤油	26.4	27.6	37.6	59.3	80.8	90.1	100.9	110.9
焦炉气	27.9	30.2	61.0	91.4	92.8	93.2	96.2	101.6
煤球	10.3	11.6	23.4	76.1	76.9	74.3	76.1	73.4
燃油	107.0	112.2	127.3	71.3	69.3	69.3	71.1	69.5
炼厂气	22.7	23.2	33.5	49.2	57.6	58.1	61.2	62.7
其他石油产品	0.1	1.9	6.1	9.0	10.0	10.6	13.4	16.5
原油	19.9	21.2	24.9	16.2	20.0	18.5	11.4	10.9
其他焦化产品	4.1	5.0	11.5	13.2	17.2	16.9	18.9	0.0

数据来源：中国环境年鉴和生态环境部。

2. 分部门碳排放基本情况

除了从分能源视角细化研究碳排放的基本特征以外，本节继续分部门进行研究，选取2012年（见图6-2）和2018年（见图6-3）的碳排放数据进行比较分析。由于部门众多，本节将部分具有相关性的部门进行合并调整，最终将碳排放占比位居前八的部门予以可视化，其余部门则归为"其余未列"一项。

分年份看，2012年生产和供应的电力、蒸汽和热水部门占碳排放总量的44.02%，远高于其他部门。其他部门如金属冶炼及压延加工业和非金属矿产，产生的碳排放总量均超过14%，由此可以看出，民生领域和冶炼行业是产生碳排放总量的主体。同时，运输、仓储、邮电服务，化学原料和化学制品等行业也位居前列，反映出碳排放主要集中在民生领域、工业制造业、能源行业。因此，减少碳排放和实现双碳目标需要以上述行业为主要调整对象，通过技术创新、能源调整、工艺优化等手段予以实现。

2018年，分部门碳排放占比情况发生一定变化，生活和供应的电力、蒸汽和热水

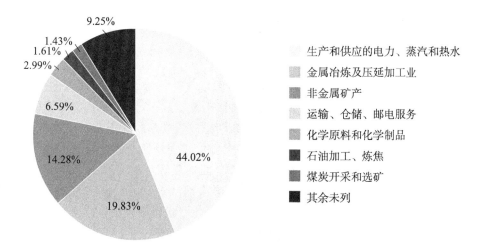

图 6 - 2　2012 年我国分部门碳排放基本情况统计

数据来源：中国环境年鉴和生态环境部。

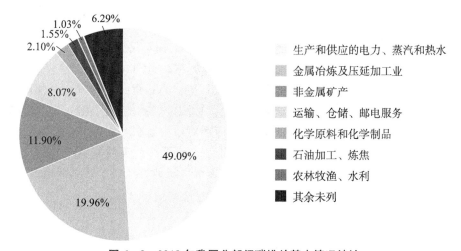

图 6 - 3　2018 年我国分部门碳排放基本情况统计

数据来源：中国环境年鉴和生态环境部。

部门的碳排放占比相较过去有一定增长，已达到总量的 49.09％。农林牧渔、水利部门取代煤炭开采和选矿部门，成为碳排放中排名靠前的部门，占比达到 1.03％，反映出能源领域节能减排取得一定成效，需要予以关注和探索低碳生活。同时，运输、仓储、邮电服务的碳排放占比也较 2012 年有一定增加，达到 8.07％，也反映出居民生活中的碳排放问题成为当前以及未来也要予以解决的关键问题。综上，通过与 2012 年分部门碳排放水平比较后能够发现，能源和金属加工领域的碳排放占比已有所下降，而民生领域如水电暖、运输、农业等的碳排放占比有一定增长，这反映出未来实现双碳目标需要从工业与民生两方面齐头开展减排措施。因此，降碳与实现双碳目标需要从产业与民生领域进行调整，一方面要加大清洁能源使用力度，增强绿色技术普及应用，实现煤炭煤电转型，优化碳资源配置；另一方面要注重倡导低碳生活，推广应用减排技术和管理模式，推动经济社会发展全面绿色转型。

3. 八大碳市场价格行情

碳市场是利用市场机制以实现控制和减少温室气体排放，推进绿色低碳发展的一项重要制度，同时也是实现双碳目标的重要政策工具。从2012年1月起，我国先后陆续成立了八家试点碳排放权交易所，分别是深圳排放权交易所、上海环境能源交易所、北京环境交易所（现北京绿色交易所）、广东碳排放权交易所、天津排放权交易所、湖北碳排放权交易中心、重庆碳排放权交易中心、四川联合环境交易所。截至2021年6月，试点碳排放权交易市场（简称碳市场）已覆盖钢铁、电力、水泥等20多个行业，涉及近3 000家重点排放单位，累计成交量4.8亿吨二氧化碳当量，成交额约114亿元（国家能源局，2021）。从整体看，试点碳市场的体量相对较小，市场流动性较差，同时由于分属不同省份又存在区域壁垒。为此，生态环境部于2021年3月起草的《碳排放权交易管理暂行条例（草案修改稿）》曾提出，条例施行之后将不再建设地方碳排放权交易市场，已存在的地方碳交易市场应当逐步纳入全国碳市场。这表明未来碳市场发展将迎来新的空间，在多元化发展的基础上还具有统一性的特征。

从均值来看，八大碳市场碳配额成交价均值为30.13元/吨（见图6-4）。其中，北京和深圳两地的碳配额成交价高于八大碳市场平均水平，分别为59.20元/吨和31.93元/吨。除北京、广东、上海、天津和重庆五地碳配额成交价在近3年持续增长以外，其余地区碳配额成交价降低或保持不变。特别是北京的碳配额成交价在2020年达到86.43元/吨，反映出在碳减排环境下碳市场对缓解部分地区和企业碳排放压力具有一定作用，碳配额具有一定的市场需求。此外，碳配额成交价较高且保持增幅的地区主要集中在东部沿海，这又反映出碳市场发展水平与地方经济发展水平相关。

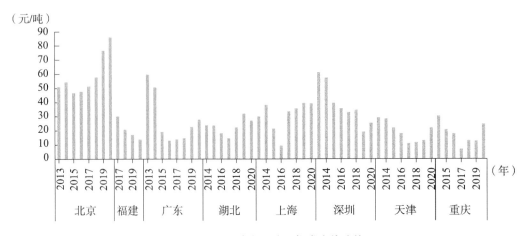

图6-4　八大碳市场碳配额成交价均值

数据来源：中国环境年鉴和生态环境部。

虽然碳市场碳配额成交价的情况主要以北京和深圳处在高位为主，且东部沿海地区均价较高,但从八大碳市场交易总额看(见图6-5),主要是广东和湖北两个碳市场交易总额高,同时还远高于其他碳市场交易总额。这主要是因为广东作为东部经济发达的省份,其具有相对完善的碳交易体制机制,同时其碳配额成交价处在全国平均水平,交易环境与交易价格的双重优势导致其成为碳交易的中心,仅2020年交易总额就突破5亿元,远高于其余碳市场。与此同时,湖北除了具有碳配额价值优势以外,由于其地处中部地区,能够面向中西部地区开展更有针对性的碳市场交易活动,特别是对于中西部地区产业转型升级较为迫切的情况下,湖北碳市场的存在除了满足企业的配额需求以外,更能够促进企业节能环保改造,倒逼落后产能转型,从而有助于中西部地区在"双碳"目标实现过程中发挥更大价值。同理,图6-6展示了八大碳市场的交易量,也具有广东和湖北交易量大的特征,基本能够通过上述分析予以解释,故不再赘述。

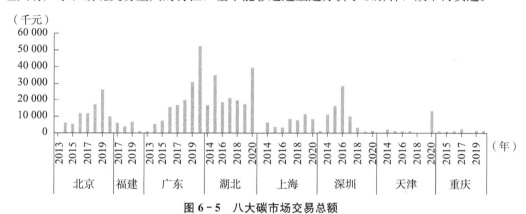

图6-5 八大碳市场交易总额

数据来源:中国环境年鉴和生态环境部。

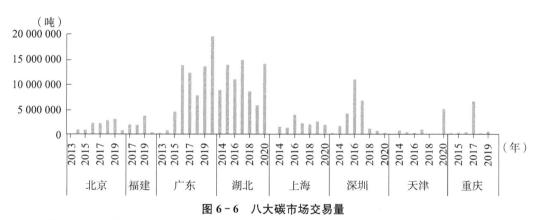

图6-6 八大碳市场交易量

数据来源:中国环境年鉴和生态环境部。

(二)各省份碳排放的基本情况

从全国碳排放以及碳市场的发展演变和现状分析中,能够发现我国碳排放仍存在总量大、减排难、市场不发达等一系列问题。刘燕华等(2021)也曾指出,现阶段中国实现"双碳"目标面临着碳减排压力大、时间紧、代价高、技术储备不足、发展不平衡、摆脱"碳锁定"成本高、碳定价机制不成熟、利益调整复杂等挑战。本节进一步从各省碳排放中比较分析省际碳排放差异（见表6-2），从而能够更好地明确"双碳"目标下的各省份发展方向与目标。

表6-2　2007、2012、2017、2018、2019年各省份碳排放基本情况统计

省份	2007年		2012年		2017年		2018年		2019年	
	CO_2排放	排名	CO_2排放	排名	CO_2排放	排名	CO_2排放	排名	CO_2排放	排名
山东	8.89	1	12.05	1	14.80	1	14.71	1	15.08	1
山西	6.56	3	7.71	5	9.69	2	10.38	2	10.92	2
内蒙古	4.24	8	7.84	4	8.27	5	9.49	3	10.53	3
河北	6.78	2	9.29	2	9.19	3	9.43	4	9.47	4
江苏	5.67	5	7.91	3	8.59	4	8.51	5	8.70	5
辽宁	5.68	4	7.45	6	7.18	6	7.63	6	8.33	6
广东	4.64	7	6.18	8	6.67	7	6.88	7	6.81	7
新疆	1.91	20	3.77	13	5.49	9	5.72	8	6.09	8
陕西	2.40	14	4.35	10	5.05	10	4.94	10	5.37	9
河南	5.33	6	6.27	7	5.68	8	5.70	9	5.26	10
浙江	3.77	9	4.42	9	4.63	11	4.55	11	4.66	11
安徽	2.35	15	3.52	15	4.05	12	4.22	12	4.25	12
湖北	2.99	10	4.11	11	3.45	13	3.58	13	3.80	13
黑龙江	2.85	11	3.85	12	3.37	14	3.46	14	3.63	14
四川	2.84	12	3.63	14	3.16	15	3.10	16	3.32	15
福建	1.65	21	2.57	20	2.72	18	3.01	17	3.21	16
湖南	2.66	13	3.22	16	3.10	16	3.16	15	3.16	17
宁夏	0.90	28	1.86	26	2.54	20	2.83	18	3.07	18
贵州	2.05	17	2.81	18	2.97	17	2.73	19	2.80	19
上海	2.35	16	2.74	19	2.66	19	2.62	20	2.71	20
广西	1.25	27	2.32	22	2.37	21	2.49	21	2.63	21
云南	2.03	18	2.57	21	2.16	24	2.40	22	2.50	22
吉林	1.95	19	2.84	17	2.25	22	2.33	24	2.41	23
江西	1.40	24	1.92	25	2.25	23	2.35	23	2.40	24
甘肃	1.54	22	2.05	23	2.00	25	2.09	25	2.12	25

续表

省份	2007 年		2012 年		2017 年		2018 年		2019 年	
	CO$_2$ 排放	排名	CO$_2$ 排放	排名	CO$_2$ 排放	排名	CO$_2$ 排放	排名	CO$_2$ 排放	排名
天津	1.41	23	2.04	24	1.87	26	1.94	26	1.96	26
重庆	1.27	26	1.77	27	1.52	27	1.53	27	1.55	27
北京	1.31	25	1.31	28	1.11	28	1.14	28	1.13	28
海南	0.45	29	0.67	29	0.69	29	0.74	29	0.76	29
青海	0.37	30	0.58	30	0.61	30	0.60	30	0.59	30

注：CO$_2$ 排放单位为万吨。西藏自治区由于数据缺失未在表中统计。

数据来源：中国环境年鉴和生态环境部。

首先，2007—2019 年，碳排放总量排名发生了一定变化，除了山东长期保持碳排放总量第一大省以外，山西、内蒙古、河北、江苏、辽宁、广东等省份的碳排放水平虽然位次上有所波动，但长期位居高位。上述七省份碳排放水平高，基本占据了全国排放总量的 50%。结合各省份发展特征来看，碳排放多的省份一般具有资源依赖性比较高、能源结构不甚合理、能源消耗数量大、工业化程度高、经济发展水平高等一种或多种特征，同时也存在碳排放基数大和对能源依赖大的可能。

其次，从碳排放的空间分布看，碳排放较多的省份分布较为分散，除东北地区以外的其余板块均有排放量高的省份位居前列。而碳排放较少的地区主要集中在西部地区如青海、重庆等省份和东部地区如北京、天津、海南等省份，这反映出上述地区自身能耗水平较低或者能源利用结构相对合理，从而导致其碳排放水平较低。

最后，从各省份碳排放统计中也能够发现，碳排放格局基本固化，过去碳排放总量高的地区目前仍位居高位。因为能源结构与产业结构等均要长期才能调整，所以碳排放水平也不会即时发生变化，极大可能在一段时间内仍保持这一基本态势。结合现有碳排放格局与未来低碳发展的客观背景看，以全国为一盘棋实现碳配额运转是十分有必要的，这不仅能够缓解碳排放大省的压力，而且能为其进行结构调整预留一定空间，有助于圆满完成双碳目标。

此外，从四大板块看（见图 6-7），碳排放占比最大的地区是东部地区，其次为西部，中部次之，东北最小。这一格局虽然常年未发生改变，但近年西部地区碳排放占比不断增长，挤占了中部和东北地区的碳排放份额，这主要是因为西部地区存在着产业结构、能源禀赋、人力资本约束，无法更好地依靠主观能动性调整能源消耗，从而导致其碳排放占比增多。当前，虽然东部地区碳排放总量占比仍达到 40%，但随着未来绿色技术普及和产业转移的同步进行，东部地区碳排放增速存在进一步放缓的可能。

二、"双碳"目标的政策演进

2020 年 9 月 22 日，习近平主席在第七十五届联合国大会一般性辩论上宣布，中国

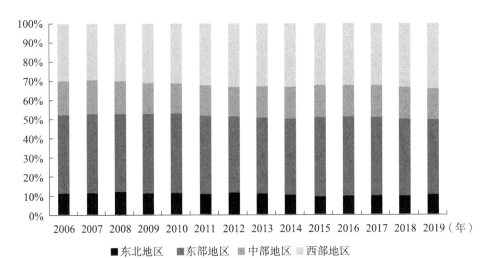

图6-7　2006—2019年四大板块的碳排放占比

数据来源：中国环境年鉴和生态环境部。

二氧化碳排放力争于2030年前达到峰值，努力争取2060年前实现碳中和。2021年4月22日，在领导人气候峰会（以视频方式举行）上，习近平主席进一步提出将"严控煤电项目，'十四五'时期严控煤炭消费增长、'十五五'时期逐步减少"。可以说，"双碳"目标是随着对环境保护和碳排放意识的不断增强后所提出的，是根据我国碳排放体量大的客观事实而形成的减排目标。

在2020年12月16—18日召开的中央经济工作会上，首次将碳达峰和碳中和列入新一年重点任务中，会议指出要抓紧制定2030年前碳排放达峰行动方案，支持有条件的地方率先达峰。2021年3月，政府工作报告中也首次涉及碳达峰和碳中和，再次指出要制定2030年前碳排放达峰行动方案，优化产业结构和能源结构。同年10月12日，习近平主席在《生物多样性公约》第十五次缔约方大会领导人峰会上指出，中国将陆续发布重点领域和行业碳达峰实施方案和一系列支撑保障措施，构建起碳达峰、碳中和"1＋N"政策体系。

2021年10月24日，中共中央国务院联合发布了《关于完整准确全面贯彻新发展理念做好碳达峰碳中和工作的意见》（以下简称《意见》），从中央层面对碳达峰碳中和这项重大工作进行系统谋划和总体部署，进一步明确总体要求。《意见》指出要推进经济社会发展全面绿色转型、深度调整产业结构、加快构建清洁低碳安全高效能源体系、加快推进低碳交通运输体系建设、提升城乡建设绿色低碳发展质量、加强绿色低碳重大科技攻关和推广应用、持续巩固提升碳汇能力、提高对外开放绿色低碳发展水平、健全法律法规标准和统计监测体系、完善政策机制、切实加强组织实施，对碳达峰碳中和这项重大工作进行系统谋划。同日，国务院正式发布了《2030年前碳达峰行动方案》（以下简称《方案》）。《方案》聚焦"十四五"和"十五五"两个碳达峰关键期，提出了提高非化石能源消费比重、提升能源利用效率、降低二氧化碳排放水平等方面主要目标。同时，《方案》也提出把碳达峰、碳中和纳入经济社会发展全局，有力有序有效做好碳达峰工作，重点实施"碳达峰十大行动"，确保如期实现 2030 年前碳达峰目标。同月 27 日，国务院新闻办公室发布《中国应对气候变化的政策与行动》白皮书，强调了中国实施积极应对气候变化的国家战略，不断提高应对气候变化力度，强化自主贡献目标，加快构建碳达峰碳中和"1＋N"政策体系。

当前，"双碳"目标下所形成的"1＋N"政策体系，是以《意见》为统领核心，为后续配套性政策实施细则提供了指导依据，同时也直接体现了新发展理念下我国走向可持续化、低碳化和绿色化高质量发展道路的决心。《方案》是在与《意见》有机衔接的同时，更加具体和细致地提出相关指标和任务，即为"N"。"N"包括十个方面，分别是能源绿色低碳转型、节能降碳增效、工业领域碳达峰、城乡建设碳达峰、交通运输绿色低碳、循环经济助力降碳、绿色低碳科技创新、碳汇能力巩固提升、全民绿色低碳、各地区梯次有序碳达峰等行动。这十个方面将较为全面地指导"双碳"目标的实现，并在未来进一步促进相关领域的强化和完善，最终形成圆满完成"双碳"目标的行动方案。

第二节 "双碳"目标下的案例比较

从减排发展来看，国外在减排行动上实施的更早，如日本、美国和欧盟在降碳发展中已拥有较为成熟的经验。国内则在生态文明建设过程中开始探索降碳之路，并在"双碳"目标明确后更加有针对性地进行了能源调整与实施可持续发展。

一、国内视角

(一) 山西能源调整与新能源发展[①]

山西凭借丰富的能源储备成为我国能源大省。在降碳过程中，山西着力调整碳基工业，开始了对能源转型和绿色技术创新的探索。由于山西经济发展依靠煤炭行业的情况较为明显，因此"双碳"目标对山西降碳和减排发展带来了较大的压力，保证能源稳定和促进新能源发展成为首要解决的问题。

以氢能为主要代表的清洁能源是推进山西能源低碳发展的重要方向，对实现山西能源调整具有重要作用。同时，基于本地能源储备，形成清洁铝产业链，也为发展新能源车产业创造了重大机遇。

1. 氢能源发展

山西氢能较为丰富，除了拥有大量的工业副产氢气以外，还可以基于弃风弃光电制氢，充足的储备为其发展氢能产业链奠定了基础。统计数据显示，一方面，焦炉煤气制氢作为获得工业氢气的最优手段，其生产过程中的氢占到 55%～60%，若以 2020

---

① 本节内容涉及的数据来源于 Wind 数据库、山西证券研究所。

年焦炉富余煤气315亿立方米计算，则可获得百万吨级别的氢气。另一方面，2020年山西累计弃风电量和弃光电量均超过3%，如果以电解水制氢则可制得3万吨。总之，山西发展氢能源是根据本省能源结构与特征而实现降碳与可持续发展的理想选择。

同时，煤气化制氢由于成本较低，便成为双碳目标初期的主要制氢方式，也是氢燃料电池产业发展的基础。目前，山西氢燃料电池产业布局基本形成，以美锦能源为代表的省内重点企业已形成氢燃料电池全产业链，并有潞宝集团等制氢企业和其余配套产业在省内蓬勃发展，氢能源产业链条布局逐渐成熟。省政府也将氢能源开发利用和关键核心技术攻关作为工作重点。随着实现"双碳"目标的工作深入开展，山西省未来将进一步细化产业政策，以产业集聚强化产业链并形成特色产业，引进头部企业提升整体实力，加强同产业园区的互动，为氢能源发展谋划新的蓝图。

2. 铝产业链

2020年10月发布的《节能与新能源汽车技术路线图2.0》对车身轻量化发展路线和单车用铝量提出了要求，预计到2030年车辆单车用铝量将超过350千克。因此，未来随着汽车领域对铝需求的增长，铝合金市场及其行业将有广阔的发展场景。

山西的铝土资源占全国总量的41.6%，丰富的铝土资源决定其能够大力发展铝产业，在利用好风电资源的基础上形成"铝土矿—氧化铝—电解铝"上游产业链。目前，由于山西氧化铝产业仍较为薄弱，铝加工等下游企业较少，因此应发展清洁电解铝产业与下游整车生产企业，吸引和引进铝加工产业，从而在供需市场调节下形成铝产业链。

3. 新能源汽车发展的背景与趋势

2018年，我国交通运输业燃料燃烧产生的碳排放量为924.96百万吨，占全国燃料燃烧产生的碳排放总量的9.66%。由于我国仍作为发展中国家，汽车保有量必然会随经济发展而进一步提高，那么，未来汽车尾气所产生的碳排放总量必然会进一步增长。因此，发展新能源汽车以缓解碳排放压力是当前亟待探索的课题。

同时，电动汽车作为新能源汽车的代表，由于其绿色环保、能源安全、技术成熟，一系列优势决定其会继续成为未来政策倾斜的重点，吸引更多的消费者购买新能源汽车。《山西省"十四五"未来产业发展规划》也指出，省内要以网联化、智能化、电动化为方向，推进新能源汽车产业升级。结合自然资源，山西具有较为丰富的钴矿资源、石墨资源和铝土矿，能够为纯电动汽车发展提供充足的资源供应，然后在此基础上依靠投资、市场和技术，加快形成新能源汽车整体产业链。

（二）张家口低碳奥运与可持续发展

张家口市是京津冀重要的生态涵养区，也是国家规划的新能源基地之一。在京津冀协同发展、冬奥会"冰雪＋"发展和获批为可再生能源示范区后，张家口需要加快推进低碳转型以满足城市发展和发挥奥运经济优势的需求。2015年7月，国务院批复《河北省张家口市可再生能源示范区发展规划》（以下简称《规划》），明确在张家口建设国际领先的"低碳奥运专区"，并提出到2020年，示范区55%的电力消费来自可再生能源,全部城市公共交通、40％的城镇居民生活用能、50％的商业及公共建筑用能来自可再生能源,40％的工业企业实现零碳排放。《规划》还提出要到2020年实现可再生能源消费量占终端能源消费量的比重达到30％的目标。张家口低碳经济发展面临诸多挑战。

2022年冬奥会的"绿色、低碳、可持续发展"理念,使得张家口能够以此为契机开始对落后产能进行搬迁和分流,不断加快产业结构调整,开始发展高端装备制造业、物流产业和冰雪产业,区域产业转型升级的步伐逐步加快,并将体育及其衍生产业逐渐确立为支柱产业。面对冬奥会红利在未来会逐渐消散,张家口也要尽快在已有发展路径的基础上巩固降碳发展思路,走可持续低碳发展之路。

从张家口的能源消耗来看,高耗能和高排放产业比重大,而建筑和交通领域能耗占比较低。已有研究报告指出,张家口的工业部门将在2020年左右达到峰值,交通部门将在2022年左右达到峰值,建筑部门将在2023年左右达到峰值。除此之外,能源碳排放总量将在低碳情景下于2025年左右达到峰值。目前,张家口已深入开展了一系列碳排放控制举措,逐步提高工业电气化水平以优化能源消费结构,因地制宜开展清洁能源取暖改造,推广新能源公交投入和普及奠定坚实基础,低碳发展目标逐步实现。

未来,张家口市将进一步推进能源体系、产业体系、建筑体系和交通体系低碳化,推动可再生能源融入城市经济发展,加强绿色科学技术创新,构建更加完善的低碳政策体系以助力河北省圆满实现"双碳"目标。

二、国际视角

从国际看,世界大部分国家计划于2050年实现碳中和,也有部分国家如苏里南和不丹分别于2014年和2018年已经实现了碳中和目标。发达经济体由于多处在后工业化时代,产业发展较为成熟,已基本实现碳达峰,正在向碳中和道路前进。本节聚焦分析日本、美国和欧盟的碳中和发展举措和特色,以此为我国碳中和发展提供少许借鉴。

(一)日本降碳与转型之路①

日本在2013年已实现碳达峰,2030年预计实现减排46％,计划到2050年实现碳中和。日本过去的碳排放增多与GDP增长密切相关,而随着碳排放与GDP的脱钩,可再生能源和核电正逐步改变日本的能源结构。从目前发展导向看,日本的降碳转型之路与能源、制造与运输业、家庭与办公等方面有关。

1. 能源

能源部门是日本最大的排放部门,特别是在2011年福岛核事故之后,化石燃料使用的增多导致日本碳排放量快速上升,而后随着使用可再生能源与核电重启,能源部

① 本节内容所涉及的数据来源于光大证券研究所。

门碳排放量再次下降，导致日本整体碳排放水平也有所下降。

从整体看，日本以可再生能源为主、核能为辅，重点扶持氢和氨。首先，日本由于具有丰富的海上风电潜能，其潜能超过总用电需求的 8 倍，致使其将海上风电作为能源领域发展的重点。日本计划在 2050 年前建立有吸引力的国内海上风电市场，形成完善的供应链体系并具有竞争力，探索下一代风电机技术以加强国际合作。其次，日本在福岛核事故后于 2018 年重新确立了核电的重要定位，认为其是满足能源供需稳定的基本复合电源，并计划在 2030 年保证核电占能源总量的 20%～22%。最后，日本在锂资源约束下优先选择发展氢和氨。对氨燃烧而言，氨燃料由于不会产生二氧化碳，所以是在向氢社会过渡过程中与煤炭混烧的主要脱煤燃料。而随着氢能技术的逐渐成熟与应用广泛，氢能将在发电、炼铁、化工和燃料电池等多领域推广应用，日本预计到 2050 年清洁氢供应量达到 2 000 万吨，并逐渐出口具有技术领先优势的氢能设备。

2. 制造与运输业

日本制造与运输业主要是通过提高半导体与新能源汽车的技术创新能力而实现产业升级，这是因为日本制造与运输业涉及本土 7 个领域，以此为突破口能够按期实现碳中和目标，同时还可以帮助日本实现新的产业经济增长点，巩固其技术实力与地位。

具体讲，与制造和运输业相关的产业包括汽车和蓄电池、半导体和通信、传播、交通物流和基建、食品农林和水产、航空和碳循环。以汽车和蓄电池为例，日本运输业已于 2000 年左右与 GDP 增长脱钩，原因在于汽车总量结构开始向混合动力汽车、新能源汽车转变，保有汽车中燃油车比重随之减少。根据日本汽车工业协会于 2018 年底发布的《日本电动化政策》可知，2030 年混合动力车约占 30%～40%，纯电动/插电式车占比约 20%～30%，燃料电池车占比 3%。由此可知，新能源技术的普及，能够对汽车领域降碳起到重要作用。更能由此看出，在制造与运输领域推广新能源能够更好地降碳与实现碳中和。

3. 家庭与办公

由于国土面积小，日本民众生活较受资源约束，导致其在生活习惯上也会随之具有独特之处，特别是在垃圾分类和资源循环上具有先进的经验，能够供世界各国参考。

在下一代建筑、商业住宅和太阳能方面，日本针对本地气候形成了能源管理控制系统，扩大建筑物外墙集成太阳电池，推广普及有助于固碳的木结构建筑物，加强隔热窗框等建材和空调等节能标准，加快开发钙钛矿太阳电池，并以建筑墙面商业化创造新市场。

在资源循环中，日本追求可再生资源的利用，并积极研究生物质材料的应用，开发回收技术。为追求回收利用规模的进一步扩大，日本开发高度可回收的高功能材料和回收技术，并研发处理废气废物的新技术。同时，日本追求废物再利用，以废物发电、热利用和沼气化等提高资源循环利用率。

在生活方式上，日本努力构建零耗能的建筑系统，实现对居住和出行的全面管理。同时，日本在生活行为上也提倡行为科学和先进技术的融合，倡导共享经济。

4. 减排实现碳中和的政策工具

日本实现碳中和的主要政策工具分为5个方面，分别是预算、税制、金融、监管改革与规范化、国际合作，五方面形成"五位一体"的作用格局，以保证企业能够全力参与降碳工作和绿色技术研发，同时也有助于经济社会更加可持续发展。

在预算上，日本新能源产业技术综合开发机构设立了2万亿日元的绿色创新基金以资助与碳中和相关领域的发展，同时这一资金也能够吸引更多私营企业参与研发和投资。在税制上，日本建立了碳中和投资促进税制，即税收减免或特别折旧，从而有利于促进生产脱碳化和企业的脱碳化投资。在金融上，日本建立了合适的金融体系以支持碳中和投资，主要由政府提供对可再生能源的风险资金支持，由金融机构和资本市场提供融资资金以促进企业发展，提供国际金融合作以搭建共研平台。在监管改革和规范化上，日本强化环境监管、碳交易和税制度，努力推行技术标准化以形成世界标准体系，同时政府也努力通过国际交流与立法保护刺激新能源市场供给量以降低可再生能源价格。在国际合作上，日本努力通过碳外交进行更多边与多领域的合作，促进重点领域快速发展，并在积极组织和举办国际会议的基础上增强国际传播与合作力度。

（二）美国碳市场与交易水平

美国较早便开始了节能减排，联邦政府曾于1963年便签署了《清洁空气法》，成为温室气体排放控制的蓝本并沿用至今，也对后续发布的一系列法案提供了指导基础。自美国总统拜登上任以来，拜登计划重启奥巴马时期的《总统气候行动计划》，指出要发展清洁能源、建设低碳先行的交通部门、节约能源提高能效、敦促联邦各级政府使用清洁能源以减少建筑碳排放。拜登在《应对国内外气候危机的行政命令》中首次以法律或文件形式明确碳中和目标：一是在2050年实现净零排放，二是在2035年实现电力行业的全面脱碳。

由于美国州政府也有较为独立的执法权，因此州政府在碳中和领域比联邦政府具有更多的约束权力。以加利福尼亚州（以下简称加州）为例，加州早在2006年便通过了州层面的《全球变暖解决方案法》，随后与亚利桑那、华盛顿等州联合发起西部气候倡议（WCI）。与欧盟碳交易类似，西部气候倡议（WCI）成员各自执行独立的总量管控和排放交易计划，包括制定逐年减少的温室气体排放上限。加州碳交易制度下覆盖的碳排放量占总额的85%，主要通过碳交易制度下的额度上限管理实现减排目标。2018年，加州政府计划在2045年实现碳中和，并以交通运输领域清洁转型、增加零碳排放汽车总量、调整发电消耗能源结构和完善本州碳权交易体系为主要内容强化降碳减排。

截至2020年，虽然联邦政府还未就碳交易市场形成统一的规章制度，但州和区域发起的碳权交易已运转多年并较为活跃，对降碳和新能源发展也起到了至关重要的作用。其中，最具影响力的是加州碳交易市场、区域温室气体倡议以及西部气候倡议等。以加州碳交易市场为例，覆盖电力、石化、钢铁、造纸和水泥等行业的加州碳交易市场于 2013 年 1 月成立，自成立以来取得了极大成效，实现了碳权交易价与经济的同步增长，有效激发技术创新、投资和就业增长。从具体做法看，加州以立法为根本，确保碳市场平稳运行，并巩固了其规则的长期稳定；通过配额拍卖提升市场流动性，根据实际情况提升配额比重；明确碳权交易价上下限以保证市场稳定，防止干扰宏观经济；实行价格储备机制以固定价格出售配额，并推行拍卖保留价格以保证碳配额不因价格过低而流入市场；建立"碳抵消"机制，明确林业、城市林业、家畜粪肥和消耗臭氧层物质为批准项目；建立双重拍卖机制使公用事业企业具有卖家和买家的双重身份，从而提高市场活力。

诚然，由于美国两党对碳中和理念存在较大差异，总统席位在两党间的反复变化必然导致降碳减排任务存在一定的不确定性，只有执政者理念具有连续性，才能更好地促使美国圆满完成零碳减排任务。

（三）欧盟降碳发展进程[①]

欧盟围绕碳排放所提出的目标是实现气候中和，这是在碳中和基础上更高且更加环境友好的目标。[②] 气候中和的承诺国基本都位于欧洲，占欧洲提出气候承诺国家总量的 82%。这种更积极、更严格、更全面的气候保护举措值得予以关注和学习。由于欧洲经济增长主要依靠消费、服务业和科技创新驱动，因此其经济增长早与碳排放脱钩，更加有利于降碳工作的开展。

欧盟是国际性气候谈判中的主要参与者和领导者，由于其经济发达且区域内多为发达国家或经济水平高的发展中国家，其对环境保护与气候变化的关注更为密集。自 1992 年《联合国气候变化框架公约》提出以来，欧盟在《京都议定书》《巴黎协定》《欧洲气候法》等多方面对降碳发展提出了越来越高的要求。例如，《欧洲气候法》提出到 2030 年，欧盟温室气体排放相比 1990 年减少至少 55%，表明了欧盟降碳发展的决心。

欧盟也于 2005 年建立了碳排放交易体系（ETS），对电力和工业行业的碳排放实行约束，煤电企业每生产一度电需要额外支付 0.2 欧元成本，每生产一吨钢需要 400 欧元左右的碳排放交易成本。交通运输和建筑领域也在 2020 年 9 月公布的 2030 年气候目标中受到管控和约束，未来还会进一步扩大涉及领域以如期实现气候中和。此外，欧盟于 2018 年修订了 ETS 第四阶段的立法框架，以实现 2030 年减排目标，将碳排放配额年度递减率调整为 2.2%，同时确保免费配额规则和低碳融资机制，以更好地促进技术进步与低碳转型。

欧盟也制定了碳关税，预计于 2023 年对所有碳排放交易体系下的来自其他国家的进口商品征收碳关税，或要求进口商购买碳排放配额。从本质上看，碳关税的产生是为了保护欧盟企业免受碳交易导致的不公平价格竞争，同时这也能够控制非欧盟国家

[①] 本节内容所涉及的数据来源于东吴证券研究所。

[②] 碳排放目标一般分为三种，即碳中和、净零排放和气候中和。实现碳中和的代表为中国和韩国，实现净零排放的代表为美国和日本，实现气候中和的代表为欧盟。

增加碳排放。但是，从具体实施效果来看，由于全球化发展，如何仔细区分和界定碳关税的扣除对象，需要通过更加细致的产品生产划分予以确定。

除此之外，欧盟也推行了碳税，芬兰是最早推出碳排放税的国家，而后欧盟各国相继推出各自的碳税，覆盖了所有重排放行业，但也对特定实体进行豁免以保证其国际竞争力。从目前来看，欧盟碳税不断上涨，以期通过碳税实现降碳与低碳转型，同时由于碳税确定后发现豁免会导致碳排放增加的情况，欧盟对特定实体的豁免也逐渐减少，或者明确具体的降碳要求以符合豁免，从而确保降碳目标的顺利实现。

第三节　"双碳"目标纳入生态文明建设整体布局的思路

从前述分析可知，"双碳"目标不仅是字面意思上的在某年达到何种标准，其本质更多的是为追求健康生活和保护自然环境而需调整产业与能源结构的硬性要求。这一目标与生态文明建设紧密相关，将"双碳"目标纳入生态文明建设整体布局思路不仅对圆满完成降碳工作具有重要作用，更对丰富生态文明建设内涵和改善人民生活环境具有重要价值。

一、"双碳"目标与生态文明的关系

从实现"双碳"目标的具体举措看，调整产业结构、减少污染排放、优化能源结构均与生态文明息息相关，同时，生态文明建设也能够指导企业等生产主体更好地参与到实现"双碳"目标的过程中来。

（一）"双碳"目标内含于生态文明建设

从与"双碳"目标相关的政策文件来看，在城乡建设、交通运输、循环经济、绿色低碳等多个方面所提出的若干举措均与生态文明建设紧密相关，甚至可以视作生态文明建设过程中的必经阶段。

"双碳"目标重点是要实现降碳减排，实现这一过程需要做到将二氧化碳排放与经济增长脱钩，即经济发展不再靠工业化和能源消耗实现，而是以消费、服务业、创新等驱动，在保持国家竞争力的前提下实现新的发展。例如：减少二氧化碳排放，首先需要在能源供给端大力发展风光水能和可再生能源，减少煤炭和石油等化石燃料的消耗，从而增加绿色能源供给；在能源需求端研发创新节能减排新技术，尽快实现绿色节能技术推广，同时也要调整国民经济产业结构与优化生产布局，不断提高对新能源和可再生能源的需求。其次，要加大环境保护力度，因地制宜开展植树造林活动，根据区位禀赋形成绿色可循环的生态发展模式，在避免额外资源浪费的基础上形成可持续发展的碳汇森林。最后，对城市而言也要尽快形成绿色低碳可持续化发展，着力打造绿色城市和智慧城市，尽快实现城市层面的碳中和。

在"双碳"目标逐渐实现的过程中，必然伴随着人地关系和谐，以及人与社会间的良性循环与全面发展，这就与生态文明建设思想不谋而合。生态文明建设是在尊重自然、顺应自然和保护自然的基础上实行绿色、循环和低碳发展的模式，杜绝过去攫取自然资源的粗暴行为，是以可持续的思想在经济发展中建设和恢复自然。因此，"双碳"目标可以内含于"双碳"文明建设，从而在实现"双碳"目标的前提下推进生态文明建设。

（二）生态文明建设指导"双碳"目标实现

生态文明建设也能够更好地指导"双碳"目标实现。"生态文明"于2007年首次提出，随着环境保护意识的增强和政策法规的完善，生态文明思想已逐渐成熟，并在习近平新时代中国特色社会主义思想指导下更加体系化和全面化。产业、能源、环境、监管、行为等多方面已在十多年时间里发生了很大的改变，已经从过去追求经济增长而破坏与改造自然的思路转变为追求高质量和可持续发展，为实现"双碳"目标搭建了基本的发展平台。

由于生态文明要求各个领域改进和完善，其中已经包含了通过促进企业减排以减少污染物排放和碳排放的具体实践，同时也对新能源和可再生能源等进行了布局，如西部光电产业发展迅速并位居可再生能源领域前列。生态文明发展的相关实践探索已为"双碳"目标的实现奠定了基础，同时也在发展过程中总结和凝练了若干经验与启示，能够更好地指导"双碳"目标实现，尽量规避在降碳过程中存在的风险，并能够更好地基于已有经验明确如何更好地实现降碳，并更有针对性地设定阶段性目标。

（三）"双碳"目标与生态文明建设的互动有助于建设美丽中国

"双碳"目标与生态文明建设的互动，最终目的是实现人与自然、人与人和人与社会的和谐共生。过去，破坏自然和改造自然的一系列无理行径导致人类社会发生了多起严重的污染事件，在取得经济增长的同时也反噬了人类生活环境。随着"双碳"目标纳入生态文明建设整体布局之后，我们能够在目标约束下更好地实现低碳发展和可持续发展，产生"1+1＞2"的更优合力，从而有助于建设美丽中国。

二、纳入整体布局的思路

将"双碳"目标纳入生态文明建设整体布局，需要从两个维度予以展开：一是就实现"双碳"目标本身而言，要在能源、碳排放等领域严格制定降碳标准，建立有效的碳中和政策机制，并调整优化能源结构；二是就"双碳"目标纳入生态文明建设的过程而言，要为顺利降碳提供完备的制度保障，以此形成更加有效的绿色转型发展机制和路径。

（一）从实现"双碳"目标本身而言

从实现"双碳"目标本身而言，其要为纳入生态文明建设整体布局进行一系列调整。

首先，减少二氧化碳排放总量，必须要从能源供给结构上调整，由过去以煤炭为主转变为以新能源和可再生能源为主。我国国土面积广阔，横跨三个阶梯，以青海、西藏、新疆等为代表的西部省份具备发展风光发电的基础。根据目前的能源预计结果可知，仅在西部省份就有上亿千瓦等级的风光资源可供开发利用，例如柴达木盆地可基于区位优势将荒漠用作风光资源开发，不仅对环境的破坏相对较少，更能够调整能源供给结构，提供较为低廉的用电成本。

其次，要大力发展清洁燃料，清洁燃料在燃烧时能够产生高热值却不污染环境。当前主要的清洁燃料是对天然染料进行无害化处理后所得，例如脱硫煤气、液化石油气等。随着技术水平的提高，以氢、甲醇和乙醇等为代表的无污染燃料逐渐在交通运输等领域使用，成为清洁燃料的新代表，也更是在降碳与实现"双碳"目标过程中发挥重要作用的能源。以甲醇为例，过去由于甲醇易氧化成酸而产生毒性和腐蚀性，从而限制了对其的使用。随着对其缺陷的改进，改性甲醇不仅避免了酸性问题，而且还保存了其燃烧性好与碳排放低的优势，开始广泛应用于能源供给。根据甲醇通过技术手段实现新发展的这一过程可知，坚持以科技创新谋求清洁能源发展是实现降碳减排的必然之路，发挥好科技创新在清洁能源研发中的作用，能够更好地发挥清洁能源的价值，从而有助于推广应用于各行各业，形成降碳减排的自然氛围。

再次，由于我国城镇化过程仍在进行中，城市碳排放问题也不容小觑，加快推广绿色建筑，提高城市绿化覆盖率，建绿道、修复绿地，能够在改善城市生活环境的前提下更好地减少碳排放。特别是对未来规划范围内的建筑要根据实际情况推广使用可再生材料，缓解建筑物碳排放。同时，《2030 年前碳达峰行动方案》也指出要选择 100 个城市和园区开始碳达峰试点工程，从建筑、交通、照明和供热等多领域探索城市降碳减排道路，相信未来也会逐步探索出适宜城市低碳发展的新模式。

最后，要形成碳中和政策机制。形成规范化、体系化和常态化的碳中和机制，对指导降碳减排具有重要作用。要根据各区域发展实际情况制定总体和分区的碳中和行动路线，鼓励各省份根据分区指导路线形成符合各省份实际情况的实施路线，以此确立具体配额，实现全局降碳行动的协调发展。

（二）从"双碳"目标纳入生态文明建设的过程而言

除了要在"双碳"目标实现过程中提供一系列调整和制度保障之外，在"双碳"目标纳入生态文明建设的过程中也要形成相应的政策体系以确保二者能够真正做到有机融合。

首先，要在已有碳中和机制的基础上，形成覆盖更广、级别更高，并与已有生态文明建设相适配的政策体系。在生态文明建设体系内，围绕生态、资源、产业、经济等的发展，根据"双碳"目标形成统筹经济发展、产业结构与能源结构等方面的总体目标设计。同时，根据逐年总量控制目标的发展水平，加强落实目标责任考核，逐年进行碳排放评价，与时俱进地根据实际情况灵活调整周期性目标和任务。此外，也要确立具体的项目碳排放考核评价标准，分层分类确定考核细则和分阶段目标，在目标指引下确保"双碳"目标的实现以及与生态文明建设的融合。

其次，要加强科技创新，以创新赋能高质量发展，推动产业升级，实现降碳减排与生态文明建设的同步共融。科技创新能够应用于产业升级、能源脱碳、提高能源利用效率、降碳减排等多个方面，更为重要的是能通过技术手段促进清洁能源和可再生能源发展，从而使现代产业体系和战略性新兴产业从发展之初就已具备绿色属性。同时，可以基于技术手段优化碳排放检测，利用信息技术搭建碳排放检测平台，即时关注降碳流程的不足并予以优化。此外，也要坚持对低碳技术的研发投入和保护激励，明确低碳技术和绿色指数的知识产权保护机制，通过减税、政府采购、延长专利期等途径确保研发积极性。

再次，要坚持市场化对降碳减排和生态文明建设的指导。在政府保护核心技术使用和安全的前提下，以市场需求为基础强化和完善碳市场对形成最低成本碳价的基础性作用。同时，基于市场用电波动情况，实行阶梯电价制度，加大峰谷电差价，引导公众合理用电以减少资源浪费。更为重要的是，要运用好市场化机制，引导公众参与并选择低碳生活方式，以补贴等形式使低碳产品具有竞争力，并逐步引导民众形成消费习惯以巩固低碳模式。

最后，要从金融手段上针对"双碳"目标和低碳研发等提供有效的金融产品。必须建立鼓励企业低碳创新和最小化其研发风险的金融工具，在投资融资领域形成标准与支持体系，通过合理的审核标准确保企业等研发机构减少研发成本。同时，也要形成相应的普惠金融制度，例如形成社区化的低碳普惠金融制度，以经济量化的手段使居民参与实现"双碳"目标这一过程，并实实在在地享受到低碳生活的便利，以此形成公众参与降碳减排的正向循环。

参考文献

［1］国家能源局.全国碳排放权交易市场将启动上线交易，选择发电行业为突破口［EB/OL］.（2021‐07‐16）.国家能源局官网.

［2］刘燕华，李宇航，王文涛.中国实现"双碳"目标的挑战、机遇与行动［J］.中国人口、资源与环境，2021，31（9）：1‐5.

［3］庄贵阳.我国实现"双碳"目标面临的挑战及对策［J］.人民论坛，2021（18）：50‐53.

第七章　以数字经济赋能高质量发展

数字经济是新一轮科技创新活动中的重要攻坚点。当前，我国在数字经济领域发展较为迅速，逐渐与社会各个领域实现深度融合，对刺激消费、拉动投资和创造就业等方面的影响逐渐增强。本章以数字经济在工业制造业和传统制造业转型升级中的具体作用为主要内容进行介绍，最后围绕健全数字经济配套体制机制的具体地方案例说明当前数字经济的发展进程。

第一节　加快工业互联网建设

现代市场经济体系中，经济活动正在被数字化，数据参与生产并且创造财富，然而驱动数据创造财富的背后是算法，算法是人类利用数据创造价值的关键所在。在一些领域，大企业具有生产数据的比较优势，驱动它们利润的是数据规模，数据规模能够通过减低技术创新的不确定而减少创新的成本。数据可以存储、可以重复利用，在新兴数字技术的推动下数据呈现指数级增长、海量集聚的特点。

一、数字经济的发展趋势

中国目前在数字经济领域已经初步显现出先动优势和大国的规模优势，社会经济正在由工业经济向数字经济转型。数字经济是当前我国经济发展过程中最为活跃的领域，广泛与社会各个领域深度融合，其在刺激消费、拉动投资和创造新的就业岗位方面的影响日益增强。中国信息通信研究院发布的《全球数字经济新图景（2020）》报告显示，美国和中国在数字经济领域处于领先地位，2019 年美国数字经济规模达到 13.1 亿美元，位列全球第一，中国数字经济规模达到 5.2 亿美元，位居全球第二。以数字技术为基础，经济活动数字化为特征的数字经济成为当前中国经济最为活跃的领域。2020 年中国网上零售额达 11.76 亿元，较上年增长 10.9%。其中，实物商品零售额达 9.76 万亿元，占社会消费零售总额的 24.9%。

数字经济正在重塑全球经济格局，以大数据、物联网、人工智能和区块链等技术为核心的新一轮科技革命，使得数据成为新经济时代的关键生产要素，大数据技术促使人类生产生活方式全面数字化，劳动力、土地等传统生产要素的重要性相对下降，经济呈现出数字化、网络化和智能化的特征，数字经济成为世界各国竞争的关键领域。在科学技术史上的三次科技革命中，我国都是处于科学技术的"外围"，与引领新一轮科技革命的西方发达国家存在着巨大的技术落差。当今世界正处于以数字为核心的第四次科技革命，而我国正处于这一领域的领先地位，我国超大规模的经济优势为数字经济发展新技术、新产业、新业态、新模式提供了市场基础。

二、数字经济逐步上升为国家战略

党的十九届四中全会审议通过的《中共中央关于坚持和完善中国特色社会主义制度 推进国家治理体系和治理能力现代化若干重大问题的决定》提出"健全劳动、资本、土地、知识、技术、管理、数据等生产要素由市场评价贡献、按贡献决定报酬的机制",将数据作为一种新的生产要素看待;2020年3月,中共中央、国务院发布了《关于构建更加完善的要素市场化配置体制机制的意见》,指出"加快培育数据要素市场,培育数字经济新产业、新业态和新模式",同时要"健全生产要素由市场评价贡献、按贡献决定报酬的机制"。

2015年8月,国务院发布的《促进大数据发展行动纲要》指出:"数据已成为国家基础性战略资源,大数据正日益对全球生产、流通、分配、消费活动以及经济运行机制、社会生活方式和国家治理能力产生重要影响。"

2016年7月,中共中央办公厅、国务院办公厅印发《国家信息化发展战略纲要》提出培育信息经济,促进转型发展,促进区域协调发展。2016年10月,中共中央政治局第36次集体学习强调加快推进网络信息技术自主创新,朝着建设网络强国目标不懈努力。习近平总书记指出:"世界主要国家都把互联网作为经济发展、技术创新的重点,把互联网作为谋求竞争新优势的战略方向……加快传统产业数字化、智能化,做大做强数字经济,拓展经济发展新空间。""网络信息技术是全球研发投入最集中、创新最活跃、应用最广泛、辐射带动作用最大的技术创新领域,是全球技术创新的竞争高地。"

2016年,我国发布的"十三五"规划中提出实施网络强国战略,加快建设"数字中国",并在《国家信息化发展战略纲要》中把"数字中国"建设和发展信息经济作为信息化工作的重中之重。《"十三五"国家信息化规划》细化了"数字中国"的建设目标。"数字中国"建设成为缩小数字鸿沟、释放数字红利,支撑党和国家事业发展,促进经济社会均衡、包容和可持续发展,提升国家治理体系和治理能力现代化的坚实支撑。

2017年"数字经济"首次写入政府工作报告,并首次明确促进数字经济加快发展的要求,数字经济被认为是中国经济增长的新动能。2017年12月,在中央政治局就"实施国家大数据战略"进行集体学习的会议上,习近平总书记指出"要构建以数据为关键要素的数字经济"。2017年《国务院关于深化"互联网+先进制造业"发展工业互联网的指导意见》指出要"加快建设和发展工业互联网,推动互联网、大数据、人工智能和实体经济深度融合,发展先进制造业,支持传统产业优化升级"。

党的十八届五中全会提出网络强国战略和"互联网+"行动计划。随后党的十九大报告明确指出"要发展数字经济,建设网络强国,抢抓全球新一轮产业竞争制高点,促进实体经济加快转型升级",数字经济的突出地位再次被强调。

2019年5月，中共中央办公厅、国务院办公厅印发《数字乡村发展战略纲要》，明确将数字乡村作为乡村振兴的战略方向，加快信息化发展，整体带动和提升农业农村现代化发展。同年11月，国家发改委、中央网信办印发《国家数字经济创新发展试验区实施方案》，提出在河北（雄安新区）、浙江、福建、广东、重庆、四川等6省份启动国家数字经济创新发展试验区创建工作。在试验区内探索数据生产要素高效配置机制，促进互联网、大数据、人工智能与实体经济深度融合，构建数字经济新型生产关系。

2020年4月，国家发改委首次明确新型基础设施的范围，新型基础设施主要包括三方面内容：信息基础设施、融合基础设施及创新基础设施。2020年9月国务院出台《国务院办公厅关于以新业态新模式引领新型消费加快发展的意见》，积极促进"互联网＋服务"、电子商务公共服务平台等消费新业态新模式。

2021年3月，《中华人民共和国国民经济和社会发展第十四个五年规划和2035年远景目标纲要》中，以"加快数字化发展，建设数字中国"为篇章规划"十四五"时期数字经济的发展，该篇章分别以打造数字经济新优势、加快数字社会建设步伐、提高数字政府建设水平和营造良好数字生态为主题，将云计算、大数据、物联网、工业互联网、区块链、人工智能、虚拟现实和增强现实等七个领域确定为数字经济的重点产业。

从上述内容可知，中国对于数字经济与实体经济深度融合发展的政策，大致可以分为三类：一是宣示性的，通过政策，强化对深度融合发展的认知；二是有一些具体的措施，如优惠政策等；三是规划性质的。从整体上看，这些政策措施存在着体系性不强、碎片化严重等问题，但是从中央政府到各级地方政府都密集出台数字经济的发展规划和政策文件又能够看出，发展数字经济以促进经济高质量发展已经成为共识。

我国政府为了便于支持数字经济发展，对数字经济进行了统一的概念界定，其中具有代表性的是贵州省发布的《贵州省数字经济发展规划（2017—2020年）》，定义数字经济为"以使用数字化的知识和信息作为关键生产要素、以现代信息网络作为重要载体、以信息网络技术的有效使用作为效率提升和经济结构优化的重要推动力的一系列经济活动"，并对数字经济的未来发展做出了判断："世界经济正处于加速向以数字经济为重要内容的经济活动转变的过程中，国内外数字经济正处于密集创新期和高速增长期，发展迅速、创新活跃、辐射广泛。数据资源的爆发式、指数化增长及分析应用水平的持续提升，大数据、云计算、物联网、人工智能、虚拟现实等新兴数字技术的迅猛发展及与实体经济各行业领域的深度融合，正日益成为推动经济实现快速增长、包容性增长和可持续增长的强大驱动力量。"

根据《中华人民共和国数字经济促进法（专家建议稿）》，数字产业化，是指通过数字技术的市场化应用，将数字化的知识和信息转化为生产要素，形成数字产品制造业、数字产品服务业、数字技术应用业和数字要素驱动业等数字产业。产业数字化，是指利用现代信息技术对工业、农业、服务业等产业进行数字化改造，赋能传统产业转型升级，提升数字化效率。数字治理，是指在政治、经济、文化、社会、生态文明等领域，运用现代信息技术，实现治理机制、方式和手段的数字化、网络化、智能化，推进治理体系和治理能力现代化。

三、重点省份出台数字经济配套政策

数字经济是新兴的经济业态，发展数字经济对制度环境要求极高，制度供给的质量决定了数字经济发展的状况。

在数字经济发展方面，浙江省走在全国的前列。为了促进数字经济发展，推进数字产业化和产业数字化，推动数字技术与实体经济深度融合，打造具有国际竞争力的数字产业集群，2021年3月浙江省施行了《浙江省数字经济促进条例》，这是中国首部促进数字经济发展的地方性法规，为促进数字经济健康发展迈出了重要一步，条例对数据确权、数字交易等数字经济发展实践中的难点、痛点问题进行系统规范和指引，为数字经济的健康发展提供了法律指引。随着《浙江省数字经济促进条例》的颁布实施，其他省份也相继跟进。

2018年广东省发布《广东省数字经济发展规划（2018—2025年）》，指出要以数字政府建设带动地区数字化转型，构建"数字政府"技术支撑体系，打造一体化高效运行的"整体政府"；借鉴"用户思维、流量思维、平台思维、跨界思维"等互联网思维，形成"政务互联网思维"；提出让海量数据成为数字经济关键生产要素，争取用5～8年时间，将广东省建设成为国家数字经济发展先导区、数字丝绸之路战略枢纽和全球数字经济创新中心。2021年，广东省颁布了《广东省数字经济促进条例》，分别从数字产业化和产业数字化两个维度布局数字经济发展，同样对数字确权和数据安全做出了明确规定。

2020年北京市发布《北京市促进数字经济创新发展行动纲要（2020—2022年）》，提出北京市要推进与国际数字经济、数字贸易规则对接，引领和赋能国内数字经济发展，将北京市建设成为国际数字化大都市、全球数字经济标杆城市，还提出，到2022年，数字经济增加值占地区GDP比重达到55%。从现实水平看，北京市数字经济发展处于全国顶尖水平，集聚了大量的数字技术科研人员，研发实力强劲，拥有百度、京东、美团、字节跳动等互联网企业，数字产业和产业数字化水平均在全国前列。

四、抢占工业互联网科技前沿

工业互联网是数字经济的重要组成部分，并且是产业数字化的核心支撑。根据官方定义，工业互联网是新一代信息通信技术与工业经济深度融合的新型基础设施、应用模式和工业生态，通过对人、机、物、系统等的全面连接，构建起覆盖全产业链、全价值链的全新制造和服务体系，为工业乃至产业数字化、网络化、智能化发展提供了实现途径，是第四次工业革命的重要基石。它以网络为基础、平台为中枢、数据为要素、安全为保障，既是工业数字化、网络化、智能化转型的基础设施，也是互联网、大数据、人工智能与实体经济深度融合的应用模式。同时也是一种新业态、新产业，将重塑企业形态、供应链和产业链。当前，工业互联网融合应用向国民经济重点行业广泛拓展，形成平台化设计、智能化制造、网络化协同、个性化定制、服务化延伸、数字化管理六大新模式。工业互联网作为新一轮科技革命和产业变革的重要驱动力量，是重要的未来产业。国家工业信息安全发展研究中心发布的《工业互联网解决方案创新应用报告2020》显示，自2018年以来，中国工业互联网产业发展迅猛、投资活跃，形成了以平台为核心，以解决方案为落地抓手，以产融、产教等跨界服务为支撑的工业互联网生态体系。

中国政府高度重视工业物联网的发展。2017年国务院印发《国务院关于深化"互联网＋先进制造业"发展工业互联网的指导意见》（以下简称《指导意见》）指出工业互联网作为新一代信息技术与制造业深度融合的产物，日益成为第四次工业革命的关键支撑；工业互联网通过系统构建网络、平台、安全三大功能体系，打造人、机、物全面互联的新型网络基础设施，形成智能化发展的新兴业态和应用模式，是推进制造强国和网络强国建设的重要基础，是全面建成小康社会和建设社会主义现代化强国的有力支撑。《指导意见》围绕网络基础设施、平台体系、产业支撑、融合应用、生态体系、安全保障和开放合作等方面进行了全局性部署。根据这份《指导意见》，随后制定发布《工业互联网发展行动计划（2018—2020年）》，提出到2020年底，初步建成工业互联网基础设施和产业体系，对工业互联网网络体系进行了顶层设计。在完成第一个工业互联网发展行动计划以后，2021年工信部发布了《工业互联网创新发展行动计划（2021—2023年）》，将其作为第二个工业互联网发展计划，该计划认为2021—2023年是中国工业互联网的快速成长期，提出了5方面、11项重点行动和10大重点工程，重点解决工业互联网发展中的深层次难点、痛点问题，发挥数据在工业互联网创新发展中的作用，推动产业数字化，带动数字产业化。

在工业互联网发展方面，广东省走在全国的前列，其高度重视工业互联网发展，将工业互联网作为促进实体经济提质增效的新引擎并加快布局，并于2018年在全国率先出台《广东省深化"互联网＋先进制造业"发展工业互联网的实施方案》及配套政策。广东省发挥制造业门类齐全、应用场景丰富的优势，首创"广东省工业互联网产业生态供给资源池"，制定严格的遴选程序和标准，重点引进培育优秀工业互联网平台企业及服务商。广东省政府官网数据显示，广东省国家级工业互联网平台的数量位居全国第一。2018年，广东省在全国率先开通工业互联网标识解析国家顶级节点（广州市），已建成30个行业/区域标识解析二级节点。2020年，广东全省新建5G基站8.7万座，累计建成5G基站12.4万座，数量为全国第一。2021年8月，深圳市政府发布《深圳市推进工业互联网创新发展行动计划（2021—2023）》，提出未来要将实现工业互联网发展水平处于国内领先地位，成为粤港澳大湾区制造业数字化转型引擎。深圳市提出要建设工业互联网大数据中心，汇聚工业数据，推动工业数据共享和开放利用，赋能企业创新发展，实现多方数据融合和价值创造。2020年11月，广东省成功举办了中国工业互联网大会暨粤港澳大湾区数字经济大会，并发布了《粤港澳大湾区工业互联网发展白皮书》《2020 年广东省工业互联网安全态势分析报告》等报告，报告显示广东省已累计推动 1.5 万家工业企业运用工业互联网实施数字化转型，2019 年广东省数字经济规模达 4.88 万亿元。

2021 年成渝地区继广东省之后第二个获批国家级工业互联网示范区。2021 年 4 月，川渝经济和信息化主管部门联合印发《2021 年成渝地区工业互联网一体化发展示范区建设工作要点》，支持成渝地区重点行业企业联合共建共用一批二级节点，到 2021 年建设 13 个二级节点。成渝地区将开展公共服务平台共建、工业软件攻关、产融对接等 19 项任务，尽快形成可复制、可推广的发展经验，赋能成渝地区制造业数字化转型。

第二节　数字经济促进传统制造业转型升级

数字经济发展速度之快、辐射范围之广、影响程度之深前所未有，正在成为重组全球要素资源、重塑全球经济结构、改变全球竞争格局的关键力量。国内著名经济学家林毅夫认为数字经济是第四次工业革命的核心组成部分，其以人力资本投入为主，具有研发周期短、技术迭代快的特点。中国在数字技术，例如大数据、人工智能、互联网等诸多方面处于领先地位，并在发展数据经济方面具有数据、人才和市场的比较优势。

一、数字经济助推高质量发展

随着"互联网＋"战略的深入推进，互联网和经济社会各领域跨界融合和深度应用，催生了一系列"互联网＋"经济新业态，中国的数字经济也经历了前所未有的高速发展。以数字金融为例，支付宝和微信支付等移动支付服务相继出现并发展壮大，使得我国居民能够更加便捷、高效地获取金融服务。借助互联网技术，可以跨越时间空间进行供需对接。互联网将不同的地理空间连接成为一个统一的网络空间。数字金融的核心作用是降低金融服务成本，提升金融服务效率，一方面缓解传统金融在触达获客、系统运营、风险甄别、风险化解等环节中的成本问题，极大地降低单客边际成本；另一方面以高效的算力和智能的算法，结合大数据，帮助金融服务决策，缩短服务周期，拓展了金融服务的边界，增强了金融的普惠性。

中国数字经济近年快速增长，其占 GDP 的比重持续上升。如图 7-1 所示，根据中国信息通信研究院的估计，2019 年我国数字经济规模达 35.8 亿元，占 GDP 的比重达到了 36.2％，名义增速高达 15.6％，对 GDP 增长的贡献率为 67.7％（中国信息通信研究院，2020）。

二、数字经济的特征

数字经济作为一种新的经济模式，其内涵和边界不断变化和扩展。数字经济涵盖

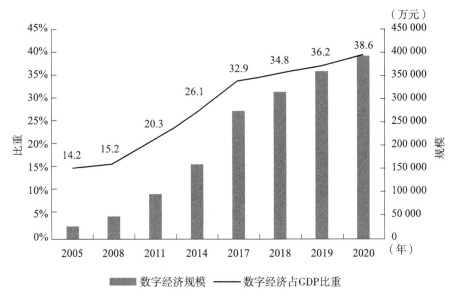

图 7 - 1 数字经济规模及其占 GDP 比重

所有依赖或通过数字技术应用显著增强的经济活动，其中数字应用包括数字技术、数字基础设施、数字服务和数据。数字经济涉及包括政府在内的所有在经济活动中利用这些数字应用的生产者和消费者。随着数字技术的更新和迭代，它们对经济活动的影响也会呈现出新的特征，因此，归纳数字经济的特征是比较困难的。本节在现有已经普及的数字信息技术对经济活动影响的基础上，归纳出一些数字经济的典型特征：

（1）数据成为关键生产要素。数字经济中所指的数据主要是指大数据，大数据作为新的生产要素，不仅能够提高资本、劳动等要素的使用效率，而且能够改变整个生产函数，即经济活动的组织方式。新兴的数字经济，最重要的特征就是高度数据化，数据成为最重要的生产要素。在数据作为生产要素的过程中，数据需要结合数字技术，主要是算法。信息科学技术使得人与人、人与物、物与物的互联互通成为可能，这种联通以数据的形式呈现。数据爆炸式增长，数据增速符合摩尔定律，庞大的数据催生了大数据技术，大数据成为企业的核心竞争力。基于数据的新产品、新模式、新体验不断涌现，数据成为企业最重要的资产，信息和使用信息是成功的关键。

（2）数字经济的平台生态性。数字平台具有的无边界、非接触、全天候等特点，其本质就是同时具有企业与市场的双重性质。数字平台不受地理范围的限制，可大幅降低交易成本；平台型组织代表了一种突出匹配和连接的新型资源配置方式；数字经济的平台生态是一种基于网络化平台的社群协作关系，强调黏性和共同价值。平台同时具有企业和市场管理者的特征；基于数字平台进行资源配置是数字经济最本质特征。在跨时空的交易过程中，信任机制问题由平台公司解决，提供公司信用；平台的作用是替代公司加速资源优化配置；数字技术的发展，带来经济组织的变革。当前最有活力的新组织系统是平台化的公司，平台汇集信息、精确匹配供给和需求，有效解决信息不对称的问题，缓解了空间对经济活动的约束。

（3）边际收益递增。数字经济具有强大的网络效应和边际成本几近于零的特性：一是数字经济边际成本递减；二是数字经济具有累积增值性。报酬递增是数字经济的关键特征，可以使"赢者通吃"经济运行过程数据化。零边际成本是数字经济具有显著规模经济和范围经济的重要基础，突破了非数字经济中边际成本递增所带来的供给限制，零边际成本下能够在不增加成本的同时极大增加产品供应和社会总福利。数据的非竞争性是数字规模经济的根源。

（4）数字信息技术搭建起交易的信任基础。以互联网技术为代表的现代信息技术出现以后，由于交易的电子化，以及数字信息可记录、可追踪的特点，交易双方的信用信息接近透明化。

（5）地理空间虚拟化。数字经济本质上是将传统经济的信息通过平台集聚，并通过这种集聚来实现市场的一体化。这种一体化不再受制于地理空间。数字经济生成的网络空间缓解了物理空间对经济活动的约束，使得交易能够在网络空间实现，电子商务、数字贸易等新型交易模式产生，扩大了资源的空间配置范围，并且降低了经济活动的交易成本。首先，数据降低了现有交易及交易匹配的成本，促进了现有交易的发生。其次，数据降低了交易发生的信息门槛，降低了搜寻成本，匹配了大量的新交易。因此，数字经济带来交易成本下降，规模经济作用上升。

（6）数字平台存在负竞用性。数字平台的负竞用性是指因为用户的数量增加或者使用频率提高而使得平台价值提升，其产生的根源是消费活动产生的数据，也是生产需要投入的要素。

（7）数字基础设施成为数字经济运行赖以维系的基础设施。数字经济的基础设施是数字或数据的采集、传输、处理、分析、利用、存储的设施和设备，包括互联网尤其是移动互联网、物联网、云计算与存储能力，计算机尤其是移动智能终端，以及将其连接在一起的软件平台。

（8）数据成为消费品。数字所包含的信息、知识、数字内容、数字产品形成了非常大的市场，也成为财富的载体。

三、数字技术的特性决定数字经济发展趋势

数字技术能够提升金融服务的特性，如速度、安全性和透明度。由于便捷快速的信息传播技术，数字技术会在一定程度上降低信息不对称程度与交易成本，从而降低市场失灵程度。数字经济促进传统产业转型升级，本质上是产业数字化的过程。产业数字化能够促进企业产品个性化、产业融合化、生产经营智能化以及资源配置高效化。计算机制造、通信设备制造、电子设备制造、电信、广播电视和卫星传输服务、软件和信息技术服务等行业作为数字经济的基础产业，互联网零售、互联网和相关服务等架构于数字化之上的行业，可视为数字经济的范畴。互联网、云计算、大数据、物联网、金融科技与其他新的数字技术应用于信息的采集、存储、分析和共享过程中，改

变了社会互动方式。数字化、网络化、智能化的信息通信技术使现代经济活动更加灵活、敏捷、智慧。目前，人工智能和机器学习成为大数据分析技术的核心，人工智能算法及算力是决定数据资产价值的最重要因素。

从理论而言，当初始固定成本很大时，边际成本降低意味着平均成本降低，于是会发生规模经济。数据收集过程中的基础设施投入是一项很重要的固定成本，但是数据收集的边际成本很低，因此，数据收集得越多，收集数据的平均成本越低，形成了规模经济效应。数据处理的一种形式是人工智能。近些年，人工智能因为某些领域表现优于人类而经常出现在新闻头条里。在经济领域，数据在企业决策中的重要性日益上升。在银行业，数字技术的广泛应用提高了银行的效率和服务质量，但同时也引起对用户数据的保护和银行监管的担忧。

数字经济快速增长的首要原因是数据的爆发式增长，其次是数字平台，平台促进交易、建立网络以及信息交换。数字通信技术与移动互联网络应用的大面积普及使得当今的网络环境成为一个巨大的、精准映射并持续记录人类行为特征的数字世界。现代企业已将大数据和机器学习技术等应用于各种场景，从精准投放的广告到更快、更准确的商业决策，再到高度智能化和网络化的流水作业，数字经济无处不在。数字经济为生产组织体系带来革命性的变化，其也对产业结构转型和经济地理空间格局带来巨大的影响。

四、数字经济促进产业结构转型升级

数字经济首先通过技术进步和扩散效应提升资源配置效率，从而加快传统产业的转型升级。在数字经济时代，生产要素的配置逐渐从现实空间转向数字空间，由数据和算法组成的"中枢"统一调配生产资源，以数据的流动带动信息、知识、人才和资本等资源的流动，形成数字化研发、数字化制造、数字化营销和数字化运营（李海舰和李燕，2020）。邱子迅和周亚虹（2021）以国家级大数据综合试验区作为准实验，实证检验了数字经济对全要素生产率的提升作用。

政府大力支持数字经济发展，也为传统产业转型升级提供了适宜的环境。例如：苏州市政府2021年新年第一会提出"切实做到：一切有利于推动数字化发展的理念和做法，都能在苏州找到最合适的土壤；一切有利于促进数字经济企业成长壮大的举措和办法，都能在苏州得到最坚定的支持。"

数字经济时代企业的生产特征是高固定成本和低边际成本（荆文君和孙宝文，2019）。高固定成本主要源于企业的研发投入和占领市场的成本。首先，企业进行技术创新需要巨额的研发投入，以期能够创造出符合市场需求的技术，这是科学技术研发投入的普遍现象。其次，为了发挥零边际成本的规模经济优势，企业需要在产品投入市场前期花费大量成本以吸引规模足够大的用户，这是由数字经济的非竞用性特征所决定的。

数据的负竞争用性使得产品免费成为常态。韩璐等（2021）的研究发现数字经济能够提升创新能力，进而加速传统产业转型升级。数字经济能够提升创新能力，主要原因在以下几个方面：（1）城市创新能力包括城市将知识、信息等资源转化为新技术、新产品、新工艺和新服务的能力（李斌等，2020）。数字经济基于的数字信息技术都有不断更新迭代的能力，数据的积累在现代数字技术的应用下能够发掘信息和知识，提高人类认识世界的能力，从而促进了创新的提升。（2）数字经济还可以通过数字化治理的方式提升科学技术的研发和转化管理能力（李飞星等，2019），为经济活动提供更为合适的创新环境（郑磊，2021）。（3）数字信息作为现代经济的一项通用技术，对科学技术的其他领域都具有助推和优化作用（Zaki，2019）。例如数字信息技术减少了时间和空间对创新活动的约束，使得人们可以在不同的时间和空间范围进行协同创新（Nambisan et al.，2017）；又如数字孪生思维驱动场景化数据治理，实现数据驱动创新的作用。

城市是经济发展的核心，数字赋能城市发展，塑造了人类的新型合作模式，其中最具代表性的就是智慧城市，具体体现为数字政府、数字市民和数字社会融合一体，在智慧城市这一平台上高效配置资源。智慧城市注重从智慧技术、智慧人才和智慧治理等角度促进城市的产业数字化转型。因此，可以说数字经济是以城市为载体，通过城市的数字化环境推动产业的数字化转型。

浙江省在数字经济助推传统制造业转型升级方面走在全国的前列。例如：2018年浙江省发布《浙江省加快传统制造业改造提升行动计划（2018—2022年）》，其中明确提出数字化转型工程，要大力推进智能化技术改造、加快企业上云上平台建设、培育"互联网＋"新模式新业态和加强数字化基础支撑。浙江省加快跨行业跨区域工业互联网平台和省级分行业平台建设，推动平台互联互通和数据开放共享。支持云服务商，丰富云产品，拓展云服务功能，推动企业上云上平台，深化物联网、大数据等技术的集成应用，提升行业云化水平。在"产业大脑＋未来工厂"推动下，浙江省产业数字化和数字产业化的步伐越来越快，数据生产要素的放大、叠加、倍增作用被充分激发。产业的数字化转型使得企业能够根据消费者需求的大数据进行定制生产，做到需求和供给的基准匹配，减少因为需求和供给不匹配带来的生产效率损失。

五、数字经济促进产业升级的机制

发展数字经济是贯彻"创新、协调、绿色、开放、共享"五大新发展理念的集中体现，数字经济能够促进城市全要素生产率的提升进而提升城市高质量发展。根据中国信通研究院发布的《中国数字经济发展白皮书（2020）》，数字经济包括数字产业化、产业数字化、数字化治理和数字价值化四个维度，数字经济促进高质量发展也可以从上述四个维度分析。

首先是数字产业化，数字技术作为数字经济时代的核心技术，代表着先进的生产技术，数字产业化代表着新一代信息技术的发展方向和最新成果。新的技术将产生新的经济形态，引发新的需求、新的产品和服务、新的商业模式和组织形态。数字产业化是数字经济的基础，大力发展数字产业即是科学技术的创新应用，也加快了新技术的扩散和提高新技术的使用强度，从而为经济高附加值增长提供了动力。其次是产业数字化，城市产业在发展到一定阶段后，面临劳动力和土地等生产要素价格上涨形成的挤压，这种现象被称为"鲍莫尔成本病"（Baumol，1967）。数字技术的兴起，降低了产业对劳动力和土地等传统生产要素的需求，使得生产更为集约，并且提高了传统生产要素的生产效率，从而实现产业的数字化转型。再次是数字化治理，主要是强调政府提供公共服务的能力。政府通过数字化改革，实现数字政府。政府的数字化建设帮助政府能够即时了解市民和企业的需求，加快政府审批和办事流程，数字化治理构建起社会广泛参与、部门协同的治理体系。数字化治理推动由"个人判断""经验主义"等模糊治理模式向数据驱动的"精细治理"转变，提升了公共治理的能力和效率，有助于现代政府的建设。最后是数字价值化，在大数据技术产业化以前，人们没有充分挖掘数据的潜在价值。数据成为生产要素，加速重构了生产要素体系。数据作为全新的、全过程参与生产的要素，数据价值化推动生产组织体系变革，在服务业领域实现客户细分、风险控制和信用价值体系构建等应用，在工业领域实现智能制造、精准控制生产等节约成本的技术应用。

从生产成本的角度看，数字经济能够降低经济活动过程中的五种成本：搜寻成本、复制成本、运输成本、追踪成本和验证成本（Goldfarb 和 Tucker，2019）。更低的搜寻成本和运输成本意味着交易成本下降，配置资源的空间和时间范围扩大，从而可以提升资源的配置效率；数字产品的复制成本几乎为零，具有非竞争性的特征，这使得数字产品或服务具有规模经济的特征，能够有效降低平均生产成本；而更低的追踪成本使得生产者能够长期持续追踪客户，分析市场需求变化，增加有效供给，与此同时也带来隐私安全的保护问题；数字技术带来的验证成本急剧下降可以使得处于数字经济生活中的主体高效地被验证商誉和信用，增加经济活动中的信任，降低交易成本，促进交易的发生。

从技术进步的角度看，数字技术是当前科学技术进步最快的领域之一，人们根据经验法则，发现数字技术的进步遵循"摩尔定律"，即大概 18 个月综合计算能力提高一倍，价格却下降。"摩尔定律"意味着数字技术的进步呈现指数级增长。基于数字技术的数字经济是受到科学技术的快速进步所推动的经济，经济数字化将整个经济体系都纳入到了数字技术创新的范围，数字技术创新、扩散和应用的过程就是数字经济发展的过程，也是技术进步推动全要素生产率提高的过程。因此，科学技术进步推动的数字经济发展本身就是经济高质量发展。

第三节　健全数字经济配套体制机制

数字经济发展需要完善的制度体制，我国数字经济发展的实践走在数字经济发展理论的前面，各个地区积极探索数字经济发展的可能实现路径，为我国数字经济理论提供了丰富的现实材料和研究对象。在新一轮数字技术革命的推动下，我国数字经济蓬勃发展，走在了国际前列。东部发达地区发展数字经济的先进做法，值得推广学习。经济的数字化转型不仅仅是数字信息技术的具体场景应用，更重要的是生产组织方式、生活形态和社会治理理念的系统性改变。我国应发挥大国规模优势，将经济规模优势转变为大数据优势。丰富的数据信息能够大大降低市场的不确定程度，使得资源以更快的速度流向生产高效率的地方，促进经济增长。

一、浙江省数字化改革领先

党的十九大提出建设网络强国、数字中国、智慧社会的任务目标，"十四五"规划制定了"以数字化转型整体驱动生产方式、生活方式和治理方式变革"的新时代发展目标。浙江省作为数字经济先行省份，准确抓住产业数字化、数字产业化赋予的时代机遇，加快推进数字化治理、数据价值化的发展进程，推动数字经济与实体经济深度融合，培育壮大5G、物联网、工业互联网、大数据、区块链等新兴产业，推进数字化贸易服务、数字金融创新、智慧物流、智慧城市、智慧农村等领域数字化应用创新，在数字经济立法上先行一步，为数字经济创新发展贡献"浙江经验"，充分彰显立法保护的使命担当。浙江省以"一号工程"为统领，积极推动数字经济发展，率先探索数字经济促进高质量发展的路径和机制。

2020年12月浙江省委政府审议通过《浙江省数字经济促进条例》，成为我国第一部以促进数字经济发展的地方性法规。该条例在数字经济发展实践和反复论证的基础上，准确描述数字经济的内涵，首次在法律制度层面对数字经济做出明确界定：数字经济，是指以数据资源为关键生产要素，以现代信息网络为主要载体，以信息通信技术融合应用、全要素数字化转型为重要推动力，促进效率提升和经济结构优化的新经济形态。

2021年3月，浙江省委全面深化改革委员会印发《浙江省数字化改革总体方案》，全面加快推进数字化改革与建设数字浙江的进程。该方案以数字化改革撬动各领域各方面改革，聚焦"七个关键"，突出一体化、全方位、制度重塑、数字赋能和现代化。2021年6月，浙江省根据《浙江省国民经济和社会发展第十四个五年规划和二〇三五年远景目标纲要》《浙江省数字经济促进条例》和数字化改革等工作部署，制定了《浙江省数字经济发展"十四五"规划》。《浙江省数字经济发展"十四五"规划》以推动高质量发展为主题，以深化供给侧结构性改革为主线，以改革创新为根本动力，深入实施数字经济"一号工程"，加快推进数字产业化、产业数字化、治理数字化、数据价值化"四化"协同发展，着力完善数字经济发展生态和数字基础设施，加快形成以数字化改革为引领的"三区三中心"发展格局，努力建成全球数字变革高地，为高质量发展建设共同富裕示范区、建设社会主义现代化先行省做出更大贡献。浙江省明确：到2025年，数字经济发展水平稳居全国前列、达到世界先进水平，数字经济增加值占GDP比重达到60%左右，高水平建设国家数字经济创新发展试验区，加快建成"三区三中心"，成为展示"重要窗口"的重大标志性成果；到2035年，全面进入繁荣成熟的数字经济时代，综合发展水平稳居世界前列；数字产业竞争力全球领先，数字赋能产业发展全面变革，数据要素价值充分释放，全面形成以数字经济为核心的现代化经济体系，高水平建成网络强省和数字浙江，成为全球数字技术创新、产业创新、制度创新、理念创新重要策源地，为基本实现共同富裕和高水平现代化提供强大支撑。

综上所述，浙江省数字经济的发展领先于国内其他省份，开创了数字经济与实体经济耦合发展的新局面。浙江省通过立法保障和鼓励数据的共享整合、流动利用，让数据切实成为重要的生产要素和企业的核心资产。并且，法律法规规定浙江省的政府机关和规章授权的具有管理公共事务职能的组织需要将在依法履行职责和提供公共服务过程中获取的数据资源进行共享和开放，创新推进各领域治理数字化，实现数字经济高质量发展同"十四五"时期社会主义治理体系与治理能力现代化思想目标的有机结合。

二、北京市数字经济整体实力领先

自 2017 年发布《北京城市总体规划（2016—2023 年）》后，北京市明确城市功能及城市战略定位，即全国政治中心、文化中心、国际交往中心与科技创新中心，并开始实行人口疏解政策，后过渡到以功能疏解、产业疏解带动人口疏解模式，优化提升首都功能。在诸多经济政策中，调整优化传统商业区、疏解腾退区域性商品交易市场等，均为北京市数字经济的发展创设了有利战略环境。例如：北京市王府井、西单、前门等传统商业区将不再新增商业功能，而是可以通过数字化生态不断对其进行优化升级，建设一批面向全球供应链的工业互联网平台和工业电商平台，提高监管质量，使其向高品质、综合化发展，突出其文化特征与地方特色，充分利用其文化实力与文化价值；同时加强管理，改善环境，提高传统商业区质量品质。

2020 年 6 月，北京市经济和信息化局发布《北京市中小企业数字化赋能行动方案（2020—2022 年）》，市政府出台《北京市加快新场景建设培育数字经济新生态行动方案》，加快中小企业数字化工具普及，推出一批符合中小企业需求的数字化产品；打造一批数字化赋能示范基地、标杆企业和数字化服务商。提出到 2022 年，基本形成中小企业数字化转型发展新局面，以数字化推动创新创业，催生新模式新业态，形成北京市转型升级发展的新着力点和构建高精尖经济结构的新增长极。这将进一步提升北京市的发展质量和水平，实现以数字化赋能经济发展和培育优化新经济生态为主线，以场景驱动数字经济技术创新、场景创新与新型基础设施建设深度融合为引领，聚焦人工智能、5G、物联网、大数据、区块链、生命科学、新材料等领域新技术应用，加快培育新的经济增长点，更好地推动"十四五"规划期间北京经济高质量发展。

2021 年 3 月，《北京市接诉即办工作条例》公开征求意见，标志着北京市政府数字化改革获得实质性推进。该条例是北京市政府数字化转型的主要标志，北京市推行接诉即办的目的是应用现代数字技术提升首都基层治理体系和治理能力现代化水平；通过即时答复、分类处置、精准派单、首接负责、限时办理、考评点评等成熟机制，加强接诉即办专项监督，查处诉求办理中的不作为、乱作为等问题。从 2019 年 1 月 1 日开始，北京市对 12345 市民服务热线进行创造性改造，通过扩大业务范围、增加功能、改造流程和建立制度，形成了以接诉即办为牵引的超大城市治理新机制，成为超大城市基层治理的新举措。北京市通过 12345 市民服务热线，建立了一个民众直接找政府的渠道和机制，实现与民众有效协商和沟通，将诉求解决的评价权赋予民众，并且进一步探索主动治理和"未诉先办"。

2021 年 7 月，北京市在《北京市关于加快建设全球数字经济标杆城市的实施方案》中提出，到 2030 年全面实现数字化赋能超大城市治理，建设高密度、全球化的数字经济研究服务机构，汇聚海量高频的全球流通数据，保持强大持续的数字创新活力，引领国际规则和标准制定，建设成为全球数字经济标杆城市，再次彰显首都对于数字经济建设战略的高度重视。

为了让宏观经济政策更好地服务于微观个体，真正将经济整体的可持续发展与个体命运紧密相连，北京市数字经济配套体制机制自下而上地体察基层民众切身诉求，不违背民众利益。同时，数字经济政策为迁出首都核心圈的企业提出了保证区域经济运作稳定性的翔实的政策建议。可以说，数字经济体制机制建设对于北京市城市空间布局建构，对京畿地区进行综合协调治理，都裨益良多，并已经获得可以看见的初步的成效。这将有助于北京市今后在制度设计中引导民众与企业积极配合政策落实，进而实现制度设计环节整体与个体利益的双赢。

三、上海市数字经济国际化程度高

近年来，上海市围绕科技创新中心、综合性国家科学中心，以及新型智慧城市、下一代互联网示范城市、新一代人工智能创新发展试验区等建设，加强网络基础设施、数据中心和计算平台、重大科技基础设施等布局，总体水平一直保持国内领先，数字经济配套体制机制建设也走在国内前沿。上海利用独有的高端制造业的集聚效应与沿海口岸区位优势，推动特色园区企业广泛运用工业互联网实施数字化升级，提升产业集群竞争力，实现数字基础设施建设全国领先。据中国信息通信研究院数据显示，三大电信运营商都将上海作为 5G 网络首发城市，截至 2020 年 7 月底，上海市已累计建设 5G 室外基站超 2.5 万个、5G 室内小站超 3.1 万个，实现了中心城区和郊区重点区域室外的 5G 网络连续覆盖，培育了宝信、上海电气等 15 个有行业影响力的工业互联网平台，带动 10 万中小企业上云上平台。

2020 年底上海市委、市政府公布《关于全面推进上海城市数字化转型的意见》（以下简称《意见》），要求深刻认识上海市进入新发展阶段全面推进城市数字化转型的重大意义，明确城市数字化转型的总体要求。《意见》指出，要坚持整体性转变，推动"经济、生活、治理"全面数字化转型；坚持全方位赋能，构建数据驱动的数字城市基本框架；坚持革命性重塑，引导全社会共建共治共享数字城市；同时，创新工作推进机制，科学有序全面推进城市数字化转型。《意见》对于强化创新要素、载体、制度等公共供给，全面推进数字经济与实体经济的深度融合、整体转型，构建服务国内国际双循环新发展格局的战略优势等层面提出了新要求。

2021年8月，上海市出台《推进上海生活数字化转型 构建高品质数字生活行动方案（2021—2023年）》和《推进上海经济数字化转型 赋能高质量发展行动方案（2021—2023年）》，对于数字经济的"存量、流量、质量、增量"提出了整体跃升的要求。强调落实习近平总书记在浦东开发开放30周年庆祝大会上的重要讲话精神，深化演绎"城市让生活更美好"的数字内涵，突出"以人为本"的数字生活体验，突出"统筹谋划"的转型机制设计，突出"数字孪生"的未来场景打造，突出"创新求变"的思维理念再造，以城市为主场、企业为主体、市民为主人。这也是共同富裕与高质量发展的题中之义。

数字经济政策体系与其他战略政策体系的协同配合对于上海市未来保持高质稳定发展至关重要。近年来，上海市顺应数字化发展趋势，对接国家战略，发挥创新资源、产业基础、金融与人才等优势，以创新、开放和包容的"互联网＋"思维改革创新，打造"互联网＋"产业融合新模式和"大众创业、万众创新"的宽松生态环境，在数字经济领域已然取得了丰硕成果。未来上海市可以聚焦数字经济规则制定，利用区位优势创新数据跨境自由流动等数字经济国际贸易规则，推动全球数据的自由流通并制定可靠的规则，譬如网络基础设施、应用基础设施、互联网融合服务等方面的规则。此外，上海市应加大对以数学和统计学为代表的基础学科研究的支持力度，培养数字经济金字塔最顶尖的国际化杰出人才队伍；注重引进高端基础研发人才、培养应用性创新人才、培训熟练的产业工人等，促使人才梯队保持充裕、平衡、立体的状态。

参考文献

［1］韩璐，陈松，梁玲玲．数字经济、创新环境与城市创新能力［J］．科研管理，2021，42（4）：35－45．

［2］荆文君，孙宝文．数字经济促进经济高质量发展：一个理论分析框架［J］．经济学家，2019（2）：66－73．

［3］李斌，田秀林，张所地，赵华平．城市创新能力评价及时空格局演化研究［J］．数理统计与管理，2020，39（1）：139－153．

［4］李飞星，刘贻新，张光宇．科技经济困局成因及破解的数字化治理机制研究［J］．科技管理研究，2019，39（24）：21－29．

［5］李海舰，李燕．对经济新形态的认识：微观经济的视角［J］．中国工业经济，2020（12）：159－177．

［6］邱子迅，周亚虹．数字经济发展与地区全要素生产率：基于国家级大数据综合试验区的分析［J］．财经研究，2021，47（7）：4－17．

［7］郑磊．数字治理的效度、温度和尺度［J］．治理研究，2021，37（2）：5－16＋2．

［8］中国信息通信研究院．中国数字经济发展白皮书（2020年）［R/OL］．中华人民共和国国家互联网信息办公室，2020－07－03．

［9］BAUMOL W J. Macroeconomics of Unbalanced Growth：the Anatomy of Urban Crisis［J］. The American Economic Review，1967，57（3）：415－426.

［10］GOLDFARB A，TUCKER C. Digital Economics ［J］. Journal of Economic Literature，2019，57（1）：3-43.

［11］NAMBISAN S，LYYTINEN K，MAJCHRZAK A，et al. Digital Innovation Management：Reinventing Innovation Management Research in a Digital World ［J］. MIS Quarterly，2017，41（1）：223-238.

［12］ZAKI M. Digital Transformation：Harnessing Digital Technologies for the Next Generation of Services ［J］. Journal of Services Marketing，2019，33（4）：429-435.

第三部分 "十四五"时期区域经济发展新格局

　　"十四五"时期实现区域经济发展新格局,需要加快构建新发展格局,深入实施区域协调发展战略,加快新型城镇化,全面助推乡村振兴,积极拓展蓝海经济发展空间,以此增强区域经济发展的协调性和平衡性。

第八章　加快构建新发展格局

2020 年 4 月 10 日，习近平总书记在中央财经委员会第七次会议上发表重要讲话，首次提出了"新发展格局"这一重要概念："扩大内需和扩大开放并不矛盾。国内循环越顺畅，越能形成对全球资源要素的引力场，越有利于构建以国内大循环为主体、国内国际双循环相互促进的新发展格局，越有利于形成参与国际竞争和合作新优势。"党的十九届五中全会进一步将"新发展格局"纳入"十四五"规划中，指出"十四五"时期推动高质量发展，必须立足新发展阶段、贯彻新发展理念、构建新发展格局。其中，构建新发展格局是应对新发展阶段机遇和挑战、贯彻新发展理念的战略选择。

"构建以国内大循环为主体、国内国际双循环相互促进的新发展格局"扮演着承前启后、顶天立地的角色：一方面，它彰显了新发展理念和高质量发展的顶层思维；另一方面，它明确了当下及未来底层的实践安排。这一决策是立足当下历史时期，综合研判国际环境局势和国内发展阶段所做出的重大战略部署。基于"十四五"规划等重大文件、会议精神和现实重大问题，本章在第一节立足国内国外新形势，总结分析新发展格局提出的背景；进而在第二节梳理提炼新发展格局的重要论述和概念内涵，并以区域发展视角论述当前存在的重点难点；最后在第三节对加快构建区域经济新发展格局提供建议指引。

第一节　新发展格局的时代背景

一、国际环境

新发展格局的提出契合国内国际发展规律的必然性国际形势，在经济下行大趋势叠加全球公共卫生危机下，中国扮演起世界经济压舱石的角色；各国经济增长压力向渲染政治矛盾转移，逆全球化浪潮袭来，中国需要重塑对外开放思路。

（一）全球经济下行周期

21 世纪前后，全球主要遭遇了三次大范围的危机（见图 8-1），每一次冲击后各国都会采取宽松的货币政策和积极的财政政策以实现风险对冲，但这一救市举措往往是短期的，随后通常伴随的是高涨刺激后的回落。2008 年世界金融危机以后，世界经济本就处于整体下行的大周期，突如其来的疫情无疑令其雪上加霜。2020 年世界经济增速跌至有史以来最低值-3.1%。根据国际货币基金组织（IMF）2021 年 10 月发布的《世界经济展望 2021》，在政策组合刺激和疫苗推广的利好下，2021 年预期全球经济将显著高位回暖，但究其归因主要是新兴经济体（尤其是中国）复苏和政策"放水"的暂时性驱动，背后的结构性恢复矛盾等问题依旧不容忽视。

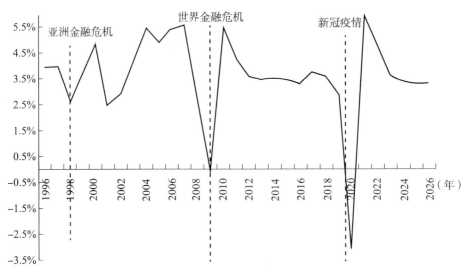

图 8 - 1　全球实际 GDP 增长率（1996—2026 年）

资料来源：国际货币基金组织（IMF），以不变价格计算，2021 年及之后数据为预测值。

　　本章接下来以 G7 联盟为代表的发达经济体和东盟五国、金砖五国为代表的新兴市场主体为结构分析对象。

　　如表 8 - 1 所示，从纵向增速结构来看，2020 年各类经济体大都为负增长或零增长。面临经贸形势不确定，2020 年中国一方面在国务院政府工作报告中没有提出全年经济增速具体目标，另一方面扎实推进"六稳六保"（稳就业、稳金融、稳外贸、稳外资、稳投资、稳预期；保居民就业、保基本民生、保市场主体、保粮食能源安全、保产业链供应链稳定、保基层运转），最大限度顶住压力，实现了经济 2.3% 的正增长，2021 年经济增速达到 8.1%，展现了较强的经济韧性。

表 8 - 1　世界代表性经济体实际 GDP 增长率（2019—2021 年）

	2019 年（%）	2020 年（%）	2021 年（%）
G7 联盟	—	—	—
美国	2.3	−3.4	6.0
英国	1.4	−9.8	6.8
法国	1.8	−8.0	6.3
德国	1.1	−4.6	3.1
意大利	0.3	−8.9	5.8
加拿大	1.9	−5.3	5.7
日本	0.0	−4.6	2.4

续表

	2019 年（%）	2020 年（%）	2021 年（%）
东盟五国	—	—	—
新加坡	1.3	−5.4	6.0
印度尼西亚	5.0	−2.1	3.2
马来西亚	4.4	−5.6	3.5
菲律宾	6.1	−9.6	3.2
泰国	2.3	−6.1	1.0
金砖五国	—	—	—
巴西	1.4	−4.1	5.2
俄罗斯	2.0	−3.0	4.7
印度	4.0	−7.3	9.5
中国	6.0	2.3	8.0
南非	0.1	−6.4	5.0

资料来源：国际货币基金组织（IMF），以不变价格计算，2021 年数据为预测值。

　　如表 8-2 所示，从横向份额结构来看，中国扛起了稳固全球经济基本面的大旗。2020 年，中国分别以 18.3% 和 12.3% 的占比强势拉动了世界经济增长和国际贸易往来。以人均视角而言中国仍处于发展中国家的阶段，而对世界而言，这背后蕴含着庞大的市场潜力与增速空间。

表 8-2　2020 年世界代表性经济体比重指标

	占全球实际 GDP 比重（%）	占全球货物和服务出口比重（%）	占全球人口比重（%）
G7 联盟	—	—	—
美国	15.8	9.6	4.4
英国	2.2	3.3	0.9
法国	2.3	3.4	0.9
德国	3.4	7.5	1.1
意大利	1.9	2.5	0.8
加拿大	1.4	2.2	0.5
日本	4	3.6	1.6
东盟五国	5.7	4.6	7.6
金砖五国	—	—	—
巴西	2.4	1.1	2.8

续表

	占全球实际 GDP 比重 （%）	占全球货物和服务出口比重 （%）	占全球人口比重 （%）
俄罗斯	3.1	1.7	1.9
印度	6.8	2.3	18
中国	18.3	12.3	18.5
南非	0.6	0.4	0.8

资料来源：国际货币基金组织（IMF），以不变价格计算。

需要注意的是，面向未来的估计仍具有很大的不确定性，后疫情时代的逆转机会关键在于有效落实常态化防控和形成群体免疫屏障。根据世界卫生组织的数据（见图8-2），高收入地区的死亡率已经控制在较低区间，同时疫苗广泛铺开；而低收入地区的病死率依旧很高，每百人仅 4.4 人完成了全部接种。在可预见的未来，防疫资源在地区间的悬殊将是阻碍全球经济回温，重塑世界交流格局的重大变量。

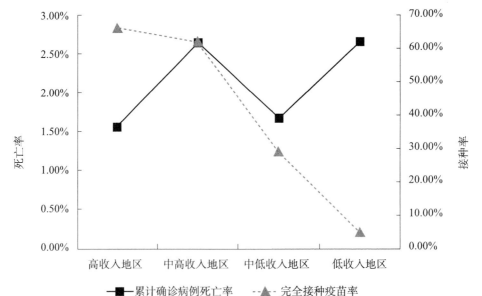

图 8-2　全球新冠病例死亡率和疫苗接种率

资料来源：世界卫生组织（WHO）；由于各地汇报进度不一，数据具体的统计节点不一致，截至 2021 年 12 月末。

（二）全球化面临严峻挑战

第一，各国贸易需求急剧萎缩后呈现"报复性"回升，但可持续性有待观察。图8-3展示了 2019—2021 年全球贸易进出口情况，全球贸易总额在 2020 年第二季度猛跌15%，随后呈现 V 字形回升，特别是随着中国产业运转全面复苏，各国积压需求迅速释放。截至 2021 年第三季度，全球进口及出口贸易总额均突破 55 000 亿美元，达到历史峰值。然而，这反映的很可能是需求总量的滞后爆发，在根源性的制度矛盾等问题的长久压力下，短期的繁荣很可能面临衰落。

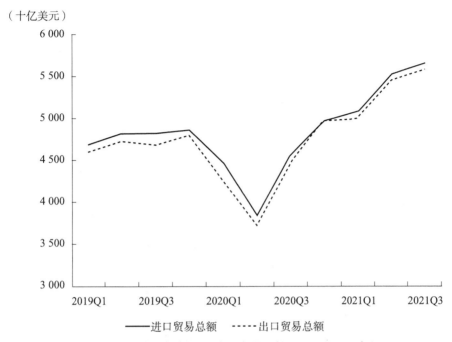

（十亿美元）

图 8-3　全球分季度进口/出口贸易总额（2019—2021 年）

资料来源：世界贸易组织（WHO）。

第二，经济压力转嫁政治冲突，逆全球化浪潮卷土重来。2017 年以来，英国脱欧、各国右翼势力崛起等保守化趋势渐强，贸易保护措施的绝对量也大幅上升。到 2020 年，全球贸易保护措施高达 1 862 项，是 2017 年的近 3 倍（见图 8-4）。其中，2018 年 3 月，美国时任总统特朗普宣布对中国钢铁和铝制品分别加征 25% 和 10% 的进口关税。随后美国共计颁布对华 5 500 亿进口商品的加征关税举措，几乎覆盖了全部中国进口商品。2021 年 1 月，拜登就职新一任美国总统，取消了部分管制措施，但在打压中国高科技企业发展，阻挠中美科技、人才交流等层面依旧不遗余力。

二、国内环境

党的十八大以来，中国历史方位和发展阶段步入了新时代，在思想层面形成的新发展理念明确了现代化建设的指导原则，而构建新发展格局明确了经济现代化的路径选择。

（一）新常态：挖掘经济增长新动能

党的十八大以来，中国经济社会发展步入增速换挡期，需要且也能够探索一套新的长效化驱动模式。党的十九大进一步提出，中国经济已由高速增长阶段转向高质量

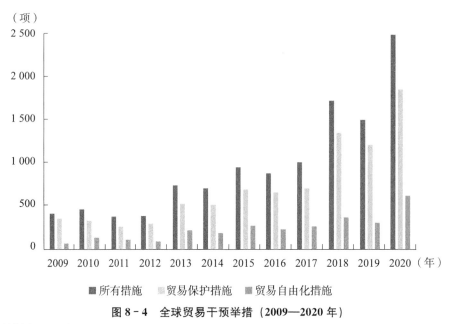

图 8 - 4　全球贸易干预举措（2009—2020 年）

资料来源：Global Trade Alert。

发展阶段，正处在转变发展方式、优化经济结构和转换增长动力的攻关期。

从产业结构来看，产业高级化和服务化趋势不断加强，不考虑 2020 年社交隔离对服务业的影响，则第三产业对 GDP 的贡献由 2012 年的 45% 跃升至 2019 年的 63%（见图 8 - 5）。一方面，这是中国城镇化水平提高、市场化专业分工细致、人民对现代服务业需求提升等积极表现的结果；但另一方面，中国是目前世界上唯一拥有联合国产业分类所列的 41 个工业大类、207 个工业中类和 666 个工业小类的全工业图谱国家，在制造业上仍具备不可比拟的优势，因此当下阶段仍不宜过分强调"去二产化"。中国目前尚未真正完全实现工业化，在工业化发展不平衡不充分的前提下，从提升工业化质量以及工业与服务业、实体经济与虚拟经济的辩证关系出发，以先进制造业为主体的工业依然是支撑中国经济实现持续稳定的中高速增长的重要动力，继续推进深度工业化依然任重而道远（魏后凯和王颂吉，2019）。

从需求结构（见图 8 - 6）可以发现，第一，外贸依存度逐渐走低：货物和服务净出口受全球经济景气和贸易摩擦影响较大，波动性特征突出，因而主要增长动力已经逐渐转移至国内市场。第二，投资的带动作用趋于稳定：近十年资本形成总额贡献率集中在 35%～40% 的区间，在非常时期担当起平稳大盘的重任。第三，消费的增长潜力逐步展现：最终消费支出贡献率以 50% 为基础不断上探，虽然 2020 年消费市场受重大挫伤，但随着新经济业态壮大和共同富裕进程的加快，城乡居民可支配收入在纵向水平和横向差距上进一步改善，更多的消费潜力有待释放。"十四五"规划提出，要坚持扩大内需战略基点，加快培育完整内需体系，把实施扩大内需战略同深化供给侧结构性改革有机结合起来，通过创新驱动和高质量供给以引领和创造新需求。

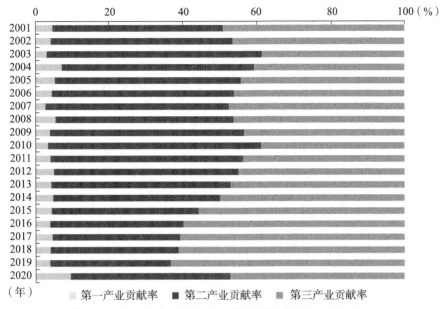

图 8-5 三大产业对中国 GDP 的贡献率（2001—2020 年）

资料来源：国家统计局。

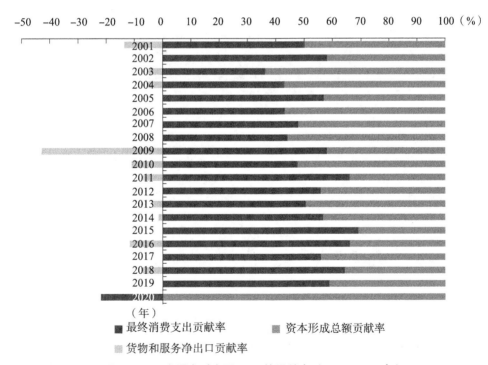

图 8-6 三大需求对中国 GDP 的贡献率（2001—2020 年）

资料来源：国家统计局。

（二）新理念：摒弃粗放唯增量思维

贯彻"创新、协调、绿色、开放、共享"的新发展理念，推动顶层思想和发展方式从关注数量到强调质量、从提升总量到优化结构和从粗放驱动到创新引领的转变。

稳步推进碳达峰、碳中和工作，推动能源消费结构深度转型。碳达峰是实现碳中和的基础前提，碳中和是实现碳达峰的根本目的，碳达峰路线的选择关乎未来碳中和实现的方式。能源革命并不是单一地转变能源生产过程，也不是一味索求消耗端急速、全面的突变，而是要站在现实的发展背景和国力国情下，处理好发展和减排、短期和中长期的关系，在全国统筹、科学有序、平稳节奏中实现绿色可持续发展。如图8-7所示，中国是世界上最大的煤炭进口和消费国，原煤消耗比重超过当前整体能源消费的50%，虽然对传统能源的依赖程度在趋势上有所缓和，但依旧高企；可再生能源和清洁能源的使用稳步提升，2020年天然气和水电、核电、风电的比重超过了24%；增长驱动模式更为节能集约，每万元GDP的能源消费量从2001年的1.43吨标准煤降至2019年的0.55吨标准煤。

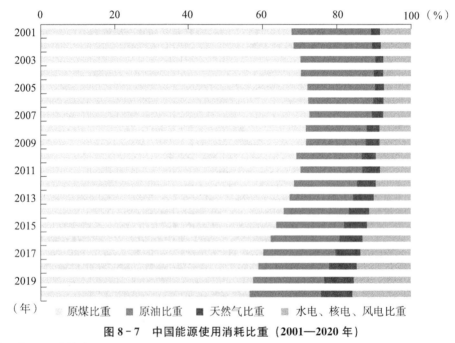

图8-7 中国能源使用消耗比重（2001—2020年）

资料来源：国家统计局。

深入实施创新引领进步，科技驱动发展方略，重视科研活动和人才培育。如图8-8所示，2001年中国R&D经费支出占GDP比重不足1%，2020年增长到2.4%，但这一水平与发达国家相比还有较大的提升空间。特别地，中国在新一代人工智能、量子信息、集成电路、基因与生物技术、脑科学与类脑研究、临床医学与健康、深空深地深海和极地探测等对国家安全和整体发展至关重要的前沿领域还存在诸多"卡脖子"难题，未来将进一步通过加大基础设施投入研发，建设国家级综合实验室等渠道加快科研追赶和占领尖端技术高地。

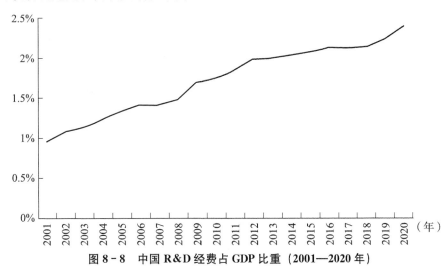

图8-8 中国R&D经费占GDP比重（2001—2020年）

资料来源：国家统计局。

（三）新目标：瞄准实现全面现代化

党的十九届五中全会提出在全面建成小康社会、实现第一个百年奋斗目标之后，党和国家进入全面建设社会主义现代化国家新征程，向着第二个百年奋斗目标进军。"十四五"时期，中国将在经济发展、改革开放、社会文明、生态文明、民生福祉、国家治理等各个维度取得新进展和新突破；展望2035年，中国将基本实现社会主义现代化，经济实力、科技实力、综合国力将大幅跃升，基本实现新型工业化、信息化、城镇化、农业现代化，建成现代化经济体系。

建成中国特色社会主义现代化强国的特征之一是全体人民实现共同富裕。从自身演变来看，在计划经济体制时中国处于整体贫弱的状态，随着社会主义市场经济体制的确立，人均GDP快速跃升，2001年达到1 000美元，随后不到20年内实现了10倍增长，同时伴随的是贫富差距先扩大后回降的趋势。根据发达国家经验，现代化进程与贫富差距存在倒U形关系——与OECD代表国家横向对比，2019年中国人均GDP首次突破1万美元，但未来提升空间还很大，基尼系数仍保持在0.4以上的较高位水平（见图8-9）。

拆解到区域差距结构，制约中国实现共同富裕的关键短板在于城乡差距。图8-10展示了中国城乡居民可支配收入的纵横演进和差距结构（以泰尔指数衡量）。改革开放以来人民生活条件显著改善，2020年居民人均可支配收入是1978年的188倍；城乡收入差距自2003年达到高位后稳步缩小，农村居民可支配收入保持高速增长。同时仍须注意的是城乡收入差距绝对水平仍较高，城乡发展的不平衡不充分依旧是建设现代化强国的重大制掣，要求我们以城乡融合、区域协调的眼光推进"三农"现代化和新型城镇化战略。

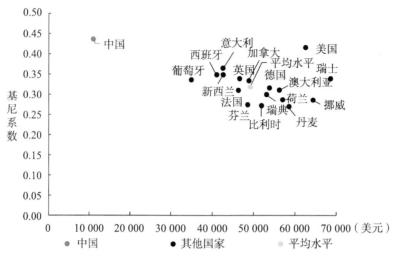

图 8 - 9　2019 年中国与 OECD 代表国家人均 GDP 和基尼系数

资料来源：世界收入不平等数据库（WIID）。

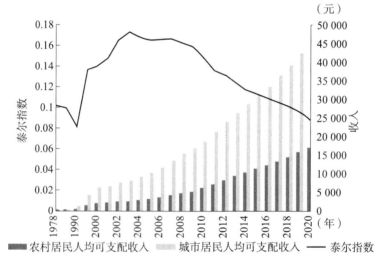

图 8 - 10　中国城乡居民人均可支配收入和泰尔指数（1978—2020 年）

资料来源：中国统计年鉴。

第二节　新发展格局下区域发展的重点方面

一、理论内涵

　　站在马克思主义中国化的视角，构建新发展格局是习近平新时代中国特色社会主义经济思想的又一重大理论成果，在党和国家多次重大会议、文件中被多次提及，其内容内涵在持续讨论中得到不断深化完善；从学理和应用价值出发，明确新发展格局的各个要点也是回应现实重大关切的必要准备，为底层构建和实践排除了偏见，厘清了思路，指明了方向。

（一）重要论述

表8-3摘录了2020—2021年党和国家有关新发展格局的重大表述，其中既涉及新发展格局的诞生背景和顶层思想，又涵盖格局构建的重大抓手和底层实践。

表8-3　2020—2021年有关新发展格局的重大表述摘录

日期	主要论述	来源
2020年4月10日	大国经济的优势就是内部可循环……扩大内需和扩大开放并不矛盾。国内循环越顺畅，越能形成对全球资源要素的引力场，越有利于构建以国内大循环为主体、国内国际双循环相互促进的新发展格局，越有利于形成参与国际竞争和合作新优势。	2020年中央财经委员会第七次会议
2020年5月14日	要深化供给侧结构性改革，充分发挥我国超大规模市场优势和内需潜力，构建国内国际双循环相互促进的新发展格局。	中央政治局常务委员会会议
2020年5月23日	必须在一个更加不稳定不确定的世界中谋求我国发展。要把满足国内需求作为发展的出发点和落脚点，加快构建完整的内需体系，大力推进科技创新及其他各方面创新……着力打通生产、分配、流通、消费各个环节，逐步形成以国内大循环为主体、国内国际双循环相互促进的新发展格局，培育新形势下我国参与国际合作和竞争新优势。	习近平在看望参加政协会议的经济界委员时的讲话
2020年7月21日	面向未来，我们要逐步形成以国内大循环为主体、国内国际双循环相互促进的新发展格局。主要考虑是：当今世界正经历百年未有之大变局，新一轮科技革命和产业变革蓬勃兴起……在当前保护主义上升、世界经济低迷、全球市场萎缩的外部环境下，我们必须充分发挥国内超大规模市场优势，通过繁荣国内经济、畅通国内大循环为我国经济发展增添动力，带动世界经济复苏。要提升产业链供应链现代化水平，大力推动科技创新，加快关键核心技术攻关，打造未来发展新优势……以国内大循环为主体，绝不是关起门来封闭运行，而是通过发挥内需潜力，使国内市场和国际市场更好联通，更好利用国际国内两个市场、两种资源，实现更加强劲可持续的发展……坚持深化改革、扩大开放，加强科技领域开放合作，推动建设开放型世界经济，推动构建人类命运共同体。	习近平在企业家座谈会上的讲话

续表

日期	主要论述	来源
2020年8月20日	在当前全球市场萎缩的外部环境下，我们必须集中力量办好自己的事，发挥国内超大规模市场优势，加快形成以国内大循环为主体、国内国际双循环相互促进的新发展格局。长三角区域要发挥人才富集、科技水平高、制造业发达、产业链供应链相对完备和市场潜力大等诸多优势，积极探索形成新发展格局的路径。	习近平主持召开扎实推进长三角一体化发展座谈会并发表重要讲话
2020年8月24日	以畅通国民经济循环为主构建新发展格局……这个新发展格局是根据我国发展阶段、环境、条件变化提出来的，是重塑我国国际合作和竞争新优势的战略抉择。近年来，随着外部环境和我国发展所具有的要素禀赋的变化，市场和资源两头在外的国际大循环动能明显减弱，而我国内需潜力不断释放，国内大循环活力日益强劲，客观上有着此消彼长的态势……自2008年国际金融危机以来，我国经济已经在向以国内大循环为主体转变……我们要坚持供给侧结构性改革这个战略方向，扭住扩大内需这个战略基点，使生产、分配、流通、消费更多依托国内市场，提升供给体系对国内需求的适配性，形成需求牵引供给、供给创造需求的更高水平动态平衡……新发展格局绝不是封闭的国内循环，而是开放的国内国际双循环。我国在世界经济中的地位将持续上升，同世界经济的联系会更加紧密，为其他国家提供的市场机会将更加广阔，成为吸引国际商品和要素资源的巨大引力场……我们更要大力提升自主创新能力，尽快突破关键核心技术。这是关系我国发展全局的重大问题，也是形成以国内大循环为主体的关键。	习近平在经济社会领域专家座谈会上的讲话
2020年9月1日	加快形成以国内大循环为主体、国内国际双循环相互促进的新发展格局，是根据我国发展阶段、环境、条件变化做出的战略决策，是事关全局的系统性深层次变革。要继续用足用好改革这个关键一招，保持勇往直前、风雨无阻的战略定力，围绕坚持和完善中国特色社会主义制度、推进国家治理体系和治理能力现代化，推动更深层次改革，实行更高水平开放，为构建新发展格局提供强大动力。	中央全面深化改革委员会第十五次会议
2020年9月11日	加快科技创新是构建新发展格局的需要。推动国内大循环，必须坚持供给侧结构性改革这一主线，提高供给体系质量和水平，以新供给创造新需求，科技创新是关键。畅通国内国际双循环，也需要科技实力，保障产业链供应链安全稳定。	习近平在科学家座谈会上的讲话

续表

日期	主要论述	来源
2020 年 10 月 14 日	新发展格局不是封闭的国内循环，而是开放的国内国际双循环。要优化升级生产、分配、流通、消费体系，深化对内经济联系、增加经济纵深，增强畅通国内大循环和联通国内国际双循环的功能，加快推进规则标准等制度型开放，率先建设更高水平开放型经济新体制。	习近平在深圳经济特区建立 40 周年庆祝大会上的讲话
2020 年 10 月 29 日	形成强大国内市场，构建新发展格局。坚持扩大内需这个战略基点，加快培育完整内需体系，把实施扩大内需战略同深化供给侧结构性改革有机结合起来，以创新驱动、高质量供给引领和创造新需求。要畅通国内大循环，促进国内国际双循环，全面促进消费，拓展投资空间。	中国共产党第十九届五中全会公报
2020 年 10 月 29 日	促进国内国际双循环。立足国内大循环，发挥比较优势，协同推进强大国内市场和贸易强国建设，以国内大循环吸引全球资源要素，充分利用国内国际两个市场两种资源，积极促进内需和外需、进口和出口、引进外资和对外投资协调发展，促进国际收支基本平衡。完善外贸一体化调控体系，促进内外贸法律法规、监管体制、经营资质、质量标准、检验检疫、认证认可等相衔接，推进同线同标同质。优化国内国际市场布局、商品结构、贸易方式，提升出口质量，增加优质产品进口，实施贸易投资融合工程，构建现代物流体系。	中共中央关于制定国民经济和社会发展第十四个五年规划和二〇三五年远景目标的建议
2021 年 1 月 11 日	进入新发展阶段、贯彻新发展理念、构建新发展格局，是由我国经济社会发展的理论逻辑、历史逻辑、现实逻辑决定的。进入新发展阶段明确了我国发展的历史方位，贯彻新发展理念明确了我国现代化建设的指导原则，构建新发展格局明确了我国经济现代化的路径选择……构建新发展格局的关键在于经济循环的畅通无阻……最本质的特征是实现高水平的自立自强……构建新发展格局，实行高水平对外开放，必须具备强大的国内经济循环体系和稳固的基本盘。	习近平在省部级主要领导干部学习贯彻党的十九届五中全会精神专题研讨班开班式上的讲话
2021 年 9 月 2 日	服务贸易是国际贸易的重要组成部分和国际经贸合作的重要领域，在构建新发展格局中具有重要作用。	习近平在 2021 年中国国际服务贸易交易会全球服务贸易峰会上的致辞
2021 年 10 月 19 日	数字经济健康发展有利于推动构建新发展格局，数字技术、数字经济可以推动各类资源要素快捷流动、各类市场主体加速融合，帮助市场主体重构组织模式，实现跨界发展，打破时空限制，延伸产业链条，畅通国内外经济循环。	习近平在中共中央政治局第三十四次集体学习时的讲话

续表

日期	主要论述	来源
2021年10月21日	推动成渝地区双城经济圈建设……是构建以国内大循环为主体、国内国际双循环相互促进新发展格局的重大举措。	成渝地区双城经济圈建设规划纲要
2021年12月17日	构建新发展格局，迫切需要加快建设高效规范、公平竞争、充分开放的全国统一大市场，建立全国统一的市场制度规则，促进商品要素资源在更大范围内畅通流动。	中央全面深化改革委员会第二十三次会议

（二）要点明析

基于重大文件与现有研究，本章总结了构建新发展格局的七大内涵，覆盖内外关系、循环过程、开放视野、供需平衡、主客场域、经济动力和系统战略等内在要求。新发展格局的构建要以做强产业链为核心，以国内循环为根基，以扩大内需为战略基点，关键在于创新驱动、内外开放、释放内需潜力。新发展格局的内涵、根基、战略基点、核心及关键体现在具体的实现逻辑中（见表8-4）。

表8-4 有关新发展格局的重大要点

内涵	·国内循环为主，国内国际双循环相互促进； ·注重循环过程的通畅、高效； ·体现包容开放性； ·需求牵引供给，供给创造需求，供需动态平衡； ·强调主场全球化； ·扩大内需消费与有效投资； ·深化并延续既有战略，与既有战略相对接
根基	国内循环
战略基点	扩大内需
核心	做强产业链
关键	·协调投资与消费的比例； ·提升居民消费与有效投资（释放内需潜力）； ·创新驱动（核心技术自主创新）； ·深化开放（对内开放、对外开放）
实现逻辑	·供给侧结构性改革，扩大内需； ·打造以新兴产业为主导的现代产业链； ·构建国内经济为主体的大循环； ·以更科学、开放、包容的态度拥抱全球市场； ·以内促外，形成国内国际相互促进的双循环

同时，习近平（2021）在文章《把握新发展阶段，贯彻新发展理念，构建新发展格局》中高度总结了在实践中要注意防范的认识误区：一是只讲前半句，片面强调"以国内大循环为主"，主张在对外开放上进行大幅度收缩；二是只讲后半句，片面强调"国内国际双循环"，不顾国际格局和形势变化，固守"两头在外、大进大出"的旧思路；三是各自为政、画地为牢，不关心建设全国统一的大市场、畅通全国大循环，只考虑建设本地区本区域小市场、搞自己的小循环；四是认为畅通经济循环就是畅通物流，搞低层次物流循环；五是一讲解决"卡脖子"技术难题，什么都自己干、搞重复建设，专盯"高大上"项目，不顾客观实际和产业基础，引发项目烂尾；六是讲扩大内需、形成国内大市场，又开始盲目借贷扩大投资、过度刺激消费，甚至又去大搞高能耗、高排放的项目；七是忽视供给侧结构性改革，只注重需求侧管理，无法形成供给创造需求的更高水平动态平衡；八是认为这只是经济科技部门的事，同自己部门关系不大；等等。

二、新发展格局下区域发展的关键问题

以区域发展的视角剖析新格局构建，目前中国还存在区域市场统一程度不高，市场配置效率欠佳；区域治理主体能力有待优化，合作和治理方式需要革新；区域发展差距不容忽视，城乡矛盾需要从更高层次视角化解等关键问题。

（一）区域市场的统一性亟待提升

国内大循环的关键在于全国统一市场的培育，其必要条件便是区域一体化水平的高度提升。在 20 世纪 80—90 年代，由于市场经济体制的不完善和要素资源的紧缺，各地基于自身短期利益最大化的考量，诱发了以封锁地区市场、官方诱导垄断等为具体表现的"原料大战"和"价格大战"，严重挫伤了市场主体的积极性和经济健康发展。

随着各项制度的完善和"短缺经济"的消亡，从前地方政府简单、直接、粗暴地干预和封锁市场的行为已经近乎不见，但由于各区域间的经济关系始终建立在不同的行政区划和考核压力上，致使各省份之间、同一省份不同城市之间以及不同省份的城市之间依旧普遍存在要素（劳动力、资本）和产品上的市场分割，地方保护主义依旧存在，只不过是以更为隐秘的形式展现。在省级层面，参考黄赜琳和姚婷婷（2020）的研究可知，1998—2016 年中国的市场分割程度整体呈现波动下降的趋势，各省份均存在一定程度的市场分割；劳动力市场分割程度最突出，其次是商品市场，资本市场分割程度最低。城市层面的测算结果也表明，虽然 2001—2015 年商品市场分割程度整体呈现下降趋势，但全国层面的市场分割程度大于局部地区层面，省界阻碍了城市之间的贸易往来，加剧了市场分割。市场分割的普遍存在无疑对商品、要素的流通产生堵塞效应，拖累了区域一体化发展水平，阻碍了国内大循环的高效运转。

（二）区域治理的科学性有待优化

基于"中央—各级地方"的垂直管理模式，在中央重点关注顶层设计和通盘考量

的前提下，各级地方政府依旧扮演着推进战略落地、政策设计和区域治理的关键角色。然而，目前中央政府尚未形成一个职能明确的区域管理机构，区域治理的战略设计功能分散在诸多部门；空间板块划分不够统一、明确、可实施，各类划分方式过于分散化和局部化；区域政策和规划缺乏更高层次的规范化和法律化；对政策和规划存在重前期设计、轻中期实施监管，导致后期评估反思的不良倾向。对此张可云（2018）将中国区域管理存在的问题归纳为"四管"，即"谁管、管谁、咋管、管效"，前两者是运行体制问题，后两者是机制问题。

在现有央地关系和地方考核的模式下，区域政策和治理特点容易呈现虚化、泛化和短视化的倾向。一方面，京津冀协同发展、长三角区域一体化、粤港澳大湾区建设、海南全面深化改革开放、长江经济带发展、黄河流域生态保护和高质量发展等国家战略已基本实现国土空间全覆盖，但政策实施对象的空间尺度较大，政策贯彻落实面临障碍；另一方面，2006年以来区域政策进入深化调整期，一系列承担不同功能的试验区、示范区以及区域发展规划密集出台——据不完全统计，2005—2019年，各地方出台的各类试验区、示范区等特殊规划区的数量超过百项——泛化的倾向削弱了区域政策的空间干预性，易造成重复建设和短视问题，导致政策效果大打折扣，也拖累了新发展格局的构建。

（三）区域发展的差距性值得关注

自从改革开放以来，中国的区域间发展一直是以不均衡的态势演进，推行沿海优先发展等局部先行战略。以把握新发展阶段、贯彻新发展理念、构建新发展格局为思想引领，"十四五"规划形成了当前问题导向和目标导向相结合，公平与效率相统一，改革深度与内容广度相照应的区域协调发展四大战略体系：基于空间优化的主体功能区战略，基于四大板块和特殊地区的区域协调发展战略，基于五个"经济带"的区域重大战略，以及基于海洋经济的陆海统筹战略（孙久文，2021）。目前，中国仍存在各板块之间、东部地区和西部地区之间、沿海地区和内陆地区之间等不同维度的区域差异，但主要还是集中体现在城市与农村之间的差异——据本章测算，中国人均可支配收入基尼系数和城乡泰尔指数两者随时间变化趋势高度一致，且相关系数高达0.84（见图8-11），可见中国区域发展差距的主要驱动因素还是城乡差距。

党和国家始终把"三农"工作放在重中之重的位置。随着2020年全面建成小康社会目标如期实现，脱贫攻坚战取得全面胜利，现行标准下9 899万农村贫困人口全部脱贫，832个贫困县全部摘帽，12.8万个贫困村全部出列，农村绝对贫困得以消除，在夯实既往基础和拓宽政策空间过程中，国家"三农"战略提升至乡村振兴的站位高度，同时以"城乡融合"的高度而非"城乡分治"的窠臼推进新型城镇化战略安排。仍需承认的是，目前中国广大农村地区仍属于相对落后状态，农民收入水平、结构来源和增长动力有待优化；农业弱质性和缺乏优质要素投入的问题长期存在；农村软硬件基础设施条件较落后，基本公共服务水平较低下……这些突出矛盾都极大地滞缓了数亿农村居民深度参与双循环事业。

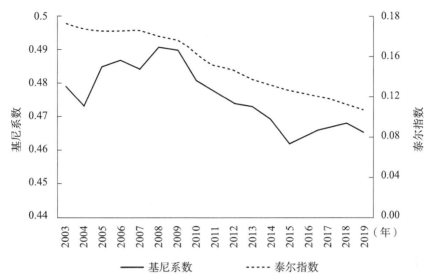

图 8 - 11　中国人均可支配收入基尼系数和城乡泰尔指数（2003—2019 年）

资料来源：根据中国统计年鉴数据测算。

第三节　加快构建区域新发展格局的路径指引

一、畅通"生产—分配—流通—消费"市场环节

新发展格局揭露了社会发展的本质过程在于"循环"：每完成一次完整闭合的循环，经济体就能够实现产值增长；在越短的时间和资源约束下实现更快更高效的循环，经济体就越能在阶段性进步中取得更大飞跃。马克思在其社会再生产循环理论中提出了生产、分配、交换、消费四个紧密相连的环节，构成了国民经济中的有机整体；随着经济全球化和市场经济制度在世界范围内普遍确立，产品从成型到上市再最终落入消费端的过程，早已深刻嵌入国内和国外两个领域。

党的十九大首次提出建设现代化经济体系，所谓现代化经济体系，就是"由社会经济活动各个环节、各个层面、各个领域的相互关系和内在联系构成的一个有机整体"。无疑，"生产—分配—流通—消费"这四大环节就是经济体系的主要元素。因此，要使生产、分配、流通、消费更多依托国内市场。

"生产—分配—流通—消费"的视角实现了"国内、国际"两个系统和"宏观、中观、微观"三个维度的一致：四个环节都贯穿于国内大循环和国内国际双循环里，生产和流通环节集中在中观产业维度，分配和消费环节集中在微观个体维度，各环节统一于空间中，包括宏观国家和局部区域，一并实现了流程节点紧密闭环以及系统内外高度开放的有机统一（见图 8 - 12）。

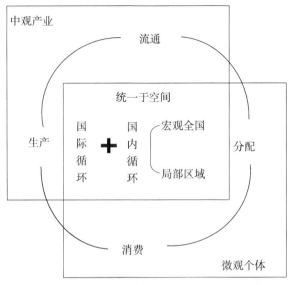

图8-12 "四环节""双循环"与"三维度"

（一）生产环节：调结构，提质量

生产是经济循环的首要环节，往往也是在危机中首当其冲的一环。生产环节的重点优化方面有：第一，产业结构，越丰富多元的产业结构抗风险能力越强；第二，产业多样性，包括多样化和专业化两个方面；第三，生产方式，推崇集约型、可持续型、技术密集型；第四，要素质量，包括技术、劳动力和资本等。

目前中国是世界上公认的制造业大国，拥有全图谱产业链，凭借200多种工业产品居世界第一位，产业布局呈现集群分布，供给能力和规模优势突出。产业升级步伐稳健，由中端向中高端迈进。

针对整体科技含量还不够高，资源利用效率还不够强，在全球高端产业链、价值链的地位还不够突出等矛盾，首先要加大供给侧结构性改革力度，关键涉及优化产业结构，提升科技水平，以及改善要素质量，发展壮大战略性新兴产业。完善现代化产业体系，提升产业链供应链现代化水平，避免经济结构过度向虚化、高级化。其次要坚持创新驱动发展战略，加大创新和科技自立自强，重点关注"卡脖子"问题突出的领域。发挥国家在基础学科和关键领域的资源整合和长效支持作用，加强原创性、引领性科技攻关。发挥企业的创新主体和激活市场作用，支持企业加强R&D投入，完善企业的"投入—应用"转换体系。激发人才的创新活力，基础教育、高等教育和职业教育同步狠抓，全方位培养、引进、用好人才，充分发挥人才第一资源的作用。发挥现代金融体系的支撑补充作用，提高生产的动能与效率。

（二）分配环节：重公平，共富裕

分配不仅直接决定了下一步消费的体量，还影响着社会稳定和公平秩序。分配制度主要涉及三个层次：第一，初次分配的原则和设计；第二，以政府主导的再分配，依靠税收、罚款等强制法规；第三，以民间为主体的第三次分配，依靠慈善、捐赠等自发行为。分配制度集中体现了国家对社会福利的价值判断。

中国共产党始终坚持以人民为中心，立足社会主要矛盾，在各阶段推动分配制度不断完善的主动性只增不减，决定了中国的收入分配相比于西方在新自由主义主导下的资本主义分配体系要公平得多，所引致的社会差距不至于过分悬殊，所对齐的最终目标是实现共同富裕。

近年来，虽然国内基尼系数的增长控制在一定区间内，但不可否认的是当前中国人群之间、产业之间、城乡之间、区域之间的收入绝对差距依旧突出，这直接制约了消费动力的提升，动摇了居民幸福生活的根基。2020年，中国有6亿人的月收入在1 000元左右，中国仍然是世界上最大的发展中国家这一性质没有改变，广大农村和中西部地区相当一部分居民收入水平依然偏低，行业内、行业间薪酬不平衡过大的问题没有改变，对分配制度的深化改革迫在眉睫。2021年8月17日，中央财经委员会第十次会议重点研究扎实促进共同富裕问题。会议提出了以"三次分配"作为调节收入分配、实现共同富裕的有效路径。未来，初次分配、再分配和第三次分配协调配套将成为中国新的分配基础性制度。初次分配以市场机制为主体，兼顾效率与平等；再分配以政府强制手段为工具，更注重平等；第三次分配以民间自愿为前提，倡导博爱、帮扶，强调道德公平。

未来，初次分配和再分配仍旧会扮演着维持温和社会收入差距，促进收入结构公平合理的主要角色，对此依然需要在完善市场体制机制，科学发挥政府调控作用等方面努力；第三次分配作为多元分配体制的重要补充，需要有激励和保障两大体系的支撑带动。值得强调的是，共同富裕不是搞平均主义，而是要扩大中等收入群体规模，形成橄榄型分配结构。

（三）流通环节：增效率，降成本

流通担负着连接供应端和消费端，畅通要素、产品和服务往来的重要角色。流通领域主要包括：第一，流通环节，从生产出厂到最终消费者手中的一系列环节；第二，流通成本，主要包括运输带来的时空成本和审批、清关等引致的制度成本。

中国坚持强化市场主体地位，加快培育全国市场，有助于舒畅淤塞，加速流通；同时，围绕交通、物流、通信、互联网等基础设施的大规模建设和"放管服"改革，大大降低了流通的时空成本和制度成本。随着全球化不断发展，国际贸易的重心从最终品贸易转向中间品贸易，2019年中间商品和服务贸易约占全球贸易的60％。由于中间品要进行多次跨界贸易，因此即使很低的交易成本也会被放大。中国每年的物流成本约占GDP的15％，高于欧洲、日本的6％～7％，美国的7％，东南亚发展中国家的10％。需要重点打破人为制度壁垒，减少客观时空阻碍。2020年9月9日，习近平总书记在中央财经委员会第八次会议中指出流通体系在国民经济中发挥着基础性作用，构建新发展格局，必须把建设现代流通体系作为一项重要战略任务来抓。

为此，在生产要素领域，要在疏通阻碍各方要素合理流动的堵点淤点上苦下功夫，矫正资源要素失衡错配，从源头上畅通国民经济循环。对于资金要素，要提高金融服务实体经济能力，创新直达实体经济的金融产品和服务，增强多层次资本市场融资功能。对于人才要素，要有效提升劳动者技能，提高就业质量和收入水平，形成人力资本提升和产业转型升级良性循环。健全城乡要素自由流动机制，构建区域产业梯度转移格局，促进城乡区域良性互动。

在商品服务产品领域，要深化流通体制改革，畅通商品服务流通渠道，提升流通效率，降低全社会交易成本。加快构建国内统一大市场，促进不同地区和行业标准、规则、政策协调统一，有效破除地方保护主义、行业垄断和市场分割。建设现代物流体系，统筹物流枢纽设施、骨干线路、区域分拨中心和末端配送节点建设。优化国际物流通道，加快形成内外联通、安全高效的物流网络。加快建立储备充足、反应迅速、抗冲击能力强的应急物流体系。

（四）消费环节：挖潜力，促升级

消费代表着社会循环的最终实现，是拉动经济不断增长的中坚力量。在全面建成小康社会背景下，为追求高质量发展，人们不再单一强调消费的规模，而是同样注重：消费体量，居民消费占个人收入的比重；消费层次，消费的多样化、异质性和丰富程度。

2019年中国人均GDP已经超越1万美元大关，中等收入群体超过4亿人，构成了巨大的消费存量市场。"消费升级"风潮蕴含着消费规模和消费质量同步飞跃的机遇。在不平衡不充分的发展现状下，未来在区域、城乡、不同群体之间还有更大的增量活力等待释放。

一方面，前期的分配问题是令广大低收入人群向中等收入人群迈进的阻碍之一；另一方面，教育、住房、医疗、养老等问题依然是居民较大的负担，很大程度上挤占了民众的正常消费。拉动消费是一个全局性、复杂性、综合性的议题，需要政府着力在关系重大民生保障的领域加大改革力度，让居民敢于消费、放心消费。关于义务教育阶段的"双减"部署、加强反垄断和防范资本无序扩张等工作都是朝着这一方向努力。具体来看，要深入实施扩大内需战略，加快培育完整、稳定的内需体系。大力支持平台经济、数字经济等新经济业态对消费领域的革新和提质，鼓励倡导传统消费场景借助互联网、大数据等尖端技术实现转型升级。在保障住房、稳定就业等重大民生领域持续发力，加快基本公共服务质量在空间上的均等化，采取增加居民收入与减负并举等措施，不断改善低收入人群生活，扩大中等收入群体比重，持续释放消费潜力。

二、推动有效市场和有为政府更好结合

新发展格局事业涵盖主体丰富多元，既需要中央和地方政府在顶层设计和政策方针方面的支持，也需要企业等微观市场主体的积极参与。构建新发展格局，需要处理好市场和政府的关系，推动有效市场和有为政府更好结合。

（一）深化社会主义市场经济体制改革

激发最广大、最多元经济主体的发展活力，毫不动摇巩固和发展公有制经济，毫

不动摇鼓励、支持、引导非公有制经济发展。随着 1992 年党的十四大正式提出建立社会主义市场经济体制，三十多年来中国已经搭建起充满活力的基本制度安排。然而，目前中国市场体系还不健全，市场发育还不充分，政府和市场的关系没有完全理顺，还存在市场激励不足、要素流动不畅、资源配置效率不高、微观经济活力不强等深层次问题。据此，要加快完善社会主义市场经济体制，以完善产权制度和要素市场化配置为重点，实现产权有效激励、要素自由流动、价格反应灵活、竞争公平有序、企业优胜劣汰。在所有制结构上，积极稳妥推进国有经济布局优化和结构调整，规范有序发展混合所有制经济。在要素市场领域，构建更加完善的要素市场化配置体制机制，推进土地要素、资本要素市场化配置，引导劳动力要素合理畅通有序流动，加快发展技术要素市场，加快培育数据要素市场。

始终坚持市场在资源配置中的决定性作用，搭建平等准入、开放有序、诚信守法、公平竞争的市场环境，完善保护产权、高效规范、统一原则、公正监管的市场制度。建设高标准市场体系，全面完善产权、市场准入、公平竞争等制度，筑牢社会主义市场经济有效运行的体制基础。坚持和完善按劳分配为主体、多种分配方式并存的分配制度，健全可持续的多层次社会保障体系和民生保障制度。完善经济领域法律法规体系，健全执法司法对市场经济运行的保障机制，全面建立行政权力制约和监督机制，完善发展市场经济监督制度和监督机制，推动社会主义市场经济法治体系趋于丰满，确保有法可依、有法必依、违法必究。

（二）提升政府现代化综合治理能力

1. 推动职能身份的转变

政府要从市场经济活动的直接"参与者"转变为提供公共产品的"服务者"，改变以往既当"运动员"又是"裁判员"的错误做法。引导形成和坚决维护由市场决定的资源分配机制，推动实现维护统一开放、竞争有序的营商环境和市场环境。

2. 加快政策风格的转变

中央政府要确保国家产业统筹的一致性和连贯性，提高区域政策之间的协调性和互补性，打破一切阻碍要素自由流动的体制机制障碍。地方政府在治理工作中应忌跟风、忌短视，因地制宜，顺势而为，切实立足本地比较优势引导产业发展，坚持"一张蓝图绘到底"。

3. 实现发展理念的转变

以创新、协调、绿色、开放、共享新理念为指导，要从过往注重数量、强调增长的想法进步到实现更高质量、更有效率、更加公平和更可持续的发展观点——飞速前进的背后不应该是不合理的分配方式和高污染高耗能的生产方式，兴旺产业的终点也不是做大 GDP 数字，而是注重提升人民幸福感和收获感，让更多老百姓享受到发展和改革的成果。

4. 创新治理工具的转变

加快建立与高质量发展要求相适应、体现新发展理念的宏观调控目标体系、政策体系、决策协调体系、监督考评体系和保障体系。健全以财政政策、货币政策和就业优先政策为主要手段，投资、消费、产业、区域等政策协同发力的宏观调控制度体系，增强宏观调控前瞻性、针对性、协同性。加快建立现代财税制度，优化政府间事权和财权划分，建立权责清晰、财力协调、区域均衡的中央和地方财政关系，形成稳定的各级政府事权、支出责任和财力相适应的制度。

三、建设更高水平的全面开放新格局

在充分调动国内大循环市场的基础上，要协同推进更大方位、更深层次、更宽领域、更高质量的对外开放新格局，促进内需和外需、进口和出口、引进外资和对外投资协调发展，加快培育参与国际合作和竞争新优势，对全球资源要素形成强大引力场，在国际贸易市场形成强大竞争力。

（一）加速构建区域开放格局

目前，东部和沿海地区已经较深度、全面地参与了全球市场分工和国际商服贸易，而广大中西部和内陆地区的开放水平仍然比较有限。随着陕西西咸新区、贵州贵安新区等10个国家级新区相继获批成立，内陆开放高地建设进展明显。据此，要继续深入推进区域协调发展战略，以城市群都市圈、"一带一路"建设等为关键抓手，逐步有序、因地制宜地扩大对外开放版图。

东部地区要加快推进现代化，加快培育世界级先进制造业集群，引领新兴产业和现代服务业发展，提升要素产出效率，率先实现产业升级。更高层次地参与国际经济合作和竞争，打造对外开放新优势，率先建立全方位开放型经济体系。推动不合时宜的要素和产业实现向内地的梯度转移，构建基于区域比较优势的"大国雁阵"发展模式。

中西部地区要积极融入"一带一路"建设，强化开放大通道建设，构建内陆多层次开放平台，形成从沿海、沿江向内陆、沿边延伸的开放空间。注重结合自身独到优势挖掘更多发展模式，如在中欧班列常态化运行的基础上，持续优化跨国综合运输网络的搭建；加快承接符合本土特色的外商投资项目，为沿海地区的外向型产业提供上下游配套和转移空间，等等。促进人才、技术、资金、货物等要素资源的流动和合作，推动自贸试验区建设，发展电子商务，在利用进口、利用外资等方面创新模式，并推动符合区域市场特点的产业结构调整。

（二）建立高效双向开放系统

目前，中国已经逐步形成更为互通开放的资本市场格局，表现在对外资金融机构准入不断放宽，银行、保险、证券、基金管理、期货等领域外资股比限制完全取消；沪港通、深港通、债券通、沪伦通相继推出，境内外金融市场互联互通取得实质性突破；人民币汇率形成机制改革不断深化，跨境融资便利化水平大幅提高，企业中长期外债实现提质增效，服务实体经济发展导向更加突出；人民币国际化稳步推进，在直接投资跨境收付中的份额不断扩大，由 2010 年的不到 5％逐年上升至 2019 年的近 50％。人民币被纳入特别提款权（SDR）货币篮子，国际货币地位初步奠定。

此外，中国企业走向世界的步伐更加坚定，从过往主要以原始制造、加工组装、劳务输出等较为初级的形式参与全球市场，转变为以境外投资等资本入局、组建海外公司直接"出海"等方式深度融入世界浪潮。近年来，从"Made in China（中国制造）"向"Create in China（中国创造）"，"Copy to China（中国模仿）"向"Copy from China（模仿中国）"的转变便说明了这一点。

经过多年的发展，中国已成为利用外资和境外投资大国，要继续坚持"引进来"和"走出去"并重，通过高水平双向投资高效利用全球资源要素和市场空间，完善产业链供应链保障机制，推动产业竞争力提升。一方面，以更大力度吸引和利用高质量外资，有序推进电信、互联网、教育、文化、医疗等领域相关业务开放。支持外资加大中高端制造、高新技术、传统制造转型升级、现代服务等领域和中西部地区投资，支持外资企业设立研发中心和参与承担国家科技计划项目。另一方面，鼓励更广大企业以创新境外投资方式、优化境外投资结构布局等方式走出国门，支持企业融入全球产业链供应链，提高跨国经营能力和水平。引导企业加强合规管理，防范化解境外政治、经济、安全等各类风险。完善境外生产服务网络和流通体系，加快金融、咨询、会计、法律生产性服务业国际化发展，推动中国产品、服务、技术、品牌、标准走出去。

（三）完善对外开放体制机制

一方面，在持续深化商品和要素流动型开放的同时，稳步拓展制度型开放，加快与国际规则的对接融合。健全外商投资准入前国民待遇加负面清单管理制度，进一步缩减外资准入负面清单，落实准入后国民待遇，促进内外资企业公平竞争。建立健全跨境服务贸易负面清单管理制度，健全技术贸易促进体系。稳妥推进银行、证券、保险、基金、期货等金融领域开放，深化境内外资本市场互联互通，健全合格境外投资者制度。稳慎推进人民币国际化，坚持市场驱动和企业自主选择，营造以人民币自由使用为基础的新型互利合作关系。完善出入境、海关、外汇、税收等环节管理服务。提升公共服务和行政管理水平，不断推动商事办理、通关、税收等领域的便利化水平。深度拥抱全球市场，加强营造更加开放、公平、有序的竞争环境和营商环境。

另一方面，越开放越要重视安全，着力增强自身竞争能力、开放监管能力、风险防控能力。要统筹发展和安全，构筑与更高水平开放相匹配的监管和风险防控体系。健全产业损害预警体系，丰富贸易调整援助、贸易救济等政策工具，妥善应对贸易摩擦。健全外商投资国家安全审查、反垄断审查和国家技术安全清单管理、不可靠实体清单等制度。建立重要资源和产品全球供应链风险预警系统，加强国际供应链保障合作。加强国际收支监测，保持国际收支基本平衡和外汇储备基本稳定。加强对外资产负债监测，建立健全全口径外债监管体系。完善境外投资分类分级监管体系。构建海外利益保护和风险预警防范体系。

参考文献

［1］黄赜琳，姚婷婷．市场分割与地区生产率：作用机制与经验证据［J］．财经研究，2020，46（1）：96－110．

［2］孙久文．"十四五"规划与新时代区域经济发展［J］．中国经济报告，2021（3）：98－104．

［3］魏后凯，王颂吉．中国"过度去工业化"现象剖析与理论反思［J］．中国工业经济，2019（1）：5－22．

［4］习近平．把握新发展阶段，贯彻新发展理念，构建新发展格局［EB/OL］．（2022－09－01）人民网—人民日报．

［5］张可云．新时代区域协调发展战略的内容与机制［J］．中国国情国力，2018（5）：17－19．

［6］朱鸿鸣．双循环新发展格局的内在结构与误区廓清［J］．东北财经大学学报，2020（6）：3－11．

第九章　区域均衡与区域协调发展

区域协调发展战略是以"先协调、后发展"的思路，秉持填缺补漏与创新完善的基本原则，根据前一阶段实施效果与时代发展需求所制定的渐进式战略，具有一脉相承的发展逻辑，这一战略也是在过去平衡发展以及非平衡发展下进一步总结与反思而来的具有持续生命力的重大国家战略（孙久文和张皓，2021a）。改革开放后，我国东部沿海地区抓住改革开放机遇和国际产业转移的机遇，发挥自身优势，集中发展现代制造业，实现了经济的快速发展，而中西部地区由于种种条件限制，逐步被拉开了差距。区域差距日益扩大对国民经济和人民生活都带来不利影响。党中央高度重视应对区域发展差距问题，组织力量对这一问题开展了大量研究，并提出以实施区域协调发展缓解和逐步解决区域发展差距过大问题。我国推动实施西部大开发、东北振兴、中部崛起等一系列发展战略，推动区域协调发展不断取得新的进展。党的十八大以来，以习近平同志为核心的党中央持续关注区域协调发展问题，不断做出新的形势判断和战略安排，对区域协调发展的认识不断深化。

第一节　区域协调发展战略的演进

从国际发展经验看，后发国家实现"非常落后—后发赶超—较高水平"的跃升过程，主要通过完成两项重大任务：一是经济发展水平由低向高不断攀升，这是对经济发展效率的追求；二是经济发展相对均衡，避免落差过大引发深层次经济社会矛盾，这是对社会公平的追求。然而，无论是经济发展实践，还是区域经济学理论，均证明增长极培育是实现快速增长的有效途径，但这往往以牺牲公平为代价。从经济发展水平与协调发展程度的双重维度出发，后发赶超战略导向下的区域协调发展进程呈现 U 形规律的四阶段特点，四阶段分别为低水平协调发展阶段、非协调发展阶段、转型协调发展阶段、高水平协调发展阶段。

一是低水平协调发展阶段。发展水平较低、落差并不明显是其主要特征。该阶段人民生活水平与公共服务水平普遍较低，产业结构基本以劳动密集型为主，技术结构远离全球技术前沿边界，贫困带来的社会矛盾与动荡驱使着国家迫切需要提升经济发展水平。

二是非协调发展阶段。为尽快摆脱贫困落后的局面，欠发达国家通常选择效率导向的非均衡发展路径，即选择重点地区或重点产业作为优先发展对象。这引致经济发展总量和经济发展水平快速提升，虽然技术水平仍远离前沿边界，产业结构以劳动密集型与资本密集型相结合为主，但技术引进、吸收与再创新仍然推动着技术进步。

三是转型协调发展阶段。该阶段经济发展水平明显提高，产业以资本密集型与技术密集型为主，自主创新能力逐渐增强，但距发达国家水平仍有相当距离。与此同时，地区间发展落差过大通过影响资源配置效率与社会心理行为等途径触发深层次矛盾的风险显著增加。基于此，该阶段战略导向通常由"效率"逐渐转为"兼顾效率与公平"，着力探求通过改善区域间关系挖掘经济发展潜能的有效路径。然而，在兼顾经济增长基础上，实现由不协调到协调发展的转型任务极具挑战性。

四是高水平协调发展阶段。该阶段呈现经济发展水平高、协调发展程度高的双优特征。该阶段经济发展水平已经达到发达国家水平，顺利完成赶超战略，产业结构以技术密集与知识密集型为主，技术水平贴近前沿边界，自主创新能力显著增强。在经济十分发达的条件下，该阶段以公平导向为主，通过建立更完善的区域协调发展机制与治理模式，重点扶持相对落后地区，进一步提升协调发展水平。

四阶段之间的主导性转换动力包括：由低水平协调发展阶段转向非协调发展阶段的主要动力是资源配置效率优化，是以释放地区间比较优势与发挥资源禀赋作用为核心的要素驱动，主要体现在由匀质空间向极化空间的转化，以及劳动力在产业升级过程中的转换；由非协调发展阶段向转型协调发展阶段转换的主要动力是大规模投资与技术进步，但受路径依赖与发展黏滞性影响，地区间差距在循环累积效应作用下难以收敛；由转型协调发展阶段向高水平协调发展阶段跃迁的主要动力是深化改革与创新驱动，创新驱动为经济增长总量与经济增长质量提供支撑，深化改革为区域间关系调整提供体制保障。

从区域协调发展的提出，到新发展阶段下的新协调思路，区域协调发展能够在已有研究基础上划分为六个阶段，逐步体系化、全局化和精准化，并从体制机制、基础设施、公共服务、财政支持等方面明确了具体的实践路径，极大促进了区域间协调水平的提高，更有助于在此基础上为当前构建新发展格局提供坚实的经济基础与制度保障。

一、均衡发展战略时期（1949—1977年）

中华人民共和国成立后的国际政治经济形势变化深刻影响着我国区域经济发展的空间格局。一系列国际冲突与矛盾刺激中国意识到要尽快处理好北部和南部存在的各种可能威胁，也要尽快培植建立抵抗外部经济封锁的内在实力。

从"一五"计划开始，我国区域空间发展是以均衡发展为思想，逐渐调整区域空间布局并向西推进。在这一过程中，主要以财政收入划拨和计划指令倾斜两种方式保证均衡发展战略的顺利进行。一方面是要求东部沿海的相对发达地区上缴更多的财政收入，通过转移支付以补贴西部内陆地区；另一方面是通过制订计划，如"五年发展计划"等，保障投资与基础设施建设向西部地区倾斜的力度。到改革开放前，均衡发展战略显著促进了中西部内陆地区发展，拓展了生产力发展空间，有力促进缩小区域发展差距，基本建成以重工业为主的产业体系，扶持中西部内陆地区近乎形成全产业链，更为中西部内陆地区未来经济发展奠定了坚实的战略基础。从投资总量看，"一五"时期和三线建设时期为中西部内陆地区带来了数千亿元资金，在促进重工业产业体系建立起来的基础上，建设了大批国有企业和科研单位，为中西部内陆地区的工业化发展奠定了基础。在举国上下的共同努力下，我国中西部内陆地区工业产值占全国工业总产值的比重稳步上升，从 1952 年的 30.6% 上升到 1978 年的 39.1%，基本改变了中华人民共和国成立前遗留下来的极不平衡的产业布局状况。

二、非均衡发展战略时期（1978—1994 年）

1978 年召开的党的十一届三中全会做出了"将全党工作重心转移到以经济建设为中心的社会主义现代化建设上来"的重大战略决策。国家战略总体上从过去的"以阶级斗争为纲"转变到"以经济建设为中心"，实行改革开放。如何扩大开放，打破生产力和资源制约成为当时探讨的重点。解决方案之一是通过分层次和分阶段发展区域经济，即先发展沿海等经济基础更好的地区，待其发展到一定程度后再带动内陆地区发展，这也就是"先富带后富、实现共同富裕"的战略构想。至此，均衡发展战略转变为非均衡发展战略，我国随后设立了五大经济特区和 14 个沿海开放城市，逐渐形成了沿海地区率先发展的格局。之后，追求经济发展效率和向沿海地区倾斜的非均衡发展战略成为主导中国区域空间发展的战略。从"六五"时期全国基本建设投资看，沿海地区所占比重由"五五"时期的 42.2% 提高到 47.7%，内陆地区则由 50% 下降到 46.5%，这一趋势在"七五"期间进一步强化。沿海地区凭借其区位优势、政策倾斜和自身禀赋条件，迅速成为吸引外资和经济集聚的高地，直接成为带动国家经济发展的主要动力。经过 10 多年的持续快速发展，沿海地区已经成为保持中国经济强劲增长势头的重要力量和增长极，并在经济集聚力的作用下形成了长江三角洲、珠江三角洲和环渤海经济圈。

改革开放初期，我国经济技术发展较为落后，各地区在工农业生产、交通运输、科学技术、经营管理、人均国民收入水平，以及城乡结合、各种自然资源开发利用程度等方面都还存在着较大差别，因此按照客观规律将我国空间结构划分成不同发展水平的三大经济地带，即经济发达的东部沿海地带、经济发展程度居中的中部地带和经济欠发达的西部地带，这是对沿海地区与内陆地区关系的进一步细化和突破。

三、区域协调发展战略第一阶段（1995—1999 年）

20 世纪 80 年代初期，改革开放开始启动。当时我国的区域经济维持在一种低水平的均衡状态。改革开放之初，邓小平同志就高瞻远瞩地提出了"两个大局"的区域发展战略：第一个大局是先集中发展沿海地区，内陆地区支持沿海地区的发展；第二个大局是沿海地区发展起来之后，沿海地区再支援内陆地区发展。

在当年改革开放的背景下，东部地区紧紧抓住改革开放带来的发展机遇，利用全球产业向东亚-太平洋地区进行大尺度集中转移的趋势，充分发挥劳动力成本优势，顺应向沿海倾斜的区域发展战略，使得经济迅速发展，并在沿海地区形成了我国的制造业基地，进而形成了京津冀、长三角和珠三角这三大都市圈。同时，中西部地区由于具有区位劣势，加上对外开放程度较低，经济发展滞后，逐步拉大了与东部地区的经济发展水平差距。到 1995 年，东部地区与西部地区的人均 GDP 之比扩大到了2.3∶1。

为了缓解区域差距日益扩大的趋势，自国民经济"九五"计划起，中央就提出要防止区域发展差距的扩大，主要途径就是区域协调发展。因此，从 1995 年到 2000 年这几年，是区域协调发展的提出阶段，期间学术界对于区域协调发展的内涵、主要内容等进行了探讨，特别是对中国区域发展的差距进行了研究，重点分析区域差距产生的原因，找出解决的方案（孙久文和李恒森，2017）。

四、区域协调发展战略第二阶段（2000—2012 年）

进入 21 世纪，区域协调发展进入战略构建时期。1999 年底中央决定实施西部大开发，我国的区域经济发展进入东部支援西部的新时期。据统计，从 2000 年至 2009 年，西部地区 GDP 年均增长 11.9%，高于全国同期的增速。这一时期最显著的特征，是基础设施建设取得突破性进展：青藏铁路、西气东输、西电东送、国道主干线西部路段和大型水利枢纽等一批重点工程相继建成，完成了送电到乡、油路到县等建设任务。特别是大规模的交通基础设施建设，改变了西部闭塞的状况，使物流更为通畅，人员出行更为便捷。2002 年，中央提出振兴东北等老工业基地，战略核心是对东北等老工业基地进行技术改造，提升发展能力。以国有企业的改组改制的体制机制创新也取得了很大的进展。2004 年，中央开始实施中部崛起战略，中部地区以承接产业转移为核心，发展现代制造业。因此，国家在安徽皖江城市带、重庆沿江、湖南湘南、湖北荆州等地建设国家级承接产业转移示范区，取得了明显的成效。

在西部大开发、东北振兴、中部崛起等区域发展战略实施之后，一个覆盖全部国土的区域发展战略开始形成，这就是区域发展总体战略。2004 年政府工作报告提出"要坚持推进西部大开发，振兴东北地区等老工业基地，促进中部地区崛起，鼓励东部地区加快发展，形成东中西互动、优势互补、相互促进、共同发展的新格局"，标志着全国进入区域协调发展的新阶段。

2007 年，党的十七大报告在区域发展总体战略上，加上了生态文明建设的内容，使经济与生态并列，主体功能区政策配合生态文明建设而出台。

五、区域协调发展战略第三阶段（2013—2019 年）

在党的十八大之后，习近平总书记多次强调要继续实施区域发展总体战略，促进区域协调发展。习近平总书记所强调的"区域发展总体战略"，提出区域政策和区域规划要完善、创新，特别强调要缩小政策单元，重视跨区域、次区域规划，提高区域政策精准性。提高区域政策精准性是习近平总书记狠抓落实的工作作风的一贯延续和务实作风的重要体现。多年来，我国的区域发展战略的政策单元基本上是宏观大尺度的，是对若干省区市组成的大区域进行战略指导。从顶层设计的角度讲，这种大区域的战略指导无疑是不可或缺的。但是，战略的落实需要有具体区域的规划，这就必须提高区域政策的精准性，更加有效地依据当时当地的资源条件和发展环境提出有针对性的发展路径。2013年的中央经济工作会议，中央把改善需求结构、优化产业结构、促进区域协调发展、推进城镇化作为中国经济发展的四个主攻方向，提出加大对革命老区、民族地区、边疆地区、贫困地区的扶持力度，"精准扶贫"是这一时期提出的最有代表性的扶持政策。

区域协调发展战略的另一个重要发展，是在党的十八大之后，中央推出三个经济带发展规划：京津冀协同发展战略、长江经济带发展方针和"一带一路"倡议，形成了新的区域发展战略。而后，党的十九大报告将区域协调发展战略首次提升到统领地位，区域协调发展战略开始具备以新发展理念指导中国区域经济发展的基本特征。从政策文件表述看，该阶段区域协调发展强调稳中求新，对各大板块准确谋划发展思路，从举措、改革、优势和创新等部署发展方向，不断促进各区域经济发展。虽然区域协调发展有效指导各区域凭借区内特色与发展诉求实现向更高水平递进，但是行政壁垒束缚、协调机制不完善、规划尺度过大等问题仍显著存在（夏添等，2018），继续成为阻碍区域经济发展的掣肘。为进一步解决这一系列长期存在的主要问题，推动形成优势互补高质量发展的区域经济布局，聚焦经济增长质量而非速度，健全绿色低碳循环发展的经济体系，成为后期以及未来长期关注的焦点。

六、区域协调发展战略第四阶段（2020—2035年）

面对复杂多变的国际形势对国内宏观形势的巨大冲击，中国区域经济发展亟须在顶层设计上解决发展不平衡不充分问题，推动经济高质量发展，并在各个环节、部门和领域畅通国内国际双循环链条。区域协调发展可以凭借新发展阶段的基本需求在打破原有发展矛盾与不足的基础上，强化自身发展并支撑新发展格局建设。当前，新发展格局建设既需要打通原有生产、分配、流通、消费等环节阻滞，也需要促进各区域进一步打破区划壁垒加入供需循环，"形成需求牵引供给、供给创造需求"的国民经济良性循环，以此面对新发展机遇与挑战。

"十四五"规划指出要"健全城乡要素自由流动机制，构建区域产业梯度转移格局，促进城乡区域良性互动"，并在供给、流通、进出口等多个方面提出具体要求和举措，这均能够与区域协调发展战略紧密衔接，也反映出到2035年建设成为社会主义现代化强国前，区域协调发展在新发展阶段具有了更多的现实内涵。区域协调发展战略在关键期内是以服务和推动新发展格局建设为主要内容，以国内大循环为主体，通过从生产、分配、流通、消费环节入手以弥补欠发达地区发展不足，进一步形成区域协调发展新格局，从而实现区域内部供给侧和需求侧的良性互动，并在经济循环过程中打通堵点和淤点以更好地畅通循环渠道和纽带，全面盘活社会经济再生产和高质量发展经济链条，以此为新发展格局建设奠定坚实的基础。同时，区域协调发展战略也应着力实现区域内协调和外协调的双向耦合：一方面是在区域内部协调发展过程中，要着力构建起支撑国内大循环运转的供给侧和需求侧的最优水平，从生产上提高产品质量、从分配上实现效率与公平、从流通上提高要素周转速度、从消费上满足日益增长的物质文化需求，从而在区域内部不同尺度下实现内部自协调；另一方面是在区域间协调发展过程中，要基于比较优势形成产业梯度转移与发展的基本格局，打破地方保护和行政分割，加强跨区域经济合作，从顶层设计上确保区域间利益共享共赢，通过强区域间联合和强弱区域间互补，形成区域间供给侧和需求侧的循环流转，共同形成应对国外市场和不确定性冲击的坚实共同体，释放经济高质量发展的持久动能，最终在全国层面推动形成真正意义上的国内大循环新格局。

七、小结

中国从落后经济体到世界大国的成功转型，再从世界大国到世界强国的跨越，区域发展始终是贯穿于总体的国家战略。依据区域协调发展四阶段判别标准，我国经历了低水平协调发展阶段和非协调发展阶段，已进入转型协调发展阶段，向高水平协调发展阶段跨越，任务十分艰巨。（1）均衡发展战略时期（1949—1977年）属于第一阶段——低水平协调发展阶段。该时期为新中国成立初期，经济发展水平较低，为建立战略防御型经济布局，我国着力改变工业集聚于沿海地区的状况，实施向内地推进的区域平衡发展战略。（2）不均衡发展战略时期（1978—1994年）属于第二阶段——非协调发展阶段。我国开始实施改革开放并支持东部沿海地区率先发展，国家政策、政府投资及产业布局向东部沿海地区倾斜，积累了外向型经济快速集聚要素进而带动经济飞速发展的成功经验。然而，不平衡发展战略是以牺牲公平为代价追求经济增长，因此东部沿海地区在快速崛起的同时，区域、城乡、收入等三大差距逐渐凸显。（3）区域协调发展战略第一阶段（1995—1999年）、区域协调发展战略第二阶段（2000—2012年）与区域协调发展战略第三阶段（2013—2019年）都属于转型协调发展阶段，四大板块和三大支撑带的战略组合，呈现重点地区优先与协调发展并进的特征。（4）区域协调发展战略第四阶段（2020—2035年）属于高水平协调发展阶段。

伴随着区域发展战略沿着"均衡—不均衡发展—协调"导向的演进历程，我国由落后国家一跃成为世界第二大经济体，但与此同时，基尼系数和区域间差距也显著增大。党的十九大标志着新时代区域协调发展战略期的开启，体现了兼顾公平与效率的导向，即在促进区域协调发展的基础上，实现经济增长的质量提升。如前所述，后发国家由转型协调发展阶段向高水平协调发展阶段跨越的动力主要源于深化改革与创新驱动。佩鲁主张非对称的支配关系，认为经济一旦偏离初始均衡，就会继续沿着这个方向运动，除非有外在的反方向力量推动才会回到均衡位置。这表明在原有要素分布、城市体系与空间关系条件下，既有利益格局和行政藩篱难以打破，亟待机制体制创新，为协调地区间利益关系与分配格局提供制度保障。

第二节 区域协调发展战略的内涵及内容

一、区域协调发展战略的理论内涵

区域协调发展战略是在马克思主义经济学和习近平新时代中国特色社会主义经济思想指导下的区域经济研究的最新发展，有着坚实的理论基础和明确的理论标准。

(一) 区域协调发展的理论标准

"协调"的含义是"配合适当、步调一致"。所谓协调发展，就是促进有关发展各系统的均衡、协调，充分发挥各要素的优势和潜力，使每个发展要素均满足其他发展要素的要求，发挥整体功能，实现经济社会持续、均衡、健康发展。

从理论上讲，协调发展反映的是人们对市场经济规律的认识，是把经济规律和自然规律结合起来以认识客观世界的实践总结。在全面建设小康社会的进程中，坚持协调发展，就是要自觉地纠正一些地区和领域出现的重经济增长、轻社会进步，重效率、轻公平，重物质成果、轻人本价值，重眼前利益、轻长远福祉，重局部、轻全局的倾向，避免造成经济社会发展的失衡。实现经济社会可持续发展的战略目标，不是单纯追求 GDP 的增长，而是在经济发展的基础上提升全体人民的福利（孙久文，2018）。

从区域发展的宏观目标出发，区域协调发展的理论标准如下。第一，缩小并最终消除区域发展差距。现阶段促进区域协调发展的一项首要任务，就是遏制地区间人均生产总值扩大的趋势，并努力使之保持在一个适度的范围内，在实现平衡发展的过程中将其逐步缩小。第二，实现区域间公共服务的适度均衡。包括义务教育、公共卫生、基本医疗、社会保障、劳动就业、扶贫开发、防灾减灾、公共安全、公共文化等基本公共服务，不应因地区的不同、人群的不同而有明显的差异。第三，实现地区间发展机会的均等。包括资源开发、企业进入、基础设施、城市建设、乡村振兴等方面的机会均等，使各地区的比较优势都能够得到合理有效的发挥，有效消除区域间的利益冲突，促进区域间优势互补、互利互惠。第四，实现人口、资源与环境的可持续发展。习近平总书记的"绿水青山就是金山银山"的理论，从根本上讲清楚了人口、资源与环境和谐发展的质的规定性，只有让人与自然关系处于和谐状态，才能真正做到区域可持续发展（范恒山等，2012）。

(二) 协调发展的区域经济学特征

如果我们把协调发展作为区域经济的一种形态，那么，协调发展在区域经济学上具有空间性、功能性、动态性和综合性等基本特征。

1. 区域协调发展的空间性特征

从区域经济的理论出发，区域经济是特定区域的经济活动和经济关系的总和。如果我们把全国的国民经济看作一个整体，那么区域经济就是整体的一个部分（赫特纳，1982），是国民经济整体不断分解为局部的结果。对于国家的经济来说，整体系统涵盖了部门体系，也涵盖了区域体系。区域是它的一个实体，是一个子系统。区域体系是由无数个区域实体组成的，而且每一个实体都有其自身的特点和运行规律。我们把国家宏观经济管理职能下面的、按照地域范围划分的经济实体及其运行，都看作区域经济的运行。

区域协调发展的空间性特征表明，不能抛开区域与国家的关系而孤立考虑区域的发展，也不能用每一个区域经济增长的叠加来计算国民经济整体的增长。正确处理区域与国家的关系和区域之间的关系，是促进区域协调发展的重要原则。

2. 区域协调发展的功能性特征

区域协调发展的功能性主要通过区域定位来体现。也就是说，我们把国民经济看作一个完整的区域系统，根据区域协调发展的要求，各区域的发展必须有一个明确的区域定位，规定该区域在区域系统中扮演的角色。区域定位展示出一个区域的功能特点，找出区域的产业优势和区域的资源优势，形成主导产业，确立规划、战略和政策配套。

区域协调发展的功能性在区域产业发展中的表现，就是在产业发展的过程中形成区域产业功能结构。这个结构是由主导产业、辅助产业和基础产业共同组成的，功能结构的优化也是区域产业结构优化的重要内容。

3. 区域协调发展的动态性特征

在国家的区域发展中，有的地区水平高些，有的地区水平低些，有的地区发展快些，有的地区发展慢些，并且在不断的变化当中，区域经济的动态性特征是明显存在的。区域协调发展理论为我们提供的是如何正确处理公平与效率的问题：把生产要素投到发达地区，效率高些，地区间的差距拉大；投到落后地区，可缩小差距，但又可能会影响效率。所以，如果一项区域发展政策能够实现区域的帕累托改进，这项政策就是可行的。

新时代的区域经济应当更加强调公平发展。区域协调发展正是对区域发展导向的调整和干预，旨在树立整体协调的区域之间的发展关系。

4. 区域协调发展的综合性特征

协调发展是区域发展综合性的一种体现。解决区域发展中存在的问题，需要对区域发展的方方面面统筹兼顾，形成各类综合体。区域的发展不能仅仅对统计意义上的整体做贡献，还要真正惠及由各个区域组成的有机整体。

新时代的区域协调发展战略，最大的特点就是增强了区域发展的综合性。通过区域协调发展战略来引领四大板块之间、经济带之间、城乡之间、类型区之间的发展关系，将区域发展与国民经济发展更加紧密地结合在一起。

二、新时代区域协调发展战略的核心内容

区域协调发展战略的核心内容，是要有效发挥区域优势，正确处理区域关系，形

成要素有序自由流动、基本公共服务均等、资源环境可承载的区域发展新格局。

(一) 区域经济发展战略的提升与完善

多年来，我国制定了大量的区域规划和发展战略，从大的地域性发展战略到国家级的各类区域的规划，对我国的区域发展起到了重大的效果。特别是当前，这些规划都到了规划成效的显示时期，对这些规划的总结、提升与完善，是区域协调发展的重要任务之一。

区域发展总体战略是以"四大板块"的协调为基础的，中心是以地理位置并考虑行政区所形成的"政策覆盖区"的协调发展，强调的是对区域板块的政策指导和发展定位，所以没有过多考虑区域板块之间的经济联系（魏后凯，2008）。因此在全面高效指导我国地区经济的协调发展中，迫切需要加强板块之间的联系。2014年中央经济工作会议指出：要完善区域政策，促进各地区协调发展、协同发展、共同发展。要重点实施"一带一路"倡议、京津冀协同发展战略、长江经济带发展方针。经济带战略，恰恰就是从加强区域经济联系的角度进行的政策设计（白永秀和王颂吉，2014）。所以，区域协调发展战略是在继承区域发展总体战略基础上的完善与具体化，是新时代中国区域经济发展的统领性战略。

从板块和类型区协调向全面协调转变，从地域上实现全覆盖，在实施中划定重点区和经济带，对特殊区域采取特殊具体政策，不断细化区域规划使之更有针对性，这就是新时代区域协调发展战略的最大特点。

(二) 完善促进区域协调发展的体制机制

经过40多年的改革开放和多年的高速发展，我国每个区域都获得了长足的进步，但区域之间的关系始终存在不协调的状况。新时代区域协调发展战略的重要任务之一，是构建完善的促进区域发展的体制机制。

首先是协同发展机制。当前协同发展的主要区域是京津冀地区。京津冀地区是国家最重要的畿辅地区，但京津冀地区一体化发展远未形成。2014年2月26日，习近平总书记在北京主持召开座谈会，专题听取京津冀协同发展工作汇报并做重要讲话，强调实现京津冀协同发展，是面向未来打造新的首都经济圈、推进区域发展体制机制创新的需要。推动区域协同发展的关键是形成协同发展的机制，包括城市、交通、生态、产业等各个方面，都需要有区域协同的发展机制。

其次是区域经济一体化机制。当前区域经济一体化最成熟的是粤港澳大湾区。区域经济的一体化是包括商品贸易、基础设施、要素流动和政策设计等多个方面的一体化，要有统一的领导，编制一体化的发展规划，制定相关的发展政策，用来推动资本、技术、产权、人才、劳动力等生产要素的自由流动和优化配置。

最后是区域合作机制。长三角地区的区域合作是全国的典范。在建立地区党政主要领导定期会晤机制的基础上，进一步探索建立有组织、可操作的专项议事制度，积极推动各类经贸活动的开展。加强政策的统一性和协调性，消除市场壁垒，规范市场秩序，形成良好的政策环境和发展条件。

（三）构建精准性的政策体系和可操作的政策平台

为了提高政策的精准性，全方位、多层次的协调发展需要有与之相适应的政策平台。经过多年的实践，我国管理区域政策平台的经验已经日臻成熟。国家发改委等有关部门近10年来出台了数十个发展规划和区域发展的"指导意见"，取得了显著的效果。

但不可否认的是，当前随着区域经济发展态势的变化，政策范围过宽、各类政策不连贯、政策功能不明确的问题开始显现。例如：开发区政策、国家级新区政策、综合配套改革试验区政策与主体功能区政策之间的联系比较少，有些地方甚至存在一定的冲突。所以，建立统一规范、层次明晰、功能精准的区域政策体系，是从全局性和区域性出发推进区域协调发展的重要途径。发挥区域政策在宏观调控政策体系中的积极作用，可以加强区域政策与财政、货币、产业、投资等政策的协调配合，突出宏观调控政策的空间属性，提高区域政策的精准性和有效性。

优化区域创新与发展平台。我国当前经济增长动力正在发生转换，实施区域协调发展战略需要培育区域经济新动能，需要改革区域创新的体制机制，而这些动能的转化落实在实践上，就是要进一步完善各类发展平台。具体措施：一是激发活力，以体制机制改革促进经济活力迸发，以科技创新促进生产能力提升；二是拓展空间范围，让这些平台更多地向中西部地区、革命老区、边疆地区、贫困地区延伸，使这些政策资源匮乏的区域获得加快发展的政策资源；三是自身优化，当前这些平台的发展参差不齐，对区域发展起到的作用也差别很大，而自身优化的核心是调动发展能力，提升产业层次，拓展产业规模。

加强区域规划的权威性和操作性。区域规划是充分发挥地域优势、谋划区域未来发展的纲领性文件。多年来，我国的区域规划已经成为区域发展、产业选择和项目安排的依据。然而，并不是所有的区域规划都能够得到有效的实施，原因就在于有些规划不具有权威性和可操作性。从我国目前的情况来看，区域发展最需要加强规划的是跨行政区的区域发展，而恰恰是这类"合作区"的规划最难实施。难点就在于行政区的利益难以协调。做好区域规划与相关规划的衔接配合，真正实现"多规合一"，做到"一张蓝图绘到底"，不因地方政府换届而造成政策多变，保持政策连贯性。

（四）保障国家和区域生态安全

推进生态文明建设是新时期区域发展的重要组成部分，是区域可持续发展的重要保障。习近平总书记十分重视生态文明建设，多次指出建设生态文明，关系人民福祉，关乎民族未来。把生态文明提高到民族生存的高度来认识，是从来没有过的，也体现了习近平总书记在区域发展上的高瞻远瞩。

我国国土面积广大，生态环境多种多样，同时历史遗留的环境问题较为严重，建设生态文明的任务十分繁重。对于如何推进生态文明建设，应当从着力树立生态观念、完善生态制度、维护生态安全、优化生态环境，形成节约资源和保护环境的空间格局、产业结构、生产方式、生活方式等方面形成基本的思路。必须树立尊重自然、顺应自然、保护自然的生态文明理念，坚持节约资源和保护环境的基本国策，坚持节约优先、保护优先、自然恢复为主的方针。

经济发展同生态环境保护的关系历来是十分复杂和难以处理的关系。牢固树立保护生态环境就是保护生产力、改善生态环境就是发展生产力的理念，更加自觉地推动绿色发展、循环发展、低碳发展，绝不以牺牲环境为代价去换取一时的经济增长。这种理念突出地反映了我国对区域发展的新思路，这种思路是可持续发展的最高理念。

第三节　区域协调发展的实施重点

一、四大板块

"十一五"规划在三大经济带划分的基础上对我国区域发展的空间格局进一步细化，开始实行"四大板块"划分方式。在完善"十五"时期相继实施的区域发展战略的基础上，提出了"坚持实施推进西部大开发，振兴东北地区等老工业基地，促进中部地区崛起，鼓励东部地区率先发展"的区域发展总体战略。相较三大经济带的划分，四大板块是对既有划分方式的进一步升级和优化，致力于实现各地区的共同发展和繁荣，是全面完整的区域发展战略。东部率先、西部开发、中部崛起和东北振兴的"四大板块"区域发展格局，与局域性发展战略相比，涉及地域空间范围更广，合作内容更全。

（一）西部大开发

1999年9月，西部大开发战略首次被提出，并强调这直接关系到扩大内需、促进经济增长，关系到东西部协调发展和最终实现共同富裕的重大问题，上升到了重要战略高度。西部地区由于地理环境特殊，无法充分发挥资源禀赋优势以促进民生改善和经济发展，需要通过在国家战略的帮扶和指导下从基础设施、工程建设、资金投入等方面努力改善其发展困境。从1999年到2008年，西部地区经济增速从原先的4.82%上升至22.91%，直观反映出西部地区发生了巨大变化；同时西部地区的全社会固定资产投资在十年间增长了5.8倍，年均增长高达23.8%，增速位居四大板块之首。高速增长的投资推动西部地区经济社会进入快速发展时期，特别是进入新时代以来，西部地区经济增速位居全国前列，增速位居全国前三的省份分别为西藏、贵州、云南，均来自西部地区。虽然西部大开发取得诸多成效，改变了地区绝对落后的局面，但同其他地区相比，西部地区的基础设施、产业结构、供需结构等仍具有较大的待改进空间（孙久文，2020）。2020年，《关于新时代推进西部大开发形成新格局的指导意见》发布，指出要推动西部地区形成大保护、大开发、高质量发展的新格局，指明了新时代西部大开发的新方向、新要求和新思路，更是在当前百年未有之大变局下立足西部地区的实际发展水平而制定的全局性新动向，对未来西部地区发展具有格外重要的意义。

（二）振兴东北

东北老工业基地是新中国工业的摇篮，具有雄厚的工业基础和巨大的发展潜力。20世纪90年代以前，东北地区一直是我国工业经济最发达的地区之一，为国家经济建设做出了巨大贡献。但改革开放后市场经济同本地体制机制不相匹配，导致东北地区发展速度减缓，甚至出现负增长。

"十一五"规划曾指出，"东北地区要加快产业结构调整和国有企业改革改组改造，在改革开放中实现振兴"。围绕这一思路，东北地区以加快东北等老工业基地振兴为主要内容，积极扭转地区经济增长为负的衰退态势，通过完善体制机制，深入推进"放管服"改革，积极创造开放、包容、法制的政策与市场环境，着力优化营商环境。同时，党的十九大明确提出，要深化改革，加快东北等老工业基地振兴；"十四五"规划中也指出要推动东北振兴取得新突破。东北地区要以推动新旧动能转换实现高质量发展为目标，更加注重激发内生动力，更加注重分类精准施策，推动已出台的各项政策举措落地生根，结合新时代新要求研究新的支持东北振兴的政策，推动东北地区依靠更大力度的改革创新更好发挥自身优势，加快振兴步伐。2020年，东北三省经济增长均为正，吉林增速最高，为2.4%，其他主要经济指标基本平稳，经济发展总体持续呈现回升态势。

（三）中部崛起

中部地区主要包括山西、河南、湖北、湖南、安徽、江西等六省份，是连接东、西两大板块的重要过渡带。2006年，有关中部崛起的一系列政策文件接连出台，"十一五"规划也指出中部地区要通过在推进工业化和城镇化、提升产业层次、承东启西中发展优势实现崛起。此后，关于中部崛起的具体实施方法和比照西部大开发和东北振兴的具体细则陆续发布，有力促进了中部地区发展。

中部地区右邻东部沿海地区，独特的地理位置决定了其在改革开放初期既不是开放战略下的优先发展区域，也不是承接国外产业转移的重地。在这种背景下，中部地区还是凭借着新中国成立以来三线建设时期对交通能源、基础工业及国防工业体系的战略性建设基础而得到了较快发展。从1978年到2020年，中部地区各省份经济增速除安徽和河南两省份外均低于全国平均水平，整体增速位居全国中等。分阶段看，改革开放和经济转轨期间，特别是在市场经济体制改革后的一段时间，中部地区经济增速位居全国前列，反映出地区经济具有较为强劲的增长实力和潜力。进入新时代以来，面对复杂的国内外形势，虽然山西经济增速水平处在5%左右的相对较低水平，但中部地区其余省份均高于平均水平，这一方面是对前一阶段经济增长实力的延续，另一方面更说明中部地区具有经济增长内生动力，能够在百年未有之大变局中继续源源不断地提供高质量的原动力。到2020年，中部地区生产总值占全国总量比重为21.95%。自2015年以来（除2020年），中部地区的年均地区生产总值增速位居四大板块之首，反映出中部地区已逐渐形成一定的内生动力，但仍需提高经济韧性，提高面对巨大负外部冲击时的抵抗力。

（四）东部率先发展

东部地区包括除广西和辽宁以外的所有沿海地区，独特的区位优势和在过去政策倾斜下获得的良好发展基础，使得东部地区成为我国经济发展的重要主体。2020 年，东部地区生产总值占全国的比重达到 51.93%，比 1978 年提升了 8.3 个百分点，同时，东部地区 1978—2020 年经济增速位居四大板块之首，比中部、西部、东北地区分别高 0.37、0.38 和 2.91 个百分点。从人均水平看，东部地区更具有绝对领先优势。其中，2020 年东部地区人均地区生产总值约为 15 722.11 美元，已高于世界银行定义的高收入国家为 12 736 美元的门槛，反映出东部地区居民生活水平和福利待遇已向高收入地区靠拢并领先于其他板块。分省份看，福建、广东和浙江三个东南沿海省份抓住改革开放的机遇和红利，GDP 绝对值增长超过了 400 倍，从原先经济水平较低的省份成为地区生产总值位居全国前列的重点省份。

东部地区经济发展迅速除了得益于区位优势创造了众多发展机遇以外，还因为东部地区港口运输业独具优势，能够通过发展外向型经济承接国外产业转移和技术转移，依托政策激励和劳动力优势，在改革开放初期成为制造业发展重心，并在国外贸易中年年创新高。此后，东部地区通过产业转移，集中力量发展高技术产业和服务业，地区产业结构不断优化，成为现代服务业、现代制造业、现代科技创新的中心，进一步成为高端、高质量、高水平的经济集聚重地，对推动我国国民经济高质量发展起到了重要作用。

二、区域重大战略

区域重大战略正式提出于"十四五"规划中，分别是"加快推进京津冀协同发展、全面推进长江经济带发展、积极稳妥推进粤港澳大湾区建设、提升长三角一体化发展水平、扎实推进黄河流域生态保护和高质量发展"，这是根据已有的客观事实为下一步发展指明了方向。随着黄河流域生态保护与高质量发展的提出，五大战略基本涵盖了四大板块下的多个区域，相对弥补了以前西部地区政策洼地的困境，有利于形成互为补充、互相合作、互动配合的区域协调发展新模式。

（一）推动京津冀协同发展

随着京津冀协同发展战略在区域空间一体化、交通、生态、公共服务等多领域取得诸多进展后，紧抓疏解北京非首都功能、推动管理体制创新、提高科技创新实力、加快交通运输建设、加强大气污染保护成为"十四五"时期加快推进京津冀协同发展的基本方向。京津冀协同发展能够更好地在处理好京津关系的基础上实现地区内部产业转移，推动河北各地形成内生动力，最终实现一体化（孙久文和张皓，2021b）。2017 年，河北雄安新区和北京城市副中心陆续建造设计，开始探寻有效治理"大城市病"的优化开发模式。当前，京津冀二元问题已逐渐好转，三地产业分工更加趋于合理，协同创新网络初步形成，公共服务水平总体提升，但仍需进一步完善协同治理顶层设计，实现三地协同发展。

（二）推进长江经济带发展

长江经济带是贯穿我国东、中、西三大地带的横向经济带，经济带内环境、人文、产业等发展背景和禀赋存在较大差异，据此也在长江上中下游形成了各具特色的城市群都市圈，起到了促进经济带发展的重要作用。长江经济带包括成渝双城经济圈、长江中游城市群和长江三角洲城市群，各区域均对周边地区发展起到了辐射带动作用。2020年，长江经济带经济总量占全国的比重已突破46%，交通运输建设成果突出，与"一带一路"建设融合程度更高，生态环境保护取得显著进展。"十四五"规划指出，要继续坚持生态优先、绿色发展和共抓大保护、不搞大开发，协同推动生态环境保护和经济发展，打造人与自然和谐共生的美丽中国样板。长江经济带将会在生态环境保护为主的背景下构建绿色产业体系，实现经济绿色高质量发展。

（三）推进粤港澳大湾区建设

粤港澳大湾区作为我国开放程度最高和经济活力最强的区域之一，对丰富"一国两制"发展内涵，成为世界级城市群典范具有重要意义。目前，粤港澳大湾区经济活力强劲、科技创新能力高、产业结构不断优化、生态环境逐渐优化，区域经济发展质量高、效益好，有力保障了地区居民生活水平和福利待遇。作为粤港澳三地互相合作搭建起来的平台，在"一国两制"基础上积极稳妥地探索三地规则衔接和机制对接是需要长期探索的问题。同时，粤港澳三地各具优势，分别在产业、教育、旅游等方面独具特色，需要加强三地产学研协同发展，加快城际铁路建设和通关模式改革，实现人员、货物、车辆等便捷高效流动，推动大湾区经济进一步提高。

（四）提升长三角一体化发展水平

长三角是一体化发展程度、国际化发展水平、现代化建设质量较高的地区。在2020年各省份经济总量排名中，长三角的苏浙沪三省份稳居全国十强，其中江苏省GDP首次突破十万亿元，位居全国第二；2020年跨入万亿元俱乐部的长三角城市也已达到8个，说明长三角地区在不断加强区域合作的基础上，充分发挥优势潜力，具有抵抗外部风险的强劲韧性。随着长三角区域经济发展实力持续提高，如何在继续保证区域科技、人才、交通等发展质量的基础上起到辐射带动全国发展的作用是长三角地区未来继续深化的关键内容（王梓利和林晓言，2021）。目前来看，长三角地区已加快建设长三角G60科创走廊和沿沪宁产业创新带，加强轨道运输和港口航运建设，并运用上海自贸试验区优势更好更快地发挥经济集聚功能，实现绿色一体化发展。

（五）推进黄河流域生态保护和高质量发展

黄河流域生态保护与高质量发展是有效保护水资源和生态环境的重要举措，对促进中西部相对落后地区发展也具有重要作用。黄河流域虽然在生态环境上存在着脆弱性，但从本质上看这种脆弱性与水源和土壤有着必然联系，从而导致人口集聚或产业发展存在诸多问题，极大限制了地区发展。在此背景下，以生态文明建设为指导，重点实施保护水资源和生态环境，实现人地和谐成为这一战略实施的前提与共识。扎实推进黄河流域生态保护和高质量发展除了是以生态为先开展经济活动，也是强调促进城镇、生态和农业发展要基于充实的前期发展评价和承载力评价等来确定具体的发展模式，从而实现绿色高质量发展。

三、陆海统筹

在中国，陆海统筹最早出现于 2004 年，由最初的陆海经济协同互动发展逐步演化为生态、环境、经济、资源、交通、防灾、文化、权益等多维度的综合协调。"十二五"规划中明确提出，将发展海洋经济、建设海洋强国放在战略的高度（李彦平等，2021）。"十四五"规划特别强调了积极拓展海洋经济发展空间，包括：建设现代海洋产业体系，关键是突破核心技术；打造可持续海洋生态环境，提出一个指标是自然岸线不低于 35％；深度参与全球海洋治理，表明党比历史上的任何时期都更加重视远洋的治理和开发的参与，重点强调了北极问题、南极问题、海洋立法问题。

在过去，中国建立了包含主体功能区规划、土地利用总体规划、城乡规划和海洋功能区划、海岛保护规划等陆海多规并存的规划体系。由于在空间发展战略、规划边界、空间安排、空间分类标准、规划管理与编制主体等各方面存在较大差异，沿海地区国土空间规划落实陆海统筹存在较大难度，制约了海岸带国土空间治理水平和能力的提升。

党的十九大报告从战略高度对海洋事业发展做出了重要部署，明确指出要"坚持陆海统筹，加快建设海洋强国"。在当前的国际局势下，继续推动陆海统筹战略，必须统筹海洋维权与周边稳定，统筹近海资源开发与远洋空间拓展，统筹海洋产业结构优化与产业布局调整，统筹海洋经济总量与质量提升，统筹海洋资源与生态环境保护，统筹海洋开发强度与利用时序，并以此作为制定国家海洋战略和制定海洋经济政策的基本依据。

2019 年 5 月，《中共中央、国务院关于建立国土空间规划体系并监督实施的若干意见》印发实施。对于沿海地区，此次规划变革的显著变化就是将陆地和海洋两大空间地理单元共同纳入"一张图"中。由此，中国从顶层设计层面实现了国土空间规划的陆海统筹。在国土空间规划语境下，陆海统筹就是对陆地和海洋两大地理单元的空间利用活动进行统一谋划和安排，使陆地和海洋作为一个整体协调发展。

四、三大空间格局

区域协调发展战略仍将继续成为影响中国区域经济发展的重要指导，对促进缩小区域发展差距、推动基本公共服务均等化、实现人民共同富裕起到重要作用。结合当前新阶段构建新发展格局的现实需求，区域协调发展战略不仅要继续深入推进板块发展战略和支持特殊类型地区经济发展以在发展中促进相对平衡，而且要通过缩小区域发展差距形成支撑新发展格局建设的宏观保障，以国内大循环为重点，从生产、分配、流通、消费等多渠道畅通循环路径，辅以加强国内外双循环建设，从而在螺旋式上升过程中向形成新发展格局进阶。

现有区域协调发展战略的政策框架已在区域协调机构、政策作用对象、政策工具利用等方面具有一定指向性和目标性，为缩小区域发展差距提供了有效途径。从现有区域经济布局来看，目前已形成了以四大板块为基础，以五大区域重大战略为引领的基本布局。在新发展格局背景下，需要在既有区域经济布局的基础上进一步谋划建设以国内大循环为主体、国内国际双循环相互促进为原则的支持跨省份和跨区域联动的区域经济合作体系，打破过去板块划分下的区域间隐性独立关系，弱化行政区划界限，强化对覆盖地区的对内政策支持力度和对外贸易交流平台建设。总之，在新发展格局下实现经济循环强有力发展，需要基于实际发展需要，以产业链、流域、政治需求形成独特的经济带、城市群等，形成多级空间尺度下具有承上启下相互作用关系的区域协调发展新体系，优化国土空间布局，形成创新平台和新增长极，为进一步缩小区域发展差距提供可能，促进新发展格局建设。

如果说区域协调发展战略是最大空间尺度的区域空间战略，那么"十四五"规划所提出的城市化地区、农产品主产区、生态功能区三大空间格局是较小尺度下的协调发展新实践。三大空间格局的适时提出也为区域协调发展和新发展格局构建起到了承上启下的中介作用：一方面，三大空间格局的提出表明了国土空间治理的目标主要是在重塑与调整空间格局的基础上实现国土空间的主体功能明显、优势互补和高质量发展，在高效归类和利用国土空间的过程中推进区域协调发展和新发展格局建设；另一方面，三大空间格局也可以成为在区域协调发展战略关键期畅通经济循环路径的重要枢纽，基于不同空间格局的治理目标形成盘活要素资源流动的循环发展大势，从而能够推动区域协调发展，更好地缩小区域发展差距，搭建起生产、分配、流通、消费循环往复运转的中介平台，有效构建起新发展格局。

在新发展格局下，如何实现三大空间格局的协调发展，使其服务于区域协调发展战略，并有助于促进缩小区域发展差距和加快构建新发展格局，需要基于三大空间格局的基本特征与共通之处激发其发展潜力。从个体看分为三点。（1）城市化地区要实现经济发展与生态宜居的双向需求，进一步打破城乡二元户籍体制限制以创造人口迁移的有力制度环境，加强人口集聚。也要加快转变经济增长方式，以人为本优化经济结构和城市空间结构，调整和升级城市产业结构与布局，形成经济效率高、生产条件优、集聚度高的基本环境，提供充足的工业品和服务产品，从而在供给侧和需求侧形成支撑经济循环发展与具有比较优势的效益链条，最终成为推动区域经济高质量发展、体现国家竞争力和支撑新发展格局的基本主体。（2）农产品地区需要在强化国家粮食安全责任意识和永久基本农田保护红线不可逾越的原则下，通过施行乡村振兴战略等促进优化农业生产布局，加快农业科技投入与推广，提供高质量商品以满足人民群众的基本生活需求，推动商贸流通标准化建设和要素流动。（3）生态功能区要完善生态文明建设与可持续发展，划定生态保护红线和生态保护空间，坚定不移地保护和恢复自然生态系统，综合治理和预防自然生态问题，用"绿水青山就是金山银山"的绿色发展理念实现人与自然和谐共处，同时也要为发展旅游服务业加强基本生活和交通运输等条件的建设，提高吸引力，实现生态经济循环发展。

从三大空间格局的新协调发展视角看，形成城市化地区高质量发展、农产品地区供给基本生活产品、生态功能区提供物质文化环境的协调和循环关系，是在区域协调发展战略框架外的另一协调格局，能够起到辅助区域协调发展水平提高的重要作用，更能在区域经济的生产、分配、流通、消费环节的阻滞被逐一打破的前提下，畅通国内大循环并促进国内国际双循环。同时，区域协调发展的目标之一"人民生活水平大体相当"，反映出要在缩小区域发展差距的基础上实现人的共同富裕，这也就意味着人是区域协调发展中的重要主体，说明人口集聚的城市化地区应在区域协调发展和三大空间格局中居于主要地位。基于此，城市化地区要在具有粮食安全责任意识和生态文明思想共识的基础上带动农业生产区和生态功能区发展，形成"以一牵二"的协调态势，并通过以城市化地区为主参与国内大循环来带动其他地区的发展。为此需要做到以下5点：（1）城市化地区要同农产品地区和生态功能区建立沟通有效的合作制度，在城乡一体化和城市集聚化过程中保护耕地与生态环境，满足人民日益增长的美好生活需要。（2）农产品地区和生态功能区要加强区内人口素质和劳动力基本服务质量，促进新兴旅游休闲业等的发展，吸引城市化地区人口游赏，从而形成长期的循环互动。（3）农产品地区在农业生产中要加强科技兴农和富农意识，通过与城市化地区的科技合作，以乡村振兴建设标准化农田、智慧化农业和现代化示范基地。（4）生态功能区加大保护与修复生态系统，基于地区特色建立具有差异化的自然保护体系，实现绿色环保化和效益化。（5）优化三大空间格局的基础设施建设，促进基本公共服务均等化与通达程度提高，保证各区域人民生活水平相对平衡，创造实现供给侧和需求侧在各空间格局内及各空间格局之间相对的动态均衡。新发展格局下的区域协调发展就是以区域重大战略为引领，增强三大空间格局的人口、资源和环境承载力，促进缩小区域发展差距，强化生产要素自由流动和资源优化配置，打通生产、分配、流通、消费阻滞，以改革谋求新发展格局建设。

总之，新发展格局下区域协调发展具有了更高要求和新使命，深入实施区域协调发展战略就是要抓住各区域发展特色与经济发展优势，继续坚持建立统一规范、层次明晰、功能精准的区域战略体系。政府也要继续扮演好引导者的角色并基于战略需要精准布局，在基础设施、公共服务、财政金融、区域利益等方面做到优化和平衡，深入与简化并存，为区域协调发展新机制的实施创造良好的软环境和经济循环基础，以便形成区域协调发展的最优合力，从而促进缩小区域发展差距，推动构建新发展格局。

参考文献

［1］白永秀，王颂吉．丝绸之路经济带的纵深背景与地缘战略［J］．改革，2014（3）：64-73.

［2］范恒山，孙久文，陈宣庆．中国区域协调发展研究［M］．北京：商务印书馆，2012.

［3］赫特纳．地理学［M］．北京：商务印书馆，1982.

［4］李彦平，刘大海，罗添．国土空间规划中陆海统筹的内在逻辑和深化方向：基于复合系统论视角［J］．地理研究，2021（7）：1902-1916.

［5］孙久文，李恒森．我国区域经济演进轨迹及其总体趋势［J］．改革，2017（7）：18－29.

［6］孙久文，张皓．新发展格局下中国区域差距演变与协调发展研究［J］．经济学家，2021a（7）：63－72.

［7］孙久文，张皓．京津冀区域经济合作的优化与拓展［J］．前线，2021b（6）：61－64.

［8］孙久文．论新时代区域协调发展战略的发展与创新［J］．国家行政学院学报，2018，115（4）：109－114＋151.

［9］孙久文．探寻新时代西部大开发2.0的新方位［J］．人民论坛，2020（26）：42－45.

［10］王梓利，林晓言．交通基础设施如何促进区域金融发展：基于广义运输成本传导机制的检验［J］．江西财经大学学报，2021（1）：43－54.

［11］魏后凯．改革开放30年中国区域经济的变迁［J］．经济学动态，2008（5）：9－16.

［12］夏添，孙久文，林文贵．中国行政区经济与区域经济的发展述评：兼论我国区域经济学的发展方向［J］．经济学家，2018（8）：94－104.

第十章　新型城镇化全面助推乡村振兴

如图 10-1 所示，在很长的一段时间内，我国的城镇化进程保持着较高的增长速度。"十三五"时期，我国的常住人口城镇化率提高了约 4.5 个百分点，截至 2020 年，我国的城镇化率已经突破 60%，接近 64%，超过全球约 55% 的平均水平。从理论的视角来审视我国的城镇化进程，可以发现，我国正处于诺瑟姆 S 形曲线中加速阶段的后半段，经济社会活动仍在持续向城市集聚，新型城镇化仍有较大的推进空间。

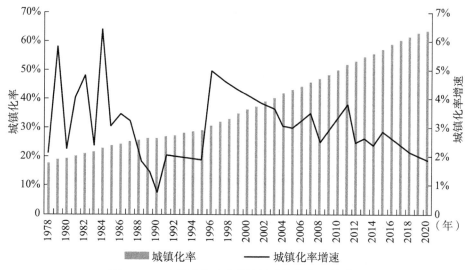

图 10-1　改革开放以来我国的城镇化率及其增速

数据来源：EPS 数据库。

第一节　新型城镇化的内涵和作用机制

城镇化是一个广义的概念，包括人口城镇化、空间城镇化、经济城镇化、社会城镇化等具体形态。改革开放以来，伴随城乡二元户籍制度的解绑，人口向城市集聚的速度日益加快，为城市经济建设提供了充足的劳动力。但是，在以人口城镇化为导向的宏观背景下，人口集聚速度超过城市承载力的弊端开始显现。一方面，人口持续聚集带来的基本公共服务需求超过了城市的供给能力，城镇化质量降低；另一方面，快速的人口城镇化引发了城市常住人口素质结构的失衡，人口素质、生活方式以及文化理念的城镇化进度落后。树立以人为核心的城镇化理念，可以有效提高我国的城市质量，培育城市持续发展的内生动力。

一、新型城镇化的内涵

经济社会发展的最终目的是人的全面发展，因此，以人为本应该是城镇化进程的题中应有之义，就是在城镇化的过程中将人的要素放在突出位置，围绕人的生存权和发展权来推进城镇化进程。

因此，以人为本的城镇化的基本内涵可以概括为四个方面的内容：一是外来人口市民化的进程，即城镇常住人口和户籍人口数量的增加，或城镇常住人口和户籍人口的占比增加；二是人口的稳定与发展，即人口素质的改善和提高，如受过高等教育和职业教育的城镇人口的比重的提高，保证市民拥有稳定就业，城市产业有适配的劳动力供给；三是发展环境的持续改善，既包括健康、舒适友好的生活环境，也包括避免高消耗、浪费、高环境成本的生活方式；四是基本公共服务水平不断提升，社会保障体系的健全是以人为本的城镇化的关键，这种保障体系应该将常住人口，尤其是进城务工的农民工群体纳入其中，保证不同区域基本城市公共服务质量在不断提高的前提下保持相对的均等化。

二、新型城镇化的作用机制

以人为本的城镇化，强调提升市民在城市治理的参与度、公民权利的均等化，以及注重系统的城镇化目标、多元的城镇文化和包容的城镇政策。

在城市治理方式上，注重引入居民的力量，充分参考他们的意见和利益诉求，政府职能由主导城市建设转为服务城市发展；在发展理念上，坚持公民权利均等化，这种均等不仅是市民身份与政治权利的均等，更是在基本公共服务、社会保障、生存、发展与参与等方面具有均等的权益；在城市发展目标上，根据各城市所处区域的发展条件，有差异、逐步地推进人口城镇化的进程，但是要保证与市民在公共物品、城市服务、社保保障等方面保持均等、均质；在城镇文化方面，应该倡导多元发展，以科学发展观为指导，把城乡产业互融发展作为城镇化建设的重要支撑，积极消除歧视性、非均等化的制度壁垒，不断推进基本公共服务均等化，最终实现基本公共服务城乡一元化体制机制；在城镇化政策方面，制定包容的发展政策，避免城乡二元结构转化为城市内部二元结构或城市间二元结构，以人为核心的城镇化建设应是一个包容性的实践进程，目标是使全社会的城市服务水平不断提高，权益得到提升和保障，进城人员享有市民均等化福利和权益。

第二节　新型城镇化战略与乡村振兴战略的结合点

从新型城镇化的内涵和作用机制中，可以疏导出新型城镇化战略与乡村振兴战略的结合点。一方面，新型城镇化的内涵为以人为本，乡村振兴则是人的振兴，乡村人民生活富裕是乡村振兴战略的总要求之一，促进外来人口尤其是农村外来人口的市民化则是提高农民生活水平和质量的重要途径，也是以人为本的城镇化的重要内容，而农村外来人口市民化则有赖于城乡融合发展的持续深入推进。另一方面，城乡融合发展是新型城镇化战略的重要作用机制，也是实施乡村振兴战略的基本原则。

进入新时期，面临全新的国内外发展环境，城镇化被赋予了更重要的意义和角色定位。表10-1为"十四五"规划中有关城镇化与乡村振兴的表述。"十四五"规划中明确提出，要完善新型城镇化战略，提升城镇化发展质量。与此同时，在推进新型城镇化的进程中，如何通过新型城镇化助推乡村振兴是绕不开的重大问题。"十四五"规划中将乡村振兴放在了更为突出的位置，位列城镇化战略之前。"十四五"规划指出要坚持农业农村优先发展，全面推进乡村振兴。通过对比"十四五"规划中有关城镇化与乡村振兴的总体要求和具体任务，可以疏导出新型城镇化助推乡村振兴的两大核心内容。

表 10-1　"十四五"规划中有关新型城镇化与乡村振兴的表述

	新型城镇化战略	乡村振兴战略
总体要求	完善新型城镇化战略，提升城镇化发展质量。	坚持农业农村优先发展，全面推进乡村振兴。
具体任务	1. 加快农业转移人口市民化； 2. 完善城镇化空间布局； 3. 全面提升城市品质。	1. 提高农业质量效益和竞争力； 2. 实施乡村建设行动； 3. 健全城乡融合发展体制机制； 4. 实现巩固拓展脱贫攻坚成果同乡村振兴有效衔接。

如表10-1所示，从新型城镇化战略和乡村振兴战略的总体要求来看，乡村振兴是完善新型城镇化战略的题中应有之义，全面推进乡村振兴也离不开新型城镇化战略的协同配合。从两大战略的具体任务来看，新型城镇化战略的第一个具体任务"加快农业转移人口市民化"是站在城市的角度解决农民身份转化滞后于农民就业转移的"新二元结构问题"（顾海英等，2011），是城乡融合发展的重要环节。新型城镇化战略的第二和第三个任务则是立足城市，完善提升，涵盖了完善城镇化空间布局和全面提升城市品质两个方面。乡村振兴战略的第一和第二个任务是立足乡村，建设提高，侧重于提高农业质量效益和竞争力，以及实施乡村建设行动。而乡村振兴战略的第三和第四个具体任务则是立足乡村，依靠城市。一方面，健全城乡融合发展体制机制需要城市的配合和支持；另一方面，实现巩固拓展脱贫攻坚成果同乡村振兴有效衔接也离不开城市的辐射带动。综上，通过梳理两大战略的总体要求和具体任务，可以从由城到乡和由乡到城两个战略指向中疏导出新型城镇化助推乡村振兴的两大核心内容，即城乡融合发展和实现巩固拓展脱贫攻坚成果同乡村振兴有效衔接。因此，本章将从城乡融合发展和巩固拓展脱贫攻坚成果和乡村振兴有效衔接两个方面展开。

第三节　新型城镇化助推乡村振兴的两大内容

一、城乡融合发展

本部分以城乡关系为主线，在梳理我国城乡政策的演进，探究城乡融合发展的内涵取向的基础之上，从经济融合、空间融合、基础设施融合、公共服务融合、生态环境融合五大维度定量评价我国城乡融合发展的现状和短板，进而提炼出促进城乡深度融合发展的政策导向。

（一）我国城乡政策的演进

城乡政策是旨在解决城乡发展中存在的问题而出台的各种政策的总和。城乡政策以缓解城乡发展失衡、缩小城乡发展差距为目标，以城乡关系调整为主线，经历了城乡统筹到城乡一体化再到城乡融合发展的演进历程。

城乡政策服从和服务于国家的发展战略，重点在于调节城乡关系，其随着我国现代化征程的推进而动态调整。自新中国成立以来，城乡政策大致经历了三个发展阶段。参考国务院发展研究中心农村部课题组（2014）的研究，我们对城乡政策演进的三个阶段进行扩充。

第一阶段，城乡二元体制不断强化（新中国成立至党的十一届三中全会）。新中国成立后，我国实行优先发展重工业的战略，城乡政策服从于建设现代化工业体系这一大政方针。通过建立统购统销制度、户籍管理制度、人民公社制度，城乡二元体制全面建立。城乡二元体制将城市和农村人为割裂，在一系列制度安排下，城乡之间在自然空间结构、产业结构、经济结构上呈现出明显的差异，表现出明显的城乡二元结构现象。这样的制度设置在促进了工业发展的同时，也带来了巨大的制度成本，城乡之间的发展差距越拉越大，农业劳动生产率提高缓慢，农民收入长期难以提高。

第二阶段，城乡二元体制开始破除（党的十一届三中全会后至党的十六大）。改革开放之后，党和国家逐渐开始重视城乡发展失衡的问题，出台了一系列改革措施来破除城乡二元体制，弥合城乡二元分割，缩小城乡经济社会发展鸿沟。一方面，给予农业、农民、农村也即"三农"问题相当程度的重视。1982—1986年连续五年的中央一号文件都以"三农"问题为主题，旨在解放和发展农村生产力，活跃农村经济（见表10-2）。另一方面，破除城乡二元体制，缓和城乡矛盾。城乡二元体制在一些领域推进较快。如1984年中央一号文件《关于一九八四年农村工作的通知》中提出允许农民自理口粮进入小城镇落户，此后户籍制度逐渐松绑，农民进城务工的限制逐渐放开，城乡间的生产要素流动逐渐通畅，城乡间资源配置扭曲的情况得到一定缓解；又如1985年中央一号文件《关于进一步活跃农村经济的十项政策》中提出要取消农副产品统购派购制度，农副产品购销市场化改革持续推进，城乡分割的市场体系逐渐弥合。

表 10 - 2　有关"三农"问题的中央一号文件一览

时间	文件名称	主题
1982 年	《全国农村工作会议纪要》	包产到户、包干到户或大包干
1983 年	《当前农村经济政策的若干问题》	家庭联产承包责任制
1984 年	《关于一九八四年农村工作的通知》	土地承包期
1985 年	《关于进一步活跃农村经济的十项政策》	取消农副产品统购派购制度
1986 年	《关于一九八六年农村工作的部署》	肯定农村改革的方针政策
2004 年	《关于促进农民增加收入若干政策的意见》	农民增收
2005 年	《关于进一步加强农村工作提高农业综合生产能力若干政策的意见》	提高农业综合生产能力
2006 年	《关于推进社会主义新农村建设的若干意见》	社会主义新农村建设
2007 年	《关于积极发展现代农业扎实推进社会主义新农村建设的若干意见》	现代农业
2008 年	《关于切实加强农业基础设施建设进一步促进农业发展农民增收的若干意见》	农业基础设施建设
2009 年	《关于促进农业稳定发展农民持续增收的若干意见》	农业稳定发展
2010 年	《关于加大统筹城乡发展力度进一步夯实农业农村发展基础的若干意见》	统筹城乡发展
2011 年	《关于加快水利改革发展的决定》	水利改革发展
2012 年	《关于加快推进农业科技创新持续增强农产品供给保障能力的若干意见》	农业科技创新
2013 年	《关于加快发展现代农业进一步增强农村发展活力的若干意见》	现代农业
2014 年	《关于全面深化农村改革加快推进农业现代化的若干意见》	农村改革
2015 年	《关于加大改革创新力度加快农业现代化建设的若干意见》	农业现代化
2016 年	《关于落实发展新理念加快农业现代化实现全面小康目标的若干意见》	农业现代化
2017 年	《关于深入推进农业供给侧结构性改革，加快培育农业农村发展新动能的若干意见》	农业供给侧结构性改革
2018 年	《关于实施乡村振兴战略的意见》	乡村振兴
2019 年	《关于坚持农业农村优先发展做好"三农"工作的若干意见》	坚持农业农村优先发展

续表

时间	文件名称	主题
2020 年	《关于抓好"三农"领域重点工作确保如期实现全面小康的意见》	补齐全面小康"三农"领域的突出短板
2021 年	《关于全面推进乡村振兴加快农业农村现代化的意见》	加快农业农村现代化

第三阶段，全面破除城乡二元体制，从城乡统筹到城乡一体化再到城乡融合（党的十六大后至今）：党的十六大标志着我国的城乡政策进入新阶段。自此，城乡发展问题开始被摆到经济社会发展全局中进行系统性的谋划。党的十六大报告明确承认城乡二元经济结构还没有改变，首次提出统筹城乡经济社会发展，建设现代农业，发展农村经济，增加农民收入，是全面建设小康社会的重大任务。党的十六届三中全会进一步提出要统筹城乡发展，并把统筹城乡发展列为"五个统筹"之首。党的十八大报告强调城乡发展一体化是解决"三农"问题的根本途径，指出要加快完善城乡发展一体化体制机制，着力在城乡规划、基础设施、公共服务等方面推进一体化，促进城乡要素平等交换和公共资源均衡配置，形成以工促农、以城带乡、工农互惠、城乡一体的新型工农、城乡关系。党的十九大报告指出要实施乡村振兴战略，建立健全城乡融合发展体制机制和政策体系。党的十六大以来有关城乡政策的表述如表10-3所示。从城乡统筹到城乡一体化再到城乡融合，城乡政策既一脉相承又与时俱进，有力地促进了城乡的发展共荣。近年来，城乡间的公共资源配置更加均衡，城乡间的要素流动更加畅通，城乡间的经济社会发展更加协调。

表10-3 党的十六大以来有关城乡政策的表述

时间	会议或文件名称	有关城乡政策的表述
2002 年 11 月	党的十六大	统筹城乡经济社会发展
2003 年 7 月	党的十六届三中全会《中共中央关于完善社会主义市场经济体制若干问题的决定》	统筹城乡发展
2007 年 10 月	党的十七大	建立以工促农、以城带乡长效机制，形成城乡经济社会发展一体化新格局
2008 年 10 月	党的十七届三中全会《中共中央关于推进农村改革发展若干重大问题的决定》	统筹土地利用和城乡规划、统筹城乡产业发展、统筹城乡基础设施建设和公共服务、统筹城乡劳动就业、统筹城乡社会管理
2012 年 11 月	党的十八大	城乡发展一体化是解决"三农"问题的根本途径
2013 年 11 月	党的十八届三中全会	形成以工促农、以城带乡、工农互惠、城乡一体的新型工农城乡关系

续表

时间	会议或文件名称	有关城乡政策的表述
2017 年 10 月	党的十九大	实施乡村振兴战略，促进城乡融合发展
2018 年 1 月	中共中央、国务院《关于实施乡村振兴战略的意见》	坚持城乡融合发展，加快形成工农互促、城乡互补、全面融合、共同繁荣的新型工农城乡关系
2019 年 10 月	党的十九届四中全会《中共中央关于坚持和完善中国特色社会主义制度　推进国家治理体系和治理能力现代化若干重大问题的决定》	实施乡村振兴战略，完善农业农村优先发展和保障国家粮食安全的制度政策，健全城乡融合发展体制机制
2020 年 10 月	党的十九届五中全会	强化以工补农、以城带乡，推动形成工农互促、城乡互补、协调发展、共同繁荣的新型工农城乡关系，加快农业农村现代化

梳理相关政策文本可以发现，弥合城乡分割，促进城乡融合是城乡政策演进中一以贯之的逻辑主线。从二元分割到有机融合，城乡政策的侧重点逐渐从城市转向农村，城市和乡村逐渐被作为地位平等的有机整体来对待。进入新时代，城乡政策从偏向城市转向城乡融合，这符合马克思主义城乡关系理论的基本原则，既体现了新时代的阶段特征，也符合高质量发展的内在要求。

（二）新时代背景下城乡融合发展的内涵探究

党的十九大报告中明确指出，中国特色社会主义进入了新时代，这是我国发展新的历史方位。同时，"城乡融合发展"这一有关城乡关系和城乡政策的最新表述也在党的十九大报告中被首次提出。这就要求我们从新时代的大背景下来理解城乡融合发展。为此，在下文中我们首先从新时代的阶段特征、发展理念、发展方略等方面阐述城乡融合发展的内涵，并在此基础之上提出城乡融合发展的五个维度，也即城乡经济融合、城乡空间融合、城乡基础设施融合、城乡公共服务融合、城乡生态环境融合。

1. 新时代背景下的城乡融合发展

城乡融合发展体现了新时代的阶段特征。新时代的阶段特征体现在社会主要矛盾的转化和发展阶段的变化上。党的十九大报告指出，我国社会主要矛盾已经转化为人民日益增长的美好生活需要和不平衡不充分的发展之间的矛盾。其中，城乡发展的不平衡不充分是社会主要矛盾的突出表现。而城乡融合发展能够弥合城乡发展差距，是解决社会主要矛盾的根本之策。可以说，城乡融合发展响应了社会主要矛盾转化带来的新要求。党的十九大报告指出，新时代的到来意味着我国从过去的"站起来、富起来"进入现在"强起来"的时代。我国也进入了朝着建成社会主义现代化强国迈进的新阶段，目前我国已经全面建成小康社会，正在朝着基本实现现代化和建设成为社会主义现代化强国的方向迈进。城乡融合发展事关现代化建设全局，是推进农业农村现代化的重要举措，只有补上农业农村现代化的短板，才能实现"四个现代化"的同步。可以说，城乡融合发展是建成社会主义现代化强国的重要一招。

城乡融合发展是实现高质量发展的内在要求。党的十九大报告指出，我国经济已由高速增长阶段转向高质量发展阶段。高质量发展阶段更加注重发展质量，内在要求转变发展方式、优化经济结构、转变增长动力。城乡二元结构问题以及城乡发展质量差距过大问题是高质量发展阶段中难啃的"硬骨头"，城乡融合发展则有助于破解城乡二元结构，弥合城乡发展质量鸿沟，是实现高质量发展的内在要求。

城乡融合发展是对新发展理念的深入贯彻。新发展理念体现在创新、协调、绿色、开放和共享五个方面。在党的十九大报告中，实施乡村振兴战略，建立健全城乡融合发展体制机制和政策体系是贯彻新发展理念的重要内容。城乡融合发展突出体现了协调和共享两大发展理念：一方面，城乡融合发展能够协调城乡关系，使城市和乡村成为共荣共生的有机整体；另一方面，城乡融合发展突出强调以城带乡，使得乡村能够共享城市的发展资源。

城乡融合发展是建设现代化经济体系的重要内容。更平衡的区域和城乡发展格局是现代化经济体系的重要特征。彰显优势、协调联动的城乡区域发展体系是现代化经济体系的七大组成部分之一。城乡融合发展能够优化城乡发展格局，实现城乡的良性互动，是建设现代化经济体系的重要内容。

城乡融合发展是乡村振兴战略和城镇化战略的有机契合。李爱民（2019）指出，城镇化战略立足城市，联系乡村；乡村振兴战略立足乡村，依靠城市。姜长云（2018）也指出，坚持城乡融合发展是推进乡村振兴的重大战略导向。同时，走城乡融合发展道路要注重同以城市群为主体构建大中小城市和小城镇协调发展的城镇格局衔接起来。城乡融合发展兼顾城市和乡村，结合城镇化和乡村振兴战略，是实现城乡共同繁荣的有效路径。

城乡融合发展是构建"双循环"新发展格局的有效路径。2020年5月14日，中央政治局常委会会议提出要深化供给侧结构性改革，充分发挥我国超大规模市场优势和内需潜力，构建国内国际双循环相互促进的新发展格局。双循环的根基在于国内循环，只有国内循环畅通，才能形成国内国际循环相互促进的发展格局。城乡发展不平衡不充分是构建双循环新发展格局面临的区域难题。城乡融合发展能够破除城乡经济循环中的障碍，促进区域经济循环，进而有助于双循环新发展格局的形成。

城乡融合发展是实现共同富裕的重要抓手。共同富裕是社会主义的本质要求，是现代化的重要特征。城乡发展的不平衡不充分是实现共同富裕面临的一大障碍。

城乡融合发展能够有效解决城乡经济社会发展水平差距过大的问题，促进城乡居民在收入、公共服务享有水平等方面的差距收敛，推动城乡共同富裕。

2. 城乡融合发展的五个维度

城乡融合发展究竟涵盖那些方面的发展，城乡融合发展意味着城乡之间实现怎样的发展？围绕上述问题，现有文献对城乡融合发展的内涵进行了深入探究。李爱民（2019）认为城乡融合发展包括要素、城乡经济、城乡空间、基础设施建设、城乡公共服务、生态环境等多方面的融合。黄渊基等（2019）认为城乡融合发展应从城乡生产经营融合、城乡资产收入融合、城乡要素资源融合、城乡基础建设融合、城乡管理服务融合、城乡人力资本融合这六个方面着力。唐琼（2020）认为城乡之间要实现产业融合、空间融合、要素融合这三方面的融合发展。谭明方（2020）从社会学的角度出发，认为城乡融合是促进一定城乡区域社会内城乡之间在经济、生态环境、社会、精神文化、政治这五个方面朝着"全面融合"方向持续演进的过程。何仁伟（2018）则认为城乡融合发展是基于空间布局优化和制度供给创新的经济、社会、环境全面融合发展。

上述研究均是从定性的角度阐释了城乡融合发展的内涵，还有一些研究则通过构建城乡融合发展指标体系，定量地评价了我国的城乡融合发展水平。例如有人认为高质量发展阶段的城乡融合应是"人口-空间-经济-社会-环境"的五维融合，并基于省级层面相关数据构建指标体系，定量评估了我国的城乡融合水平，得出东部经济发达地区城乡融合水平较高的结论。钱力和张轲（2021）也从相似的角度构建了城乡融合发展水平评价指标体系，他们基于省级和市级层面的数据，从经济、社会、生态、文化、空间融合五个维度评价了长三角地区城乡融合发展水平，结果表明长三角地区城乡融合水平整体呈现出缓慢平稳上升的趋势，长三角地区的经济融合度最高，空间融合度最低。赵德起和陈娜（2019）则从城乡融合前提、融合动力和融合结果的角度出发构建城乡融合发展综合水平指标体系，他们认为城乡间要素及产业互动是城乡融合的前提，信息交通网和环境承载力则是城乡融合的动力，而城乡融合的结果主要反映在居民收入消费水平和公共服务水平上。

综上，从新时代的阶段特征、发展理念、发展格局以及国家的相关战略的高度出发，结合现有相关定性和定量的文献，笔者认为可以从经济、空间、基础设施、公共服务、生态环境五个维度理解城乡融合发展的内涵取向。城乡融合发展的五维设定体现了问题导向、目标导向和结果导向。城乡二元结构问题在经济、空间、基础设施、公共服务、生态环境上体现得最为突出，实现五个维度的融合发展既是城乡融合发展的目标也是城乡融合发展的结果。基于此，下文中我们将从五个维度出发定量分析我国的城乡融合发展的现状和短板。

（三）我国城乡融合发展的现状

下面从经济、空间、基础设施、公共服务、生态环境五个维度定量评价我国城乡融合发展的水平。考虑到数据的可得性，在城乡经济融合发展方面，选取城乡居民人均可支配收入之比、城乡居民人均消费支出之比和城乡人均固定资产投资额之比三个指标；在城乡空间融合方面，选取城乡人口密度之比和城乡宽带接入用户数之比两个指标；在城乡基础设施融合方面，选取城乡用水普及率之差、城乡燃气普及率之差和城乡人均道路面积之比三个指标；在城乡公共服务融合方面，选取城乡每千人医疗卫生机构床位数之比、城乡每千人卫生技术人员之比两个指标；在城乡生态环境融合方面，选取城乡平均污水处理率之差、城乡绿化覆盖率之差和城乡生活垃圾处理率之差三个指标。除数据缺失的情况外，以上数据的时间跨度均从2010年开始，数据层面均为省级，数据均来自 EPS 宏观经济数据库、中国城乡建设数据库。

1. 城乡经济融合

现有的统计口径中并不包括按城乡分的生产总值、三次产业产值、人均生产总值等反映城乡总量和人均经济发展情况的数据，一些研究选取第一产业人均产值与二三产业人均产值之比，也即二元对比系数、二三产业产值与第一产业产值的比重来考察城乡经济融合的发展水平（钱力和张轲，2021），但农村地区并不是只有第一产业，城市地区也不全是二三产业，因此选用三次产业产值相关指标并不能反映城乡经济融合的真实情况。

综合考虑现有相关数据，我们选取城乡居民人均可支配收入之比、城乡居民人均消费支出之比以及城乡人均固定资产投资之比三个指标。原因在于，一方面人均可支配收入和人均消费支出反映居民的生活水平，与城乡经济发展水平息息相关；另一方面，人均固定资产投资反映资本这一生产要素的投入情况，直接体现出城乡可用于发展经济的资本多寡。

由图 10-2 可知，从全国层面来看，城乡居民人均可支配收入和城乡居民人均消费支出的相对差距呈现不断缩小的趋势。其中，全国城乡居民人均可支配收入之比从 2013 年的 2.81 下降到 2020 年的 2.56，全国城乡居民人均消费支出之比从 2013 年的 2.47 下降到 2020 年的 1.97。但绝对差距仍然可观，2013—2020 年，城市居民的人均可支配收入和人均消费支出平均为农村的 2.70 倍和 2.24 倍。

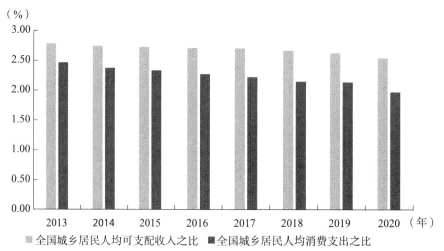

图 10-2　全国城乡居民人均可支配收入和人均消费支出之比

与此同时，城市和农村在固定资产投资上的绝对和相对差距却在逐步拉大。如图 10-3 所示，城乡人均固定资产投资之比由 2010 年的 29 上升到 2017 年的 46。

2. 城乡空间融合

城乡空间融合既包括人的空间融合，又包括网络空间的融合。在人的空间融合方面，选用城乡人口密度之比予以表征。在网络空间的融合上，选用城乡宽带接入户数

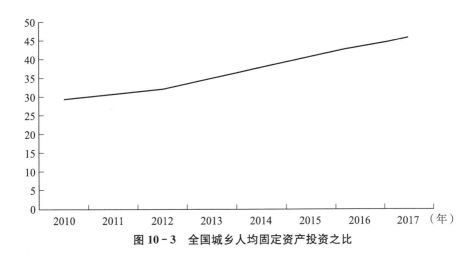

图 10-3　全国城乡人均固定资产投资之比

之比予以表征。从人的空间融合来看，鉴于历年的城乡建设统计年鉴均包括建制镇和乡两个有关乡村地区的统计口径，所以在这里我们使用城市-建制镇和城市-乡村人口密度之比两个指标来衡量城乡人口空间融合的水平。由于城市-建制镇和城市-乡村人口密度之比的变动趋势基本相同，因此下文中我们只选用城市-建制镇人口密度之比来进行分析。从图 10-4 中可以看到，我国城市-建制镇平均人口密度之比呈现出逐年缓慢上升的趋势，但始终低于 1，2019 年也只达到 0.6，这表明城市的人口集聚能力并不强，城乡在人的空间上还处于较为割裂的状态，这种现象反映出人口城镇化滞后于土地城镇化。

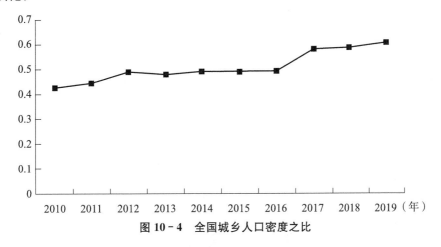

图 10-4　全国城乡人口密度之比

如图 10-5 所示，从网络空间融合来看，我国城乡宽带接入户数之比呈现出波动下降的趋势，2011—2013 年小幅下降，随后的两年间又有一定程度的上升，从 2016 年又开始逐年下降。这表明城乡在网络上的互联互通日益通畅，城乡之间的网络空间融合水平在不断提高。

图10-5　全国城乡宽带接入户数之比

3. 城乡基础设施融合

基础设施是城乡区域经济发展的基础，城乡融合离不开基础设施的互联互通。基础设施既包括诸如公路、供水供气管网这类"硬"基础设施，也包括发展政策、营商环境等"软"基础设施。受制于数据的可得性，我们侧重于"硬"基础设施，选取城乡用水普及率之差、城乡燃气普及率之差以及城乡人均道路面积之比三个指标来评估城乡基础设施融合发展水平。三个指标均包括城市、建制镇和乡村三种统计口径，由于城市-建制镇和城市-乡村的数据变动情况基本相似，在下文中主要基于城市-建制镇的数据进行分析。

如图10-6所示，从用水普及率来看，我国的城乡用水普及率的差距呈现出波动下降的趋势，2010—2016年，城乡用水普及率之差没有较大波动，常年保持在15.7%左右，随后从2017年有明显的下降。截至2019年，城乡用水普及率的绝对差距仅有9.8%。从燃气普及率来看，我国城乡燃气普及率之差每年的变动幅度不大，常年在45.8%左右波动。2010—2013年有小幅度扩大，随后逐年波动下降，2019年我国城乡平均燃气普及率之差为42.8%。

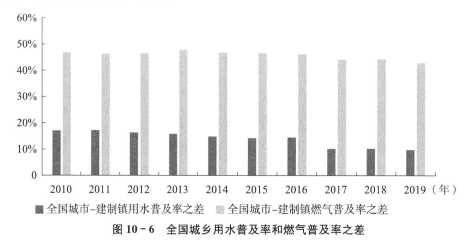

■ 全国城市-建制镇用水普及率之差　　■ 全国城市-建制镇燃气普及率之差

图10-6　全国城乡用水普及率和燃气普及率之差

如图10-7所示，从人均道路面积来看，我国城乡人均道路面积之比呈现出先上升后下降的趋势,但常年保持在 1 以上。从 2010 年的 1.16 上升到 2016 年的 1.23,随后又下降到 2019 年的 1.14,这表明农村地区的道路建设滞后于城市,但城乡的差距在缓慢缩小。

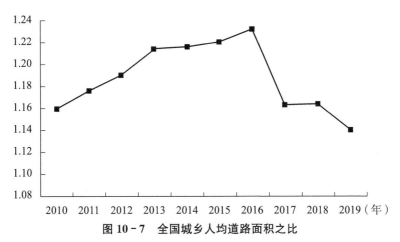

图 10-7 全国城乡人均道路面积之比

4.城乡公共服务融合

公共服务涵盖教育、科技、文化、卫生、体育等领域,受制于数据的可得性,我们无法面面俱到,只选用城乡每千人医疗卫生机构床位数之比和城乡每千人卫生技术人员数之比两个指标,主要侧重分析城乡在卫生方面的融合发展水平。如图 10-8 所示,在每千人医疗卫生机构床位数方面,城市处于明显的优势地位,城乡每千人医疗卫生机构床位数之比常年保持在 1.8 以上,但城乡差距呈现出逐年下降的趋势,城乡之比从 2012 年的 2.21 下降到 2019 年的 1.83。从每千人卫生技术人员之比来看,城市处于更加明显的优势地位,城乡每千人卫生技术人员之比常年保持在 2 以上,城乡差距呈现出先上升后下降的趋势。2010—2016 年,城乡每千人卫生技术人员之比逐渐上升,随后从 2017 年开始逐年下降,2019 年城乡之比为 2.24。

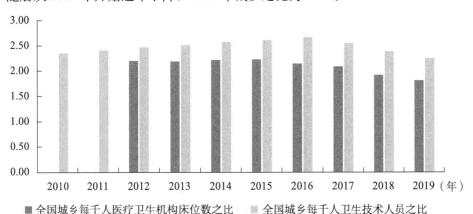

图 10-8 全国城乡每千人医疗床位数和卫生技术人员之比

5. 城乡生态环境融合

城乡生态环境融合是新时代城乡融合发展的重要目标与主要抓手。为评估城乡生态环境融合发展水平，我们选取污水处理率、绿化覆盖率和生活垃圾处理率三个指标。如图10-9所示，从污水处理率来看，城乡平均污水处理率之差呈现出先上升后下降的趋势，2015—2017年逐年上升，2017年之后又有所下降，2019年城乡平均污水处理率之差为42.4%。从生活垃圾处理率来看，城乡生活垃圾处理率之差呈现出逐年下降的趋势，从2015年的14.1%下降到2019年的11.5%。从绿化覆盖率来看，我国城乡之间也存在明显的差距，2010—2019年均差距达到24.3%，并且城乡差距并未呈现出逐年缩小的态势，始终保持在24%左右。

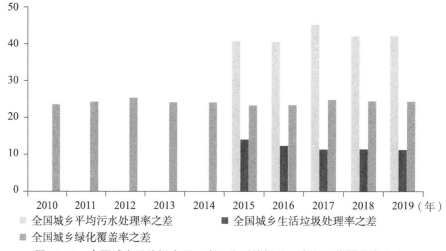

图10-9　全国城乡平均污水处理率、生活垃圾处理率和绿化覆盖率之差

（四）促进城乡深度融合发展的政策导向

自党的十九大报告提出要实施乡村振兴战略，建立健全城乡融合发展体制机制以来，城乡融合发展在政策层面越来越受重视，在顶层设计中出现的频率越来越高，有关政策文件陆续出台。2019年4月，中共中央国务院发布《关于建立健全城乡融合发展体制机制和政策体系的意见》；同年12月，国家发改委等18个部门联合发布了《关于开展国家城乡融合发展试验区工作的通知》并印发《国家城乡融合发展试验区改革方案》。这一系列举措的实施和落实表明新时代城乡融合发展正在由试点先行向全面铺开的方向不断推进。下面我们从战略导向、主要载体、主要路径三个方面提出促进城乡深度融合发展的政策建议。

1. 战略导向

推进城乡融合发展要注重发挥乡村振兴战略和新型城镇化战略的合力。《关于建立健全城乡融合发展体制机制和政策体系的意见》中明确指出，协调推进乡村振兴战略和新型城镇化战略是建立健全城乡融合发展体制机制和政策体系的抓手；《关于实施乡村振兴战略的意见》中也指出，坚持城乡融合发展是实施乡村振兴战略的基本原则；

并且，国家发改委发布的历年推进新型城镇化建设的重点任务中，均将加快推进城乡融合发展作为新型城镇化战略的重点任务。由此可见，城乡融合发展内嵌于乡村振兴和新型城镇化战略的政策设计中，推进城乡融合发展离不开两大战略的保障和支撑。在具体实施中，要注重将城乡融合发展政策与乡村振兴战略和新型城镇化战略衔接起来，通过协调两大战略，凝聚发展合力，实现城乡融合。全域城市化将城乡发展纳入统一框架，结合了城市发展和乡村振兴，是实现城乡一体化的新模式（孙久文等，2018）。建议在经济社会发展水平较高的地区（如沿海的长三角地区）探索全域城市化这一新模式，以促进城乡融合发展。要注重城乡融合发展与国家战略导向相结合，具体来说，就是要注重从高质量发展、构建双循环新发展格局的大背景下，推进城乡融合发展，具体推进中要注重体现新发展理念。

2. 主要载体

城乡融合发展要以都市圈、城市群为主战场（李爱民，2019）。《关于建立健全城乡融合发展体制机制和政策体系的意见》将经济发达地区、都市圈和城市郊区在体制机制改革上率先取得突破作为建立健全城乡融合发展体制机制和政策体系的主要目标。都市圈和城市群的经济社会发展水平较高，城乡之间的互联互通较为通畅，推进城乡融合发展的障碍较小，是城乡融合发展的主要空间载体。目前我国有 19 个城市群，分别为长三角城市群、珠三角城市群、京津冀城市群、长江中游城市群、成渝城市群、中原城市群、山东半岛城市群、海峡两岸城市群、哈长城市群、辽中南城市群、北部湾城市群、关中平原城市群、呼包鄂榆城市群、山西中部城市群、黔中城市群、滇中城市群、兰西城市群、宁夏沿黄城市群以及天山北坡城市群。在城市群内又包括上海、北京、深莞惠、广佛肇、苏锡常、天津、南京、成都、杭州、重庆、武汉、长株潭、郑州、西安、厦泉漳、合肥、青岛、济南、宁波、石家庄、哈尔滨、沈阳、南昌以及长吉等 24 个常住人口超过 1 000 万的都市圈。建议把城市群和都市圈作为重点区域，以推进浙江嘉湖片区、福建福州东部片区、广东广清接合片区、江苏宁锡常接合片区、山东济青局部片区 5 个国家城乡融合发展试验区以及浙江高质量发展建设共同富裕示范区的建设为抓手，促进城乡深度融合发展。

3. 主要路径

推进城乡融合发展的主要路径体现在经济、空间、基础设施、公共服务、生态环境五个维度上。要在五个维度上补齐短板、巩固优势。一是要推进城乡经济融合发展。经济融合的关键在于城乡产业融合和城乡要素双向流动机制的构建。一方面，城市和农村区域要找准定位，错位发展，城市主要发展现代服务业、先进制造业，农村则以现代农业、现代旅游业为主攻方向；另一方面，要破除妨碍城乡要素自由流动的各种体制机制障碍，引导劳动力、资本、技术、土地等生产要素在城乡间自由有序流动，促进生产要素在城乡之间的优化配置。二是要推进城乡空间融合发展。要推进城乡空间布局一体化，坚持城乡一盘棋，统筹做好城乡规划，以主体功能区为抓手优化城乡的生产、生活、生态空间。三是要推进城乡基础设施融合发展。目前城乡基础设施融合的短板主要表现在乡村的基础设施建设滞后，要把基础设施的建设重点放在农村上，做好农村的基础设施规划，加大对农村基础设施建设的资金投入，压实相关单位在农村基础设施管护上的责任，从规划、建设、管护三方面补齐农村的短板。四是要推进城乡公共服务融合发展。一方面要补齐农村的短板，保障和提高农村医疗、教育、卫生、文化等公共物品的供给数量和质量；另一方面要引导城市的公共资源向农村延伸，使得城市优质的公共服务能够更多惠及农村。五是要推进城乡生态环境融合发展。绿水青山就是金山银山，要补齐农村的生态环境短板。一方面要加强治理，加大农村生产生活污染的治理力度；另一方面要加强保护，加强对农村自然生态的保护，加强农村环境检测和监督。

二、实现巩固拓展脱贫攻坚成果和乡村振兴战略有效衔接

脱贫攻坚工作的顺利完成是乡村振兴战略取得胜利的重要前提和基础，乡村振兴战略是对脱贫攻坚工作的巩固和深化，二者是一个统一体。乡村振兴战略旨在解决当前城乡发展不均衡不充分的问题，为全体居民创造美好生活，达到实现共同富裕的伟大目标。因此，乡村振兴战略是巩固拓展脱贫攻坚成果的重要举措，是促进欠发达地区发展的必然路径。

（一）分类实施乡村振兴战略的政策举措

结合脱贫攻坚工作的后续要求和乡村振兴战略的主要任务，实现巩固拓展脱贫攻坚成果同乡村振兴有效衔接的路径可以从以下四个方面入手，根据乡村类型的不同，在各个方面制定出不同的政策举措。

1. 产业发展方面

产业振兴是乡村全面振兴的重点任务，同时产业扶贫是脱贫攻坚工作中的有力措施，产业发展可以成为实现巩固拓展脱贫攻坚成果同乡村振兴有效衔接的动能来源。针对相对贫困村，要继续保持脱贫攻坚工作中所实施的一系列产业扶贫政策举措，给予其足够的过渡时间，待其接近全国乡村发展平均水平后，再将原有的产业扶贫政策举措有序地撤出。针对其他类型村，根据乡村自身所特有的优势资源，打造各乡村的农业全产业链。

促进相对贫困村的发展需要增加非农产业的比例。基于各地区乡村的特点，建议研究指导临近工业园区招商引资，发展特色产业的加工制造，和现代产业体系中与人力资源、环境和区位等要求契合的欠发达地区发展的产业。产业特点可能涉及但不限于：对交通运输条件要求不高、对从业人员的学历要求不高、有符合相对贫困村所在地区的特色自然环境如干旱条件的要求、以当地特色农业资源为原料、要求环境安静、要求具备特定生态资源等。值得注意的是，有些产业要求可能因为相对贫困村及其相关建设的要求而得到满足，如因经济发展和交通基础设施的改变使得相对贫困村及临近区域的区位满足某些产业发展要求等，旅游服务业在这方面的变化较为显著。

2. 绿色发展方面

生态振兴是乡村全面振兴的主要任务之一，同时绿色扶贫也是脱贫攻坚中的重要举措，其中易地扶贫搬迁和生态保护移民就是绿色扶贫的"标志性工程"，既解决了当地贫困问题，又缓解了生态压力。在过渡期内，要分类实施绿色发展措施，即对乡村的帮扶举措要各有侧重。针对相对贫困村，还是应该以保障民生、巩固脱贫成果为主，逐渐开展绿色帮扶新举措，推进向其他类型村的绿色帮扶举措过渡，解决生态性相对贫困问题。

提倡鼓励与生态相关的林草与动物的种养殖产品的研发和发展，培育特色种养殖产业，从特色产业发展角度保障绿色发展。研究探索对相对贫困农村扶贫工业园区提供污染治理和循环经济等方面技术、设备及资金支持的办法，降低相对贫困农村所在地区在工业发展方面因后发时序带来的生态成本增加的劣势，鼓励更多符合生态环保要求条件的项目投资。探索工业文明与绿色发展的融合道路，尤其注重探索具有一些特色自然环境条件的地区工业发展与生态促进相结合的方式。鼓励和支持具有重大发展前景的相对贫困农村发展生态旅游和健康养生等产业，鼓励有条件的地区申请国家公园。

3. 就业培训方面

就业扶贫是脱贫攻坚工作中的又一项基础性扶贫工程，这方面的帮扶举措有提供生态公益岗位、劳动力转移就业扶持和返乡就业创业等。此外，在脱贫攻坚期间，假如利用扶贫资金建设了一批厂房、设备，打造扶贫车间，鼓励就地就近就业，但其生产运营依靠扶贫资金维持，那么如果没有后续政策的跟进，这部分村自身将难以实现独立持续运营。针对具有这种情况的相对贫困村，要发展新型就业扶贫举措，逐步实现"被动扶"向"主动扶"的局面转变。

相对贫困村所在地区往往高学历者较少，吸纳高学历人员的就业机会也少。从东部地区的发展经验看，职业教育培训机构的建设为地级市和周边地区提供发展动力，可以提高从业人员的收入水平。根据相对贫困村的发展特点，鼓励支持所在地级市或县区发展职业教育培训，在形式上可以采用对口支援的异地培训、当地建设职业学校、部分有条件的地区建设职业教育园区等方式。在授课内容上，可通过国家支持、地区特色设办，以及与一些职业教育培训学校合作或网络授课等形式，提高职业教育培训质量。针对农村人口参加工作后受教育机会的时间、精力、资金成本和物理空间的移动等方面的限制等问题，建议国家单位或部委单位牵头，成立网络授课教育培训平台，制定一套统一的教育培训体系和课程，减少地方办校的资金压力，同时形成一个包含就业招聘、培训资助、定向培训等的一体化平台，为相对贫困农村人口提供就业机会。

4. 基础设施与基本公共服务方面

基础设施包括能源、交通运输、居住条件与环境、电话电信等多个方面。基础设施的贫困是相对贫困村发展受限和人口外流的重要原因。未来，在现有基础设施取得较大进展的同时，应进一步解决相对贫困村基础设施"没有"的问题，并在取得成绩基础上，提升基础设施的利用便利度、质量和先进性，以及部分领域的体系化建设。保障电力基础设施和自来水的畅通运行，提升自来水水质。进一步提高农村天然气管道等清洁能源的建设。增加主干道之外的道路建设，改善农田基础设施的建设。进一步提高居住钢筋混凝土和砖混材料结构住房率，提高相对贫困村污水和生活垃圾处理能力，提高宽带接入户率和新技术普及应用。对于关系产业发展的交通运输体系，在提高道路体系建设水平的基础上，进一步打通与跨行政边界的临近发达地区的通道，加强物流运输体系的建设和综合交通服务体系的建设。

基本公共服务主要涉及的基本点有基本的就业保障、养老保障、生活保障，基本的教育、文化和健康需要。针对相对贫困村，要制定专项支持，巩固脱贫攻坚成果，要做到保障老年人生活水平不低于扶贫标准；推进相对贫困村的教育基础设施和教学水平向全国平均水平靠拢，保障相对贫困村基本公共服务的可获得性。鼓励支持相对贫困村所在地级市寻找公共服务对标单位，根据对标单位的公共服务质量制定本地区公共服务提升时间表，通过公共服务标准推动公共服务手续精简和效率提升。由上级单位制定本地区相对贫困村的公共服务标准，从考核上促进相对贫困村公共服务水平的提升。加大公共服务信息透明度。积极采纳5G等新兴技术，在新基建时期，支持鼓励相对贫困村所在地级市引进相关技术和平台，实行公共服务的网上办理制度，为相对贫困村外出务工和跟随子女异地养老等人口提供异地公共服务。调查研究相对贫困村的村民在异地获得公共服务的难点，试行对口支援地区、合作友好地区的公共服务异地办理，在合适的情况下全国推广。

（二）制定低收入人口增加收入的制度设计

1. 扶持低收入人口增收

国家和地方政府在政策上扶持低收入人口增收，需要有一个长期的政策设计。在过渡期内不仅要保持还要加大对欠发达地区的财政和金融的投入，缩小欠发达地区在基本公共服务、基础设施、生态建设与全国乡村平均水平的差距；完善信贷政策，充分发挥信贷作用，加大对欠发达地区的贷款支持力度，建立针对低收入人群的可持续保险的扶持政策。应当看到，低收入人口的增收是一项十分艰巨的工作，主要是因为低收入人口数量大、具有一定的相对性。所以，低收入人口的增收，不仅在收入的数量上增加，而且在收入增加的速度上也要超过平均水平。

2. 保障共同富裕

乡村振兴过程中要防止"精英捕获"现象，防止欠发达地区的发展被忽视和低收入人口落入弱势地位。从保障共同富裕的目标出发，集中优势资源向更容易出效果、出成绩的乡村加快发展，必须要与低收入人口的普遍增收相结合。从宏观上讲，全国的发达地区要援助欠发达地区；从局部上讲，地方政府要关注能力最弱、条件最差的地区与人口，这样才能防止这类地区和人口发展缓慢甚至返贫。在精准扶贫的带动下，国家公务单位、国有企事业单位、社会民营组织机构、企业团体和个人等积极参与扶贫工作，在组织形式、工作对接、扶贫措施和方法创新等多方面都取得了丰硕的成果，形成了很多可推广可借鉴的经验。应该研究探讨稳定的社会扶助的工作机制，将已经取得的经验和相关工作机制加以改善，以体制机制的形式沉淀下来，形成社会扶贫的长效工作机制，将会更加有利于共同富裕的实现。

3. 探讨全新路径

脱贫攻坚和乡村振兴的路径有很多相同之处，最终目标都是实现富裕。脱贫攻坚和乡村振兴都包括发展产业、扩大人才基础、提升人力资源水平，涉及文化建设和生态建设等工作。当发展阶段进入以低收入人口增收为目的的阶段时，工作的重点就转为培养低收入人口融入市场的能力，提升低收入人口的素质，创造低收入人口的就业机会等方面。这个过程中，需要围绕低收入群体的常态化需求进行工作思维的转变和方式方法的探索。结合时代发展特点，新基建的建设为这些探索提供了更多条件。

由于全国农村在区位、自然条件、经济水平、文化特点和社会特点等方面有很大不同，这意味着乡村振兴的发展路径是复杂的，还需要制定特别明确的乡村振兴路径。山东省实施撤村并居引发的社会争议从一个侧面说明了乡村振兴之路不明确，因地制宜的振兴策略仍在探索中。因而，相关的探索一定需要秉承因地制宜、以增加人民福祉为原则和出发点，尤其在借鉴其他地方发展经验过程中切忌照搬照抄、机械学习，应适时推出新政策，防止过于超前的政策造成对欠发达地区的损害。

（三）促进欠发达地区的经济社会同步发展

1. 做好欠发达地区的识别与划分工作，实现分类引导

精准识别和划分欠发达地区是促进欠发达地区经济社会共同发展的前提。2020 年脱贫攻坚取得全面胜利，但区域之间、城乡之间发展不平衡不充分的矛盾仍然长期存在。在实现全面建成小康社会的战略目标之后，绝对贫困已经消除，缓解相对贫困成为工作重点。有鉴于此，相对贫困区域的认定、识别和瞄准，应当建立在对全国全部区域的整体划分基础之上。经过精准扶贫，绝对贫困人口已经全面脱贫，因此改变集中连片特困地区的区域划分，按照类型来划分欠发达地区，是我国的扶贫重点由消除绝对贫困向缓解相对贫困转变后的区域瞄准的基本思路。

具体来说，全面建成小康社会后，基于我国的国情，根据发展条件的不同，收入情况的不一致，宏观上将客观存在着两类区域：高收入区域和低收入区域。

高收入区域是指东部沿海地区、中部和东北的已经脱贫并且农民人均收入较高的地区，具体来说又可以分为三类。第一类区域是我国的东部各省份，包括江苏、浙江、福建、广东等，也包括京津沪直辖市的郊区，是名副其实的"高收入区域"。第二类区域指中部地区的湖南、湖北、江西、安徽、河南等省的平原地区和已经脱贫的山区，是我国承接产业转移的主要地区，也是农业发展的重点区域。经过多年的精准扶贫，绝大多数贫困人口已经脱贫，消除了绝对贫困，但仍有部分低收入的人口和低收入的县份，这类地区可以被称为"次高收入区域"。第三类区域主要是指东北、陕西、山西、四川、重庆等地。这类区域虽已摆脱绝对贫困，但低收入人口的比重还比较大，数量也比较多。由于我国的扶贫政策越来越关注山地区域、贫瘠农业区域、资源匮乏

地区等的发展，对于这类区域需要确定较小的地方管理单元。

低收入区域是指仍然存在贫困现象或者贫困程度较深、社会综合发展能力较弱的西部地区。这样的划分可以比较直观地认识国家未来的扶贫态势。低收入地区的等级划分，具体可分为两类。第一类是仍然存在贫困的区域，空间范围基本上延续目前深度贫困的"三区三州"的范围，设立动态考核的机制，以五年为期，考察深度贫困范围的变化。第二类是除"三区三州"以外的西部其他低收入区域，这类区域的认定、识别和瞄准是在这一区域划分体系上，针对个人收入和区域发展情况两个层面建立起来的。针对个人收入层面，依据农民人均收入和相对贫困发生率的指标来确定；针对区域发展层面，解决相对贫困政策实施的最基层区域仍然确定为县域，需要考察县域经济的发展情况、经济差距的缩小情况。从县域单元分析相对贫困更具有针对性，因此划分高收入区域和低收入区域关键是要做好县域类型的识别。从区域发展的现实情况和我国行政管理的区域稳定性出发，应以县级行政区域作为基本的识别单元，根据按收入分区的思路，可划分为中高收入县和低收入县。针对不同的空间尺度，使用相匹配的政策因地制宜进行引导。

2. 明确贫困的持久性，树立区域共同富裕的理念

相对贫困问题是一个长期存在的问题，要有长期作战的心理准备，确立政府对于扶助欠发达地区和低收入人口帮扶的决心。在消除绝对贫困之后，国家更加强调实现共同富裕的信念，更加持续关注欠发达地区的发展和低收入人口的生活与福祉，向全社会传递出中央政府实现共同富裕的决心。这些政策的明确，一方面稳定相关工作人员的心态，防止工作懈怠；另一方面给予欠发达地区和低收入人口"定心丸"。

3. 从国家层面确立促进欠发达地区发展的重要地位，形成组织保障

从国家层面设立乡村振兴的扶助机构，划定欠发达地区的区域范围、低收入人口及扶持目标，协调欠发达地区教育、公共卫生、交通、民政等方面的发展，是当务之急。在组织建设方面，设计乡村振兴从中央到地方的组织体系，进一步加强以村党组织为核心的村级组织配套建设，加强欠发达地区公务员队伍的培训，提升欠发达地区基层组织工作的服务和治理水平。

4. 制定扶持低收入人口的基本原则，实现工作重心的转移

应对全国乡村进行科学规划梳理，原贫困村的区域扶贫政策按照国家政策延续执行一段时间，防止返贫；其他地区加快推进乡村振兴战略的实施。实施保障性扶贫工作机制，对年老者、残疾者、有重大疾病者、儿童与少年等群体提供相应的养老、残疾人保障、重大疾病保障、教育保障等，探索形成常态化的保障工作机制、绩效考核机制、工作路径的经验交流和总结机制。对于具备劳动能力的成年低收入群体，通过就业培训、就业机会与人企对接等方式提供在个人发展等方面的渠道，及时沉淀有效办法，形成常态化机制。

5. 为促进欠发达地区发展提供组织、人才和资金保障

我国脱贫攻坚取得全面胜利的关键原因是中央为脱贫攻坚提供了强有力的政治引

领和组织保障，进而引导了资源的流向和资金的投向。因此，乡村振兴中的政治、组织和财政等保障是不可或缺的。应根据欠发达地区和低收入人口的规模、数量、相对贫困程度和扶助需要，制定国家级、省级、地市级、县级四级政府部门的责任和任务。在政府工作人员的领导班子配备、普通工作人员的培训、科研和技术人才的对接与引进等方面形成常态化机制。形成对社会捐助性资金常态化的监督、使用和管理机制。进一步优化提升国家财政转移支付的资金利用和管理水平。形成对口支援资金的常态化发展机制，提高对口支援资金的利用效率。

6. 有效利用新兴技术手段促进欠发达地区经济社会同步发展

大力发展网络公共教育课程，聚集各类院校、社会福利机构、企业等组织，乃至社会志愿者等的力量，面向欠发达地区居民建立一套农业、工业、服务、技术培训、经济社会法律基本常识、人际交往实操培训等的网络课程，为不方便进入实体教育机构学习的低收入人口提供就业机会。网络课程设置奖学金、就业培训机会及就业通道，吸引民众参与。设立超龄失学人口教育基金，为那些已经超龄且外出务工的低收入人口就近学习或网络学习提供便利。针对社会文明落后的地区，通过微电影、微宣传片、政府政策引导等方式，降低欠发达地区婚丧嫁娶讲排场及重男轻女等观念的影响。针对部分地区建立医疗机构困难，或即便建立了医疗机构，相应的医疗设施也难以配备齐全的特点，建议试行为欠发达地区低收入人口看病提供交通补偿代替就近建立配套齐全的医疗机构，就近仅设置一些急救机构、智能急救站的办法，在降低医疗运行费用的同时又满足人民的基本需求。随着网络诊疗技术的发展，可在欠发达地区引入网上诊疗服务。

7. 制定新的考核标准

明确新的考核目标和办法，对欠发达地区和低收入人口在教育、医疗、居民收入和发展能力等方面的提升进行考核，并提出明确要求，以实际绩效推动扶持工作的顺利进行。当然，乡村振兴中的工作办法和考核机制与精准扶贫时期可能不同，保障性工作更要注重工作过程、信息公开、办事便利、公共服务效率等方面的考核。

参考文献

[1] 顾海英，史清华，程英，单文豪. 现阶段"新二元结构"问题缓解的制度与政策：基于上海外来农民工的调研 [J]. 管理世界，2011 (11)：55-65.

[2] 何仁伟. 城乡融合与乡村振兴：理论探讨、机理阐释与实现路径 [J]. 地理研究，2018，37 (11)：2127-2140.

[3] 黄渊基，蔡保忠，郑毅. 新时代城乡融合发展：现状、问题与对策 [J]. 城市发展研究，2019，26 (6)：22-27.

[4] 姜长云. 科学理解推进乡村振兴的重大战略导向 [J]. 管理世界，2018，34 (4)：17-24.

[5] 李爱民. 我国城乡融合发展的进程、问题与路径 [J]. 宏观经济管理，2019 (2)：35-42.

[6] 钱力，张轲. 长三角地区城乡融合发展水平评价与空间演变分析 [J]. 中国石油大学学报（社会科学版），2021，37 (4)：31-39.

［7］孙久文，夏添，李建成．全域城市化：发达地区实现城乡一体化的新模式［J］．吉林大学社会科学学报，2018，58（5）：71-80＋205.

［8］谭明方．城乡融合发展促进实施乡村振兴战略的内在机理研究［J］．学海，2020（4）：99-106.

［9］唐琼．乡村振兴战略下稳妥推进城乡融合发展研究［J］．湖湘论坛，2020，33（2）:88-98.

［10］赵德起，陈娜．中国城乡融合发展水平测度研究［J］．经济问题探索，2019（12）：1-28.

第十一章　积极拓展蓝海经济发展空间

21世纪以来，我国对海洋的重视程度不断提高，从以往仅重视海洋资源的开发利用，转向建设海洋强国。海洋经济成为拉动经济发展的新引擎，并成为促进区域协调发展的重要组成部分，对拓展国土开发空间，提高对外开放程度，保卫我国领海权益，突破经济传统增长模式，打造经济增长新引擎等，具有重要的意义。

第一节　我国海洋经济发展政策回顾

一、海洋经济概念界定

我国作为海洋大国，对海洋经济的研究起步较早。20世纪70年代末，著名经济学家于光远、许涤新就提出要建设海洋经济学科，然而很长一段时间内，并未对"海洋经济"这一概念进行明确的定义。直到1984年，杨金森对"海洋经济"的概念进行了界定，认为"海洋经济是以海洋为活动场所和以海洋资源开发为对象的各种经济活动的总和"。此后，权锡鉴（1986）、陈万灵（1998）、徐质斌（1995）等学者也分别对"海洋经济"的概念进行了界定分析。尽管各学者的定义各有差异，但都认为海洋经济不仅包括海洋产业活动，也包括与海洋产业相关的活动（何广顺和王晓惠，2006）。

学界的讨论以及海洋经济的快速发展，推动国家出台相关文件标准明确海洋经济的概念内涵。1999年，国家海洋局发布《海洋经济统计分类与代码》（HY/T 052—1999），从涉海性的角度对海洋产业进行了明确定义，并以此作为海洋经济统计的范围。2003年发布的《全国海洋经济发展规划纲要》则明确规定了海洋经济的概念内涵，认为"海洋经济是开发利用海洋的各类产业及相关经济活动的总和"。2006年发布的国家标准《海洋及相关产业分类》（GB/T 20794—2006）则进一步强调海洋保护的重要性，提出"海洋经济是开发、利用和保护海洋的各类产业活动，以及与之相关联活动的总和"。此外，该标准根据海洋经济活动的性质，将海洋经济划分为"海洋产业"和"海洋相关产业"两大类，以及"海洋经济核心层""海洋经济支持层"和"海洋经济外围层"三个层次，对各海洋产业的定位进行了区分，共划分出29种海洋产业，具体产业范围如表11-1所示。其中，海洋相关产业是从投入产出角度出发，与海洋产业构成技术联系的产业。与1999年的标准相比，该标准增加了海洋相关产业中的部分产业，产业涵盖范围更为全面。由于该标准统一了海洋经济的统计口径，相关统计数据也参照该标准进行统计，此后各研究基本采用此标准，本文对海洋经济及其组成产业的定义也与该标准相同。

表 11 - 1　海洋经济产业范围

类别	层次	产业范围
海洋产业	主要海洋产业（海洋经济核心层）	海洋渔业、海洋油气业、海洋矿业、海洋盐业、海洋船舶工程业、海洋化工业、海洋生物医药业、海洋工程建筑业、海洋电力业、海水利用业、海洋交通运输业、滨海旅游业等
	海洋科研教育管理服务业（海洋经济支持层）	海洋信息服务业、海洋环境监测预报服务、海洋保险与社会保障业、海洋科学研究、海洋技术服务业、海洋地质勘察业、海洋环境保护业、海洋教育、海洋管理、海洋社会团体与海洋国际组织等
海洋相关产业	海洋相关产业（海洋经济外围层）	海洋农林业、海洋设备制造业、涉海产品及材料制造业、涉海建筑与安装业、海洋批发与零售业、涉海服务业等

数据来源：《海洋及相关产业分类》（GB/T 20794—2006）。

二、海洋经济政策沿革

梳理我国海洋经济相关政策，可以看出我国对海洋经济的认识经历了两个时期的转变。在以往较长时期内，我国对海洋经济的重视程度不足，强调对海洋资源的开发和利用，没有从宏观视角看待海洋经济的发展。在 2011 年及之后，我国对海洋经济的认识及定位有了质的转变，空前重视海洋经济的发展，坚持陆海统筹，提出了建设海洋强国的战略目标，为我国海洋经济的高质量发展指明了方向。

在 2010 年及之前，我国对海洋经济的认识处于不断发展阶段，政策层面对海洋经济的支持整体也较为薄弱。在最初的发展阶段，主要从"资源"的角度看待海洋经济的发展，认为海洋资源同矿产资源、土地资源等具有同样的资源属性，强调开发和利用海洋资源、发展海洋产业，并未将海洋经济视为独立的经济系统看待。"十五"规划及以往的五年规划，有关海洋的表述基本为"加大海洋资源开发力度""发展海洋产业"，这一阶段的政府工作报告也仅仅提出"合理开发利用海洋资源"。当然，随着海洋经济的发展，这一时期对海洋经济的认识也存在一定进步，"海洋经济"这一概念开始出现在重要的规划或报告中。2006 年，"十一五"规划明确提出"发展海洋经济"，虽未对其进行详细阐述，但表明了一定的政策转向。2007 年，党的十七大报告做出"发展海洋产业"的战略部署。2008 年，国务院发布了新中国成立以来首份海洋领域总体规划——《国家海洋事业发展规划纲要》。这些政策文件说明这一时期我国已经初步认识到海洋经济系统的独立性，认识到海洋经济是我国经济发展的重要组成部分，其对国民经济发展的拉动作用不可小觑。

2011 年之后，我国对海洋经济的认识更加成熟，对海洋经济的政策支持力度空前加大。将海洋经济看作独立的经济系统，提出了"海洋强国"的发展战略，将海洋经济的发展上升到国家战略层面。认识到海洋经济是我国国土的重要组成部分，强调海洋经济和陆地经济的协调统筹。海洋经济的发展以陆地经济的发展为基础，陆地经济结构和发展水平会影响海洋经济的规模和发展层次；同时，海洋经济的发展会对陆地经济的发展产生推动作用，只有两者协调发展，才能形成合力，共同促进经济的协调发展。

2011年，"十二五"规划将"推进海洋经济发展"作为单独的章节，提出推动海洋经济发展的百字方针，强调要坚持陆海统筹。2012年，党的十八大报告首次提出建设海洋强国的战略部署，将海洋经济的发展提高到前所未有的高度，自此我国开始拥有专门的海洋经济发展规划纲要。2012年9月发布的《全国海洋经济发展"十二五"规划》对我国目前海洋经济发展的形势进行了分析，并指明了未来一段时间我国海洋经济的发展方向，认为"十二五"时期是我国海洋经济加快调整优化的关键时期，在此期间要将海洋经济发展为拉动国民经济发展的有力引擎。2016年，"十三五"规划赋予海洋经济新的含义，提出"蓝色经济空间"的概念，并将"拓展蓝色经济空间"作为单独的一章纳入"推动区域协调发展"的框架中，将我国的区域发展从陆域经济拓展到海洋经济。2017年，党的十九大报告提出"坚持陆海统筹，加快建设海洋经济强国"。2017年5月发布的《全国海洋经济发展"十三五"规划》提出在"十三五"期间要"坚持陆海统筹，紧紧抓住'一带一路'建设的重大机遇，推进海洋经济持续健康发展"。

此外，我国在这一阶段不断进行试点创新，积累促进海洋经济创新发展的经验。2011—2013年，国务院先后批准了山东半岛蓝色经济区、浙江海洋经济发展示范区、广东海洋经济综合试验区、福建海峡蓝色经济试验区和天津海洋经济科学发展示范区5个试点省份的海洋经济发展规划。为了进一步扩大试点范围，强化政策的瞄准力度，2018年进一步批准了14个海洋经济发展示范区建设[①]，覆盖8个省份中的13个城市，将示范区范围从省级层面深化至市级和产业园区层级，并根据区位优势确定了各示范区的主要示范任务。

总体来看，随着海洋经济的发展壮大，政策层面对海洋经济的定位经历了较大的转变，从传统的海洋资源观念转向陆海统筹发展观，不再将海洋经济视为陆地经济的附属，而是将其作为独立的经济系统，制定了建设海洋强国的战略目标，在政策层面为我国海洋经济的发展提供了有力的保证。

第二节　海洋经济规模

一、我国海洋经济规模变动

海洋经济已进入稳定增长时期，对沿海地区经济拉动作用不断增强。图11-1为海

---

① 2018年11月，国家发展和改革委员会、自然资源部联合印发《关于建设海洋经济发展示范区的通知》，支持在山东省威海市、日照市，江苏省连云港市、盐城市，浙江省宁波市、温州市，福建省福州市、厦门市，广东省深圳市和广西壮族自治区北海市共10个市，以及在广东湛江、天津临港、上海崇明和陵水4个产业园区设立海洋经济发展示范区。

洋生产总值及其占沿海地区生产总值的比重。根据海洋经济增速变动，海洋经济发展可以分为两个阶段。[①] 2001—2010 年属于迅速增长期，短短十年间实现了海洋经济规模翻两番，按照不变价格计算的年均经济增速在 10% 以上，2010 年名义海洋生产总值为 39 619 亿元，是 2001 年的 4.16 倍。2011 年之后，我国的政策导向偏向于促进海洋经济结构调整，此期间海洋生产总值增速也在不断调整，按照不变价格计算的增速由 2011 年的 10% 逐步降至 2015 年的 7%，2016—2019 年的增速则均降至 7% 以下，2020 年受疫情影响海洋生产总值降至 80 010 亿元。从海洋经济占 GDP 比重来看，2003—2019 年海洋经济占 GDP 比重处于波动上升状态，尤其是 2016—2019 年海洋经济占比不断稳步上升，2019 年已上升至 17.13%，在全国整体经济中地位凸显。而 2020 年海洋经济发展受疫情冲击较大，占全国 GDP 比重仅为 14.9%。

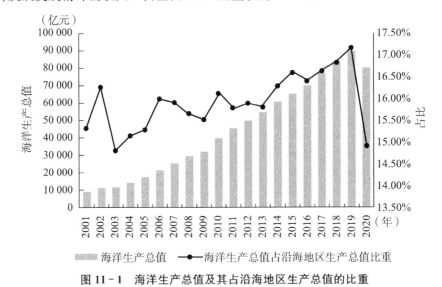

图 11-1　海洋生产总值及其占沿海地区生产总值的比重

注：2001—2016 年数据来源于历年《中国海洋统计年鉴》，下文如无特殊说明，中国海洋经济相关数据均来源于该年鉴；2017—2020 年数据来源于《中国海洋经济统计公报》初步统计数据，与真实数值存在一定差异。

二、海洋经济规模的国际比较

为进一步了解我国在世界沿海国家中的地位，认清发展差距，本章选取美国、澳大利亚、加拿大这 3 个海岸线长度与中国较为接近的国家进行对比分析。尽管不同国家对海洋经济的统计口径存在一定差异，但是基本都涵盖了海洋渔业、海洋油气业、海洋交通运输业、海洋工程制造业、滨海旅游服务业等产业范围，大致与我国的主要

---

① 《中国海洋统计年鉴》从 2001 年开始公布全国海洋经济生产总值数据，此前只公布了 1986—2000 年的海洋产业产值数据，且 1986—1992 年与 1994—2000 年的数据口径不一致，1993 年的数据存在缺失，2001 年之前的数据不具有可比性，因此只考虑 2001 年及之后海洋生产总值的变化情况。

海洋产业相对应①。因此，参考张耀光等（2016，2017）的做法，选取我国主要海洋产业增加值与其他国家的海洋产业增加值数据进行分析②，通过对比可以得到以下结论。

第一，我国海洋经济规模已超过美国，海洋经济地位不断提高。图 11-2 为中国与其他国家海洋经济增加值的对比。经过近年来的发展，我国海洋经济规模稳步提升，2014 年海洋经济规模首次超过美国，此后两国之间的规模差距逐渐增大，2016 年到2018 年我国海洋经济生产总值分别超过美国 704 亿、1 293 亿和 1 150 亿美元。澳大利亚和加拿大海洋经济规模总体仍然较小，2018 年两国海洋经济规模分别为 637 亿和320 亿美元。尽管我国海洋经济规模与国内整体 GDP 增长水平相比增长已有所减缓，但是与发达国家海洋经济发展相比增长仍然较为强劲。2012—2018 年，我国海洋规模年均复合增长率为 6.73%，而美国、澳大利亚和加拿大分别为 1.79%、5.13% 和3.75%，在当前增长态势下，预计未来我国在世界沿海国家中的海洋经济地位将不断提升。

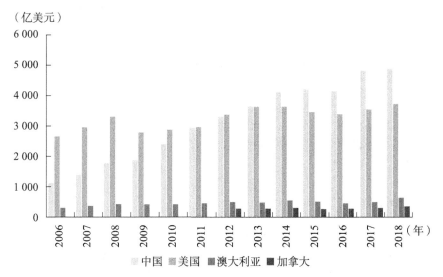

图 11-2 中国与其他国家海洋经济增加值的对比

注：数据全部折算为美元，人民币兑美元汇率采用年平均价；中国海洋经济生产总值仅包括主要海洋产业增加值；加拿大海洋经济生产总值仅包括私人部门数据，可得数据范围为 2012—2018 年。

第二，海洋经济发展效率仍有较大提升空间，海洋经济资源利用方式亟须转变。

———————————

① 除了以上这些产业，我国的主要海洋产业还包括海洋电力、海洋生物医药、海水利用和海洋化工业等，但是这些产业目前占比较小，2019 年占比仅为 5.09%，因此忽略该差异不会造成较大影响。

② 美国海洋经济相关数据来源于美国国家海洋和大气管理局（https：//www. oceaneconomics. org/Market/-ocean/oceanEcon. asp），加拿大海洋经济相关数据来源于加拿大渔业和海洋局（https：//www. dfo-mpo. gc. ca/stats/maritime-eng. htm），澳大利亚海洋经济相关数据来源于澳大利亚海洋科学研究所发布的相关报告（https：//www. aims. gov. au/aims-index-of-marine-industry）。

表 11-2 为我国与其他国家海洋经济生产效率及资源利用程度的对比。2016 年，我国每位涉海从业人员创造的海洋经济产值为 3.46 万美元，较 2006 年增加了 2.36 万美元，增长较为显著，但是相较于这些发达国家仍有较大差距，2018 年美国劳均海洋生产总值已增加至 10.91 万美元。在海洋资源开发利用程度方面，2018 年我国每千米海岸线创造的海洋生产总值为 15.24 万美元，相较以往有了大幅度的增加，目前已达到与美国较为接近的水平，远高于加拿大和澳大利亚。这说明我国对海洋资源的利用已经达到了相对较高的强度，需要适时转变海洋资源利用方式，加强对海洋资源的保护，转变传统海洋经济发展模式，提高海洋产业层次，提高海洋经济效益。

表 11-2 中国与其他国家海洋经济生产效率及资源利用程度的对比

	劳均海洋生产总值（万美元/人）				单位海岸线海洋生产总值（百万美元/千米）			
	2006 年	2016 年	2018 年	变动	2006 年	2016 年	2018 年	变动
中国	1.10	3.46	—	—	3.45	13.36	15.24	1.88
美国	9.52	9.33	10.91	1.58	11.62	13.40	16.44	3.04
加拿大	—	10.96	12.19	1.23	1.54	2.40	3.16	0.76
澳大利亚	—	12.30	—	—	—	1.33	1.6	0.27

注：劳均海洋经济生产总值等于海洋经济生产总值除以涉海从业人数；各国海岸线数据来源于《中国海洋统计年鉴》；表中变动量为 2016 年到 2018 年的变动数值。

三、海洋经济区域发展差异

由于我国各省海洋资源丰富度方面存在较大区别，海洋经济发展起步时间不同，目前海洋经济规模差异较大，因此有必要对海洋经济区域发展差距进行测度。本节按照《全国海洋经济发展"十二五"规划》对北部、东部和南部三大海洋经济圈的划分[①]，参考韩增林和许旭（2008）对海洋经济地域差异的研究，采用 Theil 指数方法测度区域差异。

Theil 指数在各类区域差异的研究中得到了较为广泛的应用，按照夏普利值分解方法可以对该指数进行进一步分解（Shorrocks，2013），将其分解为组间差距和组内差距。本节以省级数据进行测算，按照北部、东部和南部三大海洋经济圈对区域差距进行分解。全国整体海洋经济区域发展差距可表示为式（1），其中，T 表示全国整体区域差距，Y_i 和 L_i 分别表示 i 省份的海洋生产总值和总人口数。

---

① 《全国海洋经济发展"十二五"规划》提出推进形成我国北部、东部和南部三个海洋经济圈，北部海洋经济圈由辽东半岛、渤海湾和山东半岛沿岸及海域组成，包括辽宁、河北、天津和山东 4 个省份；东部海洋经济圈由江苏、上海、浙江沿岸及海域组成；南部海洋经济圈由福建、珠江口及其两翼、北部湾、海南岛沿岸及海域组成，包括福建、广西、广东和海南 4 个省份。

$$T = \sum_{i=1}^{11} (Y_i/Y) \ln\left[(Y_i/Y)/(L_i/L)\right] \tag{1}$$

按照三大海洋经济圈对式（1）进行分解可得式（2），Y_j 和 L_j 分别表示 j 海洋经济圈的海洋生产总值和总人口数，T_j 表示 j 海洋经济圈的区域发展差距，计算如式（3）所示，n_j 表示第 j 个海洋经济圈包括的省份数量。进一步，全国海洋经济发展差距可表示为各海洋经济圈之间的发展差距（$T_{between}$）以及海洋经济圈内部的发展差距（T_{within}）。

$$T = \sum_{j=1}^{3} (Y_j/Y) \ln\left[(Y_j/Y)/(L_j/L)\right] + \sum_{j=1}^{3} (Y_j/Y) T_j = T_{between} + T_{within} \tag{2}$$

$$T_j = \sum_{i=1}^{n_j} (Y_i/Y_j) \ln\left[(Y_i/Y_j)/(L_i/L_j)\right] \tag{3}$$

利用以上公式对 2008 年至 2018 年的海洋经济区域发展差距进行测度，结果如图 11-3 和图 11-4 所示。我国海洋区域经济发展差距整体呈不断下降趋势，近两年略微有所增加，区域差距主要表现为海洋经济圈内部的发展差距，各海洋经济圈之间的发展差距贡献率较小。值得注意的是，2008—2014 年，海洋经济圈之间的发展差距不断缩小，而从 2015 年开始，该差距有所反弹，说明未来海洋经济的发展仍要注重三大经济圈的协同发展。从三大海洋经济圈内部的发展差距来看，南部海洋经济圈内部发展差距在 2016 年及之前变动一直不大，近两年差距明显扩大；东部海洋经济圈内部发展差距下降幅度较大，但自 2016 年以来有所反弹，目前与南部海洋经济圈较为接近；北部海洋经济圈 2009 年和 2010 年发展差距增长明显，此后平稳下降，2017 年和 2018 年发展差距明显增加，目前在三大海洋经济圈中发展差距最大。

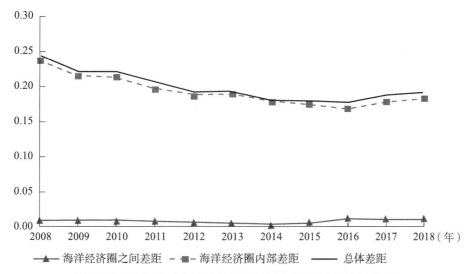

图 11-3　基于 Theil 指数测度的三大海洋经济圈之间发展差距

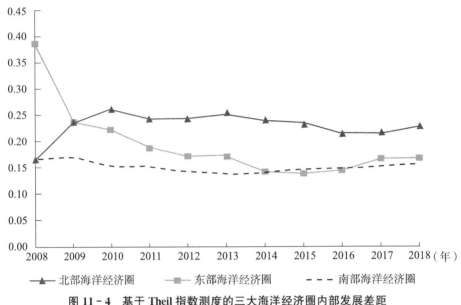

图 11-4　基于 Theil 指数测度的三大海洋经济圈内部发展差距

图例：　——▲—— 北部海洋经济圈　——■—— 东部海洋经济圈　- - - - 南部海洋经济圈

第三节　海洋经济产业结构

一、我国海洋经济产业构成

产业结构不断优化，第三产业占据主导地位。图 11-5 为海洋经济三次产业生产总值占比变动。我国海洋经济三次产业构成不断调整，2001 年至 2005 年期间，第三产业占比明显高于第二产业，呈现"二三一"产业结构；2006 年开始，第二产业发展迅猛，与第三产业的差距不断缩小，一些年份甚至超过第三产业占比；2012 年之后，第二产业与第三产业均衡发展的格局被打破，第三产业得到迅速发展，与第二产业的差距逐渐拉大，逐渐形成了"三二一"产业结构。2020 年，三次产业占比分别为 4.9%、33.4% 和 61.7%，第三产业高出第二产业 28.3 个百分点，第三产业占据绝对主导地位。海洋产业结构调整工作成效显著，已经超前达到《全国海洋经济发展"十三五"规划》中制定的海洋服务业增加值占海洋产业比重超过 55% 的发展目标。

主要海洋产业占比较为稳定，海洋科研教育管理服务业占比不断提升。图 11-6 为海洋经济三大类产业生产总值占比变动。按照海洋产业性质进行划分，主要海洋产业占比较为稳定，一直保持在 40% 左右，2020 年受疫情影响略微有所下降；海洋科研教育管理业近年来增长较快，占比不断上升，2016 年占比已经超过 20%，2020 年占比达到 29.1%；海洋相关产业在早期与主要海洋产业规模较为接近，由于近年来增速相对较慢，导致占比不断下降，2015 年占比下降至 40% 以下，2020 年仅占 33.8%。总体来看，包括主要海洋产业和海洋科研教育管理服务业在内的海洋产业占比稳步提升，说明我国更加重视海洋科技发展，这为海洋经济的长期稳健发展提供了科研管理支撑。

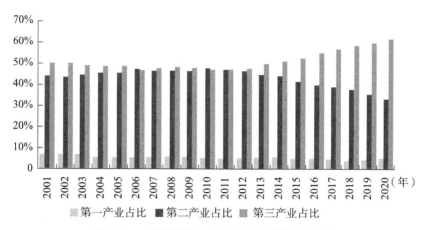

图 11-5 海洋经济三次产业生产总值占比变动

注：2017—2020 年数据来源于《中国海洋经济统计公报》初步统计数据，与真实数值存在一定差异；三次产业分类标准参考《海洋及相关产业分类》（GB/T 20794—2006）。

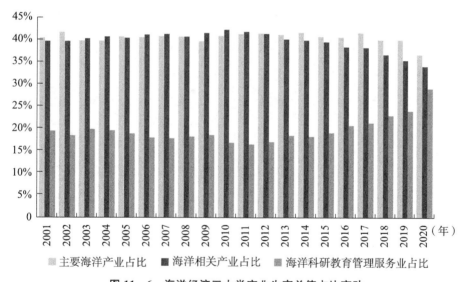

图 11-6 海洋经济三大类产业生产总值占比变动

注：2017—2020 年数据来源于《中国海洋经济统计公报》初步统计数据，与真实数值存在一定差异；产业分类标准参考《海洋及相关产业分类》（GB/T 20794—2006）。

滨海旅游业、海洋交通运输业和海洋渔业是海洋经济三大支柱产业。如表 11-3 所示，从主要海洋产业的构成来看，2020 年三者占主要海洋产业增加值的比重分别为 46.98%、19.27% 和 15.90%，整体占比达 82.15%，其他各类海洋产业占比均不足 5%。其中，滨海旅游业规模最大，2020 年之前一直呈现稳定增长态势，2020 年因疫情原因受到重创，产业增加值同比下降 24.5%。尽管然此，滨海旅游业仍是拉动海洋经济增长的主导产业。海洋交通运输业受近几年国际贸易形势的影响，增速较以往明显下降，这也导致该产业占比逐年下降。海洋渔业是重要的传统海洋渔业之一，受自然气候及资源影响波动较大，占比也呈逐年下降趋势，随着渔业资源的不断枯竭，未来增长空间较小。

战略性新兴海洋产业保持高水平增长，海洋服务业稳健发展。如表11-3所示，从各主要海洋产业增速来看，以滨海旅游业为代表的海洋服务业增长势头较好。战略性新兴海洋产业中，海洋电力业、海洋生物医药业均保持较高增长水平，近5年年均增速分别为11.09%和9.17%，而海水利用业增速相对较低，但近几年有提速趋势。其他海洋产业中，海洋盐业、海洋船舶工业、海洋矿业、近5年呈明显下降趋势，尤其是海洋盐业下降最为明显，海洋油气业、海洋化工业以及海洋工程建筑业增速相对较低且增速波动较大。

表11-3 各主要海洋产业占比及增速

产业名称	2020年占比（%）	近5年平均占比（%）	2020年同比增速（%）	近5年年均增速（%）
海洋渔业	15.90	14.87	3.10	0.96
海洋油气业	5.04	4.07	7.20	3.22
海洋矿业	0.64	0.37	0.90	−0.35
海洋盐业	0.11	0.12	−7.20	−9.29
海洋船舶工业	3.87	4.00	0.90	−0.80
海洋化工业	1.79	3.01	8.50	4.46
海洋生物医药业	1.52	1.28	8.00	9.17
海洋工程建筑业	4.01	5.29	1.50	0.73
海洋电力业	0.80	0.55	16.20	11.09
海水利用业	0.06	0.05	3.30	5.53
海洋交通运输业	19.27	19.33	2.20	5.72
滨海旅游业	46.98	47.07	−24.50	1.01

注：增速为剔除价格水平影响下的实际增速，近5年平均增速按各年同比增速推算。

整体来看，滨海旅游业目前仍是海洋经济的重要组成部分，未来发展空间较大，能够有力带动海洋经济发展。战略性新兴海洋产业占比仍然较低，短期内难以成为促进海洋经济增长的主导产业，但其发展潜力巨大，辅以相应的政策支持和前瞻性的产业规划，未来有望为海洋经济的发展带来新的活力。

二、海洋经济主要产业的国际比较

从国内外海洋经济发展趋势来看，海洋渔业、海洋交通运输业、滨海旅游业和海洋油气业已成为世界海洋经济主要产业，而我国油气资源较为匮乏，海洋经济支柱型产业为前三类产业。与其他国家相比，我国海洋支柱产业相关产品产量及服务规模处于世界前列，但经济效益不高，发展模式较为粗放，产业结构层次较低，产业资源亟待整合；战略性新兴海洋产业发展迅猛，但是技术水平与国外相比仍存在一定差距。

在海洋渔业方面，我国渔业产品产量位居世界第一，2018 年海洋渔业捕捞量占世界总捕捞量的 15%，水产养殖量占世界总量的 57.9%，但是与其他国家相比，我国海洋渔业经济效益不高。① 2016 年我国每吨渔业产品产值为 1 117.17 美元，而美国为 2 062.34 美元，我国单位海洋渔业产品产值仅为美国的半数左右。美国海洋渔业主要由海产品加工和贸易两大子行业构成，这两个行业经济效益相对较高。与之相比，我国海洋渔业产品附加值较低，发展模式较为单一，对渔业资源依赖性较高，未来应提高发展可持续性，推动海洋渔业由规模化向精深化转型。

在海洋交通运输业方面，2018 年我国有 9 个港口集装箱吞吐量位居世界前 20 位，占世界总吞吐量的 24.19%②，然而我国船队规模仅占世界船队规模总吨位的 8%（张丽和葛春凤，2017），海运服务难以满足自身需求，较多海运服务由国外航运公司提供。这就导致我国在经济效益分配上，不足全球航运市场的 10%（谭晓岚，2017）。在港口建设方面，尽管我国港口专业化、大型化、深水化程度不断加强，但港口服务水平仍然较低，运营模式仍需改进，附加值服务提供不足，港口服务功能亟待拓展；同质化竞争较为激烈，重复建设问题突出，港口资源亟待整合。整体来看，我国海洋交通运输业规模较大但效益不高，产业效率和管理水平均较低，高层次人才短缺，产业竞争力有待提升。

在滨海旅游服务业方面，我国仍处于初级发展阶段，旅游资源开发层次较低，对海洋自然景观依赖性较强，旅游休闲服务种类较为单一，不能满足国内游客日益多样化的旅游需求。近年来东南亚等国家以较高的性价比和丰富多样的休闲活动，吸引了大量我国游客。近年来我国已成为泰国、越南等东南亚国家最大旅游客源国，2016 年我国赴泰国和越南旅游人数分别为 1 003 万人和 324 万人，分别占各自境外游客总量的 31% 和 32%。③ 未来我国滨海旅游服务业需要提升旅游品质，开发具有本地特色的旅游服务，丰富旅游服务业态，培育新型旅游产业，提供集观光、度假为一体的综合性旅游产品，提高海洋旅游服务业的竞争力和经济效益。

在战略性新兴产业方面，我国发展较为迅猛，产业规模位于世界前列，但是发展起步较晚，产业发展尚不成熟，在技术和经济效益方面存在一些问题。其中尤其以海洋风电产业发展最为典型，继 2019 年我国成为全球新增风力发电装机量最多的国家，2020 年我国新增风力发电装机量仍位于全球首位，2020 年新增风电装机量占全球总增量的 56%；目前我国已提前完成了《风电发展"十三五"规划》的目标，成为仅次于

---

① 各国海洋渔业捕捞量和水产养殖量数据来源于联合国发布的《2020 年世界渔业和水产养殖状况》。

② 港口数据来源于联合国贸发会议上发布的《2019 年海运报告》。

③ 资料来源于《东南亚地区发展报告（2011—2019）：泰国海洋经济发展现状与趋势》和《越南国情报告（2017）：越南旅游》。

英国和德国的全球第三大海上风电国家。① 然而，我国海洋风电技术与国外存在差距，关键设备国产化水平较低。2019 年欧洲新并网风电机组平均单机功率为 7.8 兆瓦，而我国平均功率仅为 4.0 兆瓦，大容量风电机组的关键部件主轴承大多采用国外企业产品（时智勇等，2020）。此外，海上风电成本较高，在政府补贴退出的情况下，风电企业可能会承担一定经济风险。

<h2 style="text-align:center">第四节　海洋科技创新</h2>

海洋科技的发展一方面有利于推动海洋经济的结构转型，提升海洋经济发展质量，另一方面也可以推动其他领域的技术进步，带动其他产业的技术创新。科技创新水平受创新投入及创新效率的影响，科研人员和科研经费是创新投入的关键组成部分，创新投入和创新效率共同决定了创新产出的高低。与其他类型专利相比，发明专利创新程度更高，更能反映海洋科技创新发展水平。因此，本节选用海洋科研机构科研从业人员数、科研经费内部支出、发明专利申请量和发明专利授权量指标衡量海洋科技创新发展情况。

一、我国海洋科技创新情况

海洋科技创新活力高于全国科技创新平均水平。2006—2010 年是我国海洋经济高速发展时期，此阶段科研从业人员显著增长，专利申请活跃，年均发明专利申请量和授权量增长率分别达 65.74% 和 44.60%，发明专利授权量年均复合增长率高出全国年均复合增长率 20.19 个百分点。2011 年以来，随着海洋经济发展进入转型时期，海洋经济增速明显下滑，在科研经费投入、人员投入、专利成果方面增速较以往也明显下降，但是与全国整体水平相比，海洋领域科技创新活力仍然较强，2011—2015 年科研从业人员数和发明专利授权量年均复合增长率分别高出全国水平 0.37 和 6.13 个百分点。

海洋科技创新效率较高，在全国科技创新中占据重要位置。如表 11-4 所示，海洋领域科研经费内部支出、科研从业人员数占全国整体科研领域水平较低，均不足 10%，但是在创新科研成果方面占比较高，尤其是海洋领域发明专利授权量占全国整体发明专利授权量的 20.85%。海洋经济能够以较低的人员和经费投入，撬动更多的科研产出，说明海洋科技领域创新效率较高。当前海洋科技正处于发展探索时期，科技创新的边际效率较高，技术联动效应较强，基础性技术的突破能够有力推动相关领域的技术创新，发挥协同促进作用。合理加强海洋科研领域的资金和人员投入，提高科研资源利用效率，可以有效推动海洋领域科技进步；考虑到海洋科技在各科研领域中占据的重要位置，也有利于促进我国整体科技水平的进一步提升。

---

① 数据来源于世界风能理事会（GWEC）发布的《2019 全球风电发展报告》。

表 11 - 4　海洋领域科技创新与全国整体水平对比

	2006—2010 年均复合增长率		2011—2015 年均复合增长率		2015 年海洋科技活动占比
	全国	海洋	全国	海洋	
科研从业人员数	4.06%	17.98%	2.74%	3.11%	4.58%
科研经费内部支出	20.26%	—	13.08%	11.15%	7.80%
发明专利申请量	24.67%	65.74%	17.79%	12.26%	16.60%
发明专利授权量	24.41%	44.60%	25.85%	31.98%	20.85%

注：2006—2010 年海洋科研机构经费内部支出数据缺失；表中所有数据均只包括科研机构统计口径的数据。

二、国外海洋科技发展经验

海洋科技实力决定了海洋经济的发展水平，当今世界各国都十分重视海洋科技的发展。沿海发达国家海洋经济发展起步较早，可以为我国海洋科技的发展提供相关经验借鉴。总结国外发展历程，可以发现海洋科技领先国家具有如下几方面的特征。

第一，制定海洋科技长期战略规划，引领科技创新前沿。美国早在 20 世纪 50 年代就开始制定一系列海洋科学战略规划，已形成较为全面的战略规划体系，在这些规划的引领下，美国目前处于全球海洋科技创新的引领地位。英国从 20 世纪 80 年代开始制定相关规划，并成立了海洋科学协调委员会以保障规划的落地执行。日本于 1997 年出台《海洋科技发展计划》，指明了海洋科技重点发展方向。我国也制定了《全国科技兴海规划（2016—2020 年）》《"十三五"海洋领域科技创新专项规划》和《中国至 2050 年海洋科技发展路线图》等。与国外相比，我国海洋科技规划工作起步较晚，规划体系尚不完整，对海洋科技工作的引领作用仍然有待加强。

第二，培育企业创新主体，成立企业创新联盟发挥协同作用。美国海洋科技发展的突出特点是以企业为主导，发挥市场推动作用。加拿大也重视海洋科技企业的培育，尤其是对中小型企业给予了较强的政策支撑，加拿大的海洋科技企业中超半数为中小企业。此外，由于海洋科技创新所需投入巨大，美国、澳大利亚、英国等海洋经济较为发达的国家纷纷成立海洋联盟，在海洋油气业、海洋运输业、海洋渔业和海洋船舶制造业等多个产业层面展开合作，以龙头企业为主导成立合资企业，共同攻克海洋开发技术瓶颈。

第三，建设综合性的海洋科研平台，集聚创新要素探索科技前沿。海洋科技活动横跨多个学科领域，具有较强的学科交叉性，海洋科技进步需要多个学科协同创新和多个部门协同配合。目前，美、英、法、俄、日五国均已建立了世界公认的顶尖海洋科研机构，通过综合性的平台建设，提高了海洋科技创新效率，有力推动了海洋科技进步。2015 年，我国建立了全国首个海洋国家试点实验室，截至 2021 年该实验室仍处于试点阶段，与国外同类机构相比仍存在较大发展差异，未来需继续加强创新引领作用，汇集各领域科技人才突破重大科学前沿。

第四，推动产学研科技创新合作，提高海洋科技成果转化效率。美国早在 20 世纪

90 年代就成立了海洋科技联盟，联合政府、科研机构和企业三方推进海洋技术商业化应用，此后还成立了全国海洋资源技术总公司，使得三方合作伙伴关系更加紧密（宋军继，2013）。加拿大也成立了海洋科技网和普拉森提亚湾技术示范平台，推进海洋技术的产业化（魏远竹等，2015）。然而，现阶段我国海洋科技成果转化机制不顺畅，产学研合作模式尚未有效建立（张艺和龙明莲，2019）。

三、基于资源与能力视角的海洋经济区域划分

海洋经济具有特殊的地理属性，对海洋资源的依赖度较大。在海洋经济三大支柱型产业中，海洋渔业的发展依赖于各地渔业资源，海洋交通运输业的发展需要有利于港口建设、开展航运的自然条件，滨海旅游业的发展需要有良好的海洋生态环境。此外，海洋油气业和海洋矿业的发展分别需要丰富的油气资源和矿业资源支撑。因此，从整体来看，各省份海洋经济规模应当与其所拥有的海洋资源相匹配，海洋资源丰裕度会对各地区海洋经济发展状况产生较大影响。

本节按照海洋资源与海洋经济协调度对各沿海省份进行区域划分。选取 2018 年各省份海洋经济生产总值衡量各省份的海洋经济规模，选取各省份海岸线长度和管辖海域面积两个指标[①]衡量各省份的海洋资源禀赋状况。根据熵权法确定指标权重，各省份海洋经济规模与海洋资源禀赋的关系如图 11-7 所示。各省份平均海洋资源禀赋标准化值为 0.24，平均海洋经济规模标准化值为 0.35，根据这两个基准，可以初步将沿海省份划分为 4 种海洋经济类型。

第一类地区资源禀赋好、经济规模大。这类地区包括广东和浙江。广东是海洋经济第一大省，虽然其海洋资源禀赋位居全国第二位，但是在 2006 年至 2018 年期间，海洋经济规模一直位居全国首位，海洋经济增速一直高于全国平均水平，占全国海洋经济规模的比重每年保持持续增加。浙江大陆海岸线加海岛海岸线长 6 696 千米，居全国首位，由于所管辖海域面积较小，综合加权的海洋资源禀赋略差于广东，但整体海洋资源较为丰富，然而海洋经济规模与广东相比却有较大差距，甚至低于海洋资源禀赋差于其的省份（上海、江苏、福建等），且海洋资源利用程度相对较低。

第二类地区资源禀赋一般、经济规模较大。这类地区能够突破自身资源限制，充分挖掘海洋资源潜力，实现突破性发展。具体包括福建、山东、上海和江苏，其中尤以山东表现最为突出。山东海洋经济规模仅次于广东，海洋经济增长相对较为稳定，2018 年海洋经济规模占全国比重达到 18.58%。上海、江苏和福建海洋经济规模相差不大，其中福建海洋资源禀赋明显好于上海和江苏，但初期海洋经济发展并不突出，近期保持了快速增长，近 5 年来名义年均增速达到 15.55%，高于其他所有沿海省份，2018 年在全国海洋经济中的占比也增加至 12.78%，海洋资源潜力仍有待进一步释放。上海和江苏是突破海洋资源限制发展的典范，其经济规模远高于资源禀赋较为接近的

---

① 数据来源于各省历年统计年鉴以及各省级的《海洋经济主体功能区规划》。

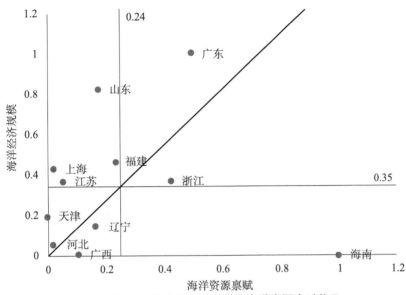

图 11-7 各省份海洋经济规模与海洋资源禀赋状况

注1：海洋经济规模和海洋资源禀赋均通过标准化处理为0~1之间的数值。

注2：图中垂直于X轴的线代表各省份平均海洋资源禀赋；平行于X轴的线代表各省份平均海洋经济规模；过该两条线交点的对角线代表各省份平均海洋资源利用强度，各省份与该条线距离越远说明其与整体海洋资源利用程度相差越大。

天津和河北。江苏海洋经济保持稳定增长，在11个省份中的规模排名由2006年的第8位提升至2018年的第5位。上海海洋经济发展起步较早，海洋经济发展已进入相对成熟的阶段，早期海洋经济规模仅略低于广州，然而后续增长乏力，2011年至2018年期间，海洋经济规模占全国比重下降了1.34个百分点。

第三类地区资源禀赋一般、经济规模较小。这类地区尚未探索出合适的海洋经济发展道路，受海洋资源约束较强，包括天津、河北、辽宁和广西。天津与河北海洋资源禀赋较为接近，两省份均是传统海洋产业为主导的地区，自2011年之后，随着传统海洋产业增长放缓，两地区海洋经济规模占比均出现不同程度的下降，尤其是天津近5年年均复合增速降至－0.22%。辽宁同样是传统海洋产业主导的地区，海洋渔业较为发达，但其整体海洋资源禀赋较好，仅略低于山东地区，海洋资源利用程度仍有待加强。2011年及之前，广西海洋经济规模一直处于全国末位，近5年来年均海洋经济增速为10.13%，然而由于发展基数较小，海洋经济规模提升并不明显。

第四类地区资源禀赋好、经济规模小。这类地区仅包括海南，海南是我国海洋资源最为丰富的省份，是我国唯一的热带岛屿，具有独特的岸线资源和丰富的岛屿资源，管辖南海约200万平方千米的海域，海洋资源优势突出。然而，近年来海南却一直处于海洋经济发展的末位，2018年海洋经济规模仅1 447亿元，仅占全国的1.73%，优势海洋资源亟待开发。

从以上分析可以看出，尽管海洋经济的发展离不开海洋资源，但是海洋资源并不能完全决定海洋经济的发展，海洋资源禀赋接近的地区其经济规模也会存在较大差异。一些资源禀赋并不占优的地区可以实现海洋经济规模的稳健增长，而一些资源禀赋较好的地区却长期在末位徘徊。因此，有必要分析影响海洋经济发展的其他非资源性因素，通过多种维度研究海洋经济发展状况。此外，即使在不同类型地区内部，各省份海洋经济发展阶段不同，也会面临不同的发展困境，因此有必要分省份进行研究。下文将通过多个维度分省份研究各个沿海地区海洋经济发展，总结海洋经济优势地区发展经验，对比分析了解各地区发展短板，为后发地区提供经验借鉴。

四、各地区海洋经济综合实力分析

海洋经济系统与海洋环境系统、社会系统密切作用，其发展受到各系统的综合影响，只有各个系统协调发展才能促进"海洋强省"的建设。本部分选取海洋资源禀赋、海洋环境安全、海洋经济开发强度、海洋经济产业结构、海洋经济科技创新和陆地经济发展等维度对各省份进行考察，共包含6个维度的15个指标，具体指标选择如表11-5所示。在各维度内部指标权重确定方面，利用熵权法进行权重设定，得到各个维度的加权得分。

表 11-5　海洋经济综合实力分析指标

海洋系统	维度	指标（单位）
环境系统	海洋资源禀赋	海岸线长度（千米）
		海域面积（万平方千米）
	海洋环境安全	每万元自然灾害经济损失（元）
		海洋自然保护区面积（平方千米）
经济系统	海洋经济开发强度	劳均海洋生产总值（万元）
		海岸线经济密度（亿元/千米）
		海洋经济占GDP的比重（%）
	海洋经济产业结构	海洋第三产业占比（%）
		海洋科研教育管理服务业占比（%）
社会系统	海洋科技创新	每万元海洋经济生产总值中R&D经费支出（元）
		每千人涉海从业人员中R&D从业人员数（人）
		发明专利授权数（个）
	陆地经济发展	人均GDP（万元）
		财政收入/财政支出
		人均高技术产业主营业务收入（万元）

利用上文中得到的各维度的得分，在各个维度上对各省份进行排名，排名结果如表 11-6 所示，下文利用该结果结合各地区发展实际进行分析。

表 11-6　各省份海洋经济综合竞争力排名

省份	海洋资源禀赋	海洋环境安全	海洋经济开发强度	海洋经济产业结构	海洋科技支撑	陆地经济支撑
海南	1	1	7	4	11	10
广东	2	4	6	2	3	4
浙江	3	5	9	3	7	5
福建	4	9	5	5	9	6
山东	5	3	4	7	4	7
辽宁	6	2	10	8	2	8
广西	7	11	11	10	8	11
江苏	8	7	3	11	5	2
上海	9	6	2	1	1	1
河北	10	10	8	6	10	9
天津	11	8	1	9	6	3

注：数据来源于《中国海洋统计年鉴》和各省份统计年鉴；海岸线长度、海域面积、海洋自然保护区面积、海岸线经济密度、海洋经济产业结构、人均 GDP 指标采用 2018 年数值，其他指标采用 2014—2018 年的平均值。

首先分析第一类地区，即广东和浙江。这两个省份海洋资源都较为丰富，海岸线长度均在 6 000 千米以上，管理海域面积均在 20 万平方千米以上，海洋经济规模整体较大，但两个省份之间仍有较大差距，两者发展面临的问题也各有不同。

广东海域辽阔，海岸线长，大陆架宽广，具有较强的资源禀赋。海洋产业门类较为齐全，尤其在海洋天然气产量方面在全国占据绝对领先地位，海洋化工业增长也较为显著，大亚湾石化区炼化一体化规模已跃升至全国第一位。海洋产业结构较为高级，战略性新兴海洋产业发展势头良好。海洋科技支撑力较强，2018 年国家在广东设立深圳市海洋经济发展示范区，以此加大海洋科技创新力力度。作为海洋经济第一强省，未来广东应加强海洋生态环境保护，并借助现有优势地位，发挥引领全国海洋经济转型发展的作用，抓住机遇提升我国海洋经济的国际竞争力，促进海洋经济长期可持续发展。

浙江的海岸线长度和海岛数量均居全国首位，具有建设深水港区的良好区位条件，海洋资源丰富，资源开发利用条件较好，陆地经济支撑方面也较强。然而目前的海洋经济规模仍然较小，海洋经济开发强度低于大多数沿海省份，海洋科技创新对海洋经济发展的支撑力明显不足，海洋科研经费投入、海洋人才培育、海洋科研产出方面均较为薄弱。目前宁波舟山港已成为全球货物进出口第一大港，要充分利用有利的港口条件，推动临港产业发展，加快加强培育新兴海洋产业，提高产业集群度，延长产业链条，逐步释放海洋资源禀赋红利，提升海洋经济规模和产业竞争力。

对于第二类地区，尽管这些地区海洋经济的发展也面临一些问题，但总体能够克服资源约束，实现较大的海洋经济规模。不难看出，这些地区的共同特点在于海洋经济意识强、发展思路明确、能够扬长避短培育相对优势，从而实现海洋经济规模的不断扩大，为第三类地区的发展提供了一定的经验借鉴。

山东海洋资源禀赋在全国并不突出，但经过多年的发展，目前海洋经济规模位居全国第二，远高于资源禀赋较为接近的其他省份。山东海洋经济最大的特点是海洋科技支撑能力较强，注重海洋科技人才的培育，同时拥有海洋领域全国唯一的国家实验室——青岛海洋科学与技术国家实验室。此外，山东省政府高度重视海洋经济的发展，2018年印发《山东海洋强省建设行动方案》，明确了推动海洋强省建设的十大方案，是11个沿海省份中首个推出具体行动方案的省份。当然，山东在海洋经济产业结构方面有待进一步升级，未来仍需借助现有科技优势，提高科研成果转化效率，推动产业的高级化发展。

福建的海岸线曲折率为全国之最，海岸线长度及管理海域面积较第一类地区均有较大差距，且易发生海洋风暴潮等自然灾害，自然资源禀赋相对较为一般。然而，福建地理区位优势明显，紧挨长三角和珠三角，与台湾隔海相望，同东南亚国家来往方便，自古以来就是对外交往的重要平台，是海上丝绸之路的核心区域。福建海洋经济的发展具有重要的战略意义，2011年至2012年期间，国务院先后批准了《海峡西岸经济区发展规划》和《福建海峡蓝色经济试验区发展规划》，海峡蓝色经济试验区首要定位便是成为"深化两岸海洋经济合作的核心区"。此后福建进入海洋经济快速发展阶段，近些年增速全国领先。目前发展存在的突出短板是海洋科研机构和高校较为缺乏，海洋科研人员储备不足，海洋环境安全性较低。未来要注重加强海洋科技实力，同时提高海洋灾害防范能力，减少经济损失。

江苏的海洋经济资源禀赋一般，海岸线仅长954千米，缺乏海洋油气资源，海岛数量较少，但是相比其他资源禀赋较为接近的地区，海洋经济规模较大。江苏海洋经济发展的优势在于其有强大的陆地经济作为支撑，海洋科技实力较强，注重优势海洋产业的培育，通过科技创新促进海洋产业的发展。船舶工业造船完工量多年位居全国第一，具有绝对优势；海洋风电产业发展迅猛，海上风电装机容量、年发电量位居全国前列。当然，与其陆地经济强省的地位相比，江苏海洋经济规模仍然较小。海洋经济发展存在海洋经济统一管理机构缺乏、海洋第三产业发展较为滞后、海洋科研院所相对较为分散、海洋科研人员培育不足问题。随着这些问题的解决，江苏海洋经济规模将会有大幅度提升。

上海是全国最大的沿海城市，在海洋经济产业结构、海洋科技支撑和陆地经济支撑三个方面均居于全国首位，海洋经济开发效率较高，劳均海洋生产总值超过其他沿海省份。上海海洋经济发展起步较早，与其他地区相比已经进入相对较为成熟的发展阶段，并积累了较多的发展经验。上海注重海洋科技成果转化，成立了海洋高端装备研发与转化功能型平台，通过产学研合作培育海洋高端装备制造创新型企业。此外，上海注重加强区域间海洋经济合作，提升产业协作水平，2018年签署《长三角区域海洋产业园区（基地）战略合作》协议，与江浙地区共同培育长三角滨江临海产业带。在海洋科技的持续推动下，上海海洋经济将保持稳健增长，与此同时，要注重加强海洋环境保护，提高海洋生态质量。

对于第三类地区，这类地区尽管在资源总量等方面不具有绝对优势，但是仍然有一些可挖掘的相对优势。然而当地由于发展思维的局限性，对海洋经济重视程度不够，海洋经济发展起步较晚，对海洋经济发展定位不明晰，政策落实不到位，导致海洋经济规模较小。这些地区要灵活借鉴第二类地区发展经验，善于挖掘相对优势，发展具有本地特色的海洋经济，对海洋开发战略予以准确定位，并进行详细规划，以促进海洋经济的发展。

辽宁是东北地区唯一的出海口，海洋经济的发展具有一定的优势，海洋资源种类较为齐全，海洋产业门类较为丰富，海洋经济科研经费投入较高，年均发明专利授权数仅次于上海，海洋科技实力较强。然而，可能受近年来东北经济发展的影响，辽宁海洋经济发展状况并不理想，海洋经济规模较小，虽然其海洋资源禀赋仅略差于山东，但是海洋经济规模仅约为山东的1/4，近年来海洋经济更是呈现负增长，海洋经济开发效率不高，劳均海岸线生产总值仅略高于海南。辽宁可以学习借鉴山东的发展经验，在战略层面上注重海洋经济的发展，找准发展定位，制定具体行动方案促进海洋经济发展，注重培育海洋主导产业，同时提升海洋科技成果转化效率，促进产学研合作，将海洋科技优势转化成为推动海洋经济高质量发展的推动力。

广西在海洋环境安全、海洋经济开发强度和陆地经济支撑方面均处于全国末位，在多个维度上存在发展短板。海洋经济仍处于较为初级的发展阶段，经济总量较小，发展方式较为粗放，发展效率较低；缺乏全国范围内的优势海洋产业，产业定位不明确，重点不突出，传统产业占比较高；海洋自然灾害经济损失较大，且海洋自然保护区面积全国最小。广西天然深水港址资源众多，而目前港口规模较小，基础设施相对薄弱，港口资源优势仍有待开发利用。广西是海上丝绸之路与丝绸之路经济带有机衔接的重要门户，是西部地区唯一的沿海省份，享有沿海沿边地区的多种优惠政策。未来要保障海洋经济发展安全，提高防灾减灾能力，做好海洋环境监测及预警，充分利用好港口资源优势和政策优势，实现海洋经济的跨越式发展。

河北海洋资源禀赋较差，海洋经济发展起步较晚，海洋意识不强，经济发展偏向陆地发展模式，海洋经济占当地GDP的比重在全国处于末位。考虑到河北当前海洋科技支撑力和陆地经济支撑力均较弱，无法完全照搬与其资源禀赋较为接近的上海地区的发展经验，需要结合自身实力走出适合本地的海洋经济发展道路。第一，结合自身资源特点培育优势海洋产业。尽管河北海洋资源总量较少，但是在滩涂、海盐、石油、滨海旅游等海洋资源方面仍然具有相对优势，可以发挥比较优势培育本地海洋主导产业。第二，可以加强与天津的合作。一方面发挥集聚优势，促进相关海洋产业集群发展；另一方面，弥补河北在海洋科技、陆地经济支撑方面的短板。

天津海洋资源禀赋在全国处于末位，但与第三类地区的其他三个省份相比，规模相对较大。其原因在于天津海洋油气资源储备较为丰富，陆地经济支撑力较强，对海洋经济重视度较高，尤其是滨海新区的开发大力促进了海洋经济的发展。值得注意的是，天津当前海洋经济开发强度过高，单位海岸线海洋生产总值在全国最高，应当加强对岸线资源的保护，合理开发利用海洋资源。同时，改变海洋资源利用方式，提高科技型海洋产业占比，以突破现有资源和环境约束。此外，如前文所述，加强与河北的区域合作，推进海洋产业集群发展。

第四类地区仅仅包括海南。海南海洋资源极为丰富但经济规模较小，借助自由贸易港建设的政策红利，未来海洋经济将走出特色的发展道路，海洋经济将实现跨越式发展。

海南是全国唯一的热带岛屿省份，管辖海域面积占全国的2/3，具有独特的海洋资源优势。然而，海洋经济规模常年位于全国末位，产业结构单一，发展模式较为粗放，发展层次较低，海洋经济发展现状与其海洋资源并不相称，海洋科技支撑和陆地经济支撑力均较弱。海南海洋经济的发展对于维护南海权益，带动海南经济跨越式发展来说具有重要的战略意义。考虑到海南独特的地理位置和资源优势，海洋经济的发展必须走特色的发展道路。《海南自由贸易港建设总体方案》的出台为海洋经济的发展提供了前所未有的政策优势，可以借此契机加强海洋基础设施建设，吸引并培育海洋科技人才，以海洋服务业抓手推动海洋产业发展。同时，为弥补所辐射陆地经济范围较小的问题，加强与东南亚国家以及粤港澳大湾区等地区的联动。

第五节　海洋经济发展的政策建议

我国海洋经济规模已经位于世界前列，海洋经济增长稳定，成为拉动沿海地区经济增长的重要力量；海洋产业结构不断优化，主要海洋产业在全球市场中占据较大份额；海洋科技实力不断增强，对海洋科技资源投入不断加大，部分地区能够突破资源的限制实现海洋经济的良好发展。同时也应注意到，我国海洋资源利用方式较为粗放，经济效益较低；海洋产业结构层次较低；科技水平与国外仍存在一定差距；各地海洋经济发展差距较大，需要促进各地区协调发展。为此，本章提出如下政策建议。

一、加强海洋经济法律保障，发挥规划引导作用

推动海洋经济立法，保障海洋经济安全、促进可持续性发展。国外沿海国家纷纷制定了基础性的海洋法律，例如：加拿大是世界上第一个进行综合性立法的国家，于1996年出台了《海洋法》；美国于2000年通过了《海洋法案》，为后续海洋政策的制定提供了法律保障；日本和英国也分别于2007年和2009年制定了《海洋基本法》和《英国海洋法》。我国也出台了不少涉海性法律法规，但是缺少一个综合性的法律，未来应推动建立海洋领域的基本法律，为"海洋强国"建设提供坚实的制度保障。

加强战略规划统筹引导，注重规划的长期性、系统性和战略性。纵观世界各国海

洋经济发展进程，政府均在其中起到了重要的推动作用，通过制定系统性的规划，明确了发展海洋经济的战略思路，自上而下推动了海洋经济的发展。目前我国已经明确了"海洋强国"的战略思想，也出台了较多海洋领域的规划文件。后续要进一步完善现有规划，建立包含资金、政策、法律、管理在内的战略体系，针对各海洋产业制定产业发展规划与政策指导目录。

二、转变海洋经济发展模式，推动海洋产业提质增效

延伸整合海洋产业链，提升产业层次。推动传统海洋产业转型升级，解决产业链短、散的问题，延伸产业链深度，拓展产业链广度，提高产品附加值，发展新业态新模式，推动传统产业高技术化，减轻对资源的依赖能力，形成高效、节约、可持续的发展模式。大力培育战略性新兴海洋产业，进行前瞻性产业布局，提高关键设备自给能力，减轻对国外设备和技术的依赖性。整合现有产业资源，减少同质化竞争，培育特色优势企业，提高资源利用率。

推动产业集群发展，提升产业竞争力。建立海洋产业园区，发挥优势产业集群优势，在园区内部给予土地、贷款、税收等方面的优惠政策，吸引优势海洋企业进入，汇集生产要素，优化资源配置。通过共享基础设施和公共服务，促进知识交流和学习，提高海洋专业人才就业匹配度，实现集聚优势。培育一批龙头企业，以龙头企业带动产业链上下游中小企业协同发展，建立完善企业孵化成长机制。通过企业之间的竞争合作激发企业竞争意识，推动形成持续性的竞争优势。

三、深入实施"科技兴海"战略，促进海洋经济创新发展

一是增强企业自主创新能力，强化企业创新主体地位。提升龙头企业创新能力和动力，引导企业加强创新投入和人才培养，建立研发机构，完善企业内部创新激励机制。选取一批创新潜力大的中小型高科技企业重点培育，引进国外核心设备，通过技术消化吸收再创新，掌握细分领域关键技术。

二是建设高水平海洋科研平台，推进关键技术创新突破。加快推进国家海洋实验室试点工作，建设面向世界的顶尖科研平台，服务国家海洋经济发展战略，突出平台前瞻性、引领性和全局性。提高科研要素投入效率，共享科研创新资源。加强基础领域海洋科研工作，推动交叉领域科研创新，攻克重大科技难关，抢占全球范围内海洋科技制高点。

三是推动产学研合作，提高海洋科技成果转化效率。推动产学研深度融合，构建以企业为主体、以市场为导向、高校和科研机构共同参与的海洋科技创新平台，鼓励多种形式的合作机制，推动科技成果的转化，实现知识生产、技术应用和产品市场化创新价值链的顺利衔接，形成科技创新和产业发展的良性循环。

四、开展沿海地区区域合作，实现海洋经济协同发展

挖掘区域比较优势，因地制宜明确发展思路。认清各地区在自然资源、生态环境、产业基础、科技支撑、人才储备等方面的实力，结合各地区的比较优势，明确海洋经济发展思路，因地制宜制定发展规划，减少同质化竞争，发展本地特色海洋产业。

融合区域发展战略，推动区域合作。根据全国海洋主体功能区的划分，融合京津冀协同发展、长三角一体化发展、"一带一路"倡议等重大区域发展政策，推动山东、天津、河北和辽宁北部海洋经济圈的合作，协同长三角一体化发展战略加强江浙沪三地东部海洋经济圈的区域联动，发挥广东在南部海洋经济圈的引领作用，带动福建、广西和海南海洋经济的发展。建立跨区域协作平台，共同培育临海产业带、培养海洋科技人才、研发新技术新产品，优势互补，弥补发展短板，优化海洋资源要素配置，推动各地海洋经济协同发展。

五、加强海洋生态环境保护，推进海洋生态文明建设

树立生态文明理念，加强海洋生态环境保护，对于保护海洋生物多样性、维护海洋生态系统平衡、促进海洋经济可持续发展具有重要意义。第一，合理开发、利用和保护海洋资源，提高海洋资源利用效率，强化海洋生态环境保护，发展绿色海洋经济，促进人海和谐发展。第二，控制海洋污染物的排放，加强海洋污染联防联治，海陆并举进行海洋污染物整治。第三，继续开展海洋生态文明示范区建设，划定海洋生态红线，提升近岸海域水质，提高自然岸线保有率，打造生态岸线和景观岸线，加强海洋自然保护区建设，使良好生态环境助力滨海旅游业发展。第四，完善海洋灾害监测和预警系统，提高海洋灾害应对能力，减轻海洋灾害损失，保障海洋经济安全。

参考文献

[1] 陈万灵. 关于海洋经济的理论界定 [J]. 海洋开发与管理, 1998 (3): 3-5.

[2] 韩增林, 许旭. 中国海洋经济地域差异及演化过程分析 [J]. 地理研究, 2008 (3): 613-622.

[3] 何广顺, 王晓惠. 海洋及相关产业分类研究 [J]. 海洋科学进展, 2006 (3): 365-370.

[4] 权锡鉴. 海洋经济学初探 [J]. 东岳论丛, 1986 (4): 20-25.

[5] 时智勇, 王彩霞, 李琼慧. "十四五"我国海上风电发展关键问题研究 [J]. 中国电力, 2020, 53 (7): 1-9.

[6] 宋军继. 美国海洋高新技术产业发展经验及启示 [J]. 东岳论丛, 2013, 34 (4): 176-179.

[7] 谭晓岚. 全球港口业发展趋势及中国港口业未来发展模式选择 [J]. 中国海洋经济, 2017 (2): 68-85.

[8] 魏远竹, 林源昌, 谢艺环, 等. 国外海洋战略性新兴产业的发展经验及其对福建的启示 [J]. 宁德师范学院学报 (哲学社会科学版), 2015 (3): 33-40.

[9] 徐质斌. 海洋经济与海洋经济科学 [J]. 海洋科学, 1995 (2): 21-23.

［10］张丽，葛春凤．我国海运业发展存在的主要问题及对策建议［J］.港口经济，2017（2）：25－27.

［11］张耀光，刘锴，王圣云，等．中国和美国海洋经济与海洋产业结构特征对比：基于海洋GDP中国超过美国的实证分析［J］.地理科学，2016，36（11）：1614－1621.

［12］张耀光，王涌，胡伟，等．美国海洋经济现状特征与区域海洋经济差异分析［J］.世界地理研究，2017，26（3）：39－45.

［13］张艺，龙明莲．海洋战略性新兴产业的产学研合作：创新机制及启示［J］.科技管理研究，2019，39（20）：91－98.

［14］SHORROCKS A F. Decomposition procedures for distributional analysis：a unified framework based on the Shapley value［J］.Journal of Economic Inequality，2013，11（1）：99－126.

第十二章 "十四五"时期区域协调发展新格局与 2035 年基本实现社会主义现代化

党的十九大报告指出，经过长期努力，中国特色社会主义进入新时代，我国社会主要矛盾已经转化为人民日益增长的美好生活需要和不平衡不充分的发展之间的矛盾。这是关系全局的历史性变化，要求我们在谋划经济社会发展时，要着力解决好发展不平衡不充分的问题。为此，要着力推动区域协调发展、城乡协调发展、物质文明和精神文明协调发展。可见，推动区域协调发展是解决我国发展不平衡、不充分问题的基本路径之一，对 2035 年基本实现社会主义现代化具有重要意义。

2021 年 3 月，《中华人民共和国国民经济和社会发展第十四个五年规划和 2035 年远景目标纲要》正式发布，纲要共包括 19 篇 65 章内容，描绘出 2035 年基本实现社会主义现代化的总体布局思路。其中，纲要第九篇"优化区域经济布局　促进区域协调发展"中的"优化国土空间开发保护格局""深入实施区域重大战略""深入实施区域协调发展战略""积极拓展海洋经济发展空间"4 章详细描绘了"十四五"时期区域协调发展新格局。与此同时，纲要第七、八、十二篇分别从乡村振兴、新型城镇化、高水平对外开放三方面切入，与第九篇相互补充。

"十四五"规划纲要在论述区域协调发展战略时涉及的空间范围包括"老少边穷"、四大板块、城市群与城市体系、京津冀与雄安新区、长江经济带、粤港澳大湾区、黄河流域、资源型地区、边疆地区以及海洋地区，覆盖面较广。不少观点将凡是涉及空间的战略都纳入区域协调发展战略之中，这是值得商榷的。完整理解区域协调发展战略，需要分清主次，即区分"两主"（区域发展总体战略与主体功能区战略）、"五核"（京津冀协同发展、长江经济带发展、粤港澳大湾区建设、长三角一体化发展、黄河流域生态保护与高质量发展）与"四从"（新型城镇化、乡村振兴、全方位对外开放、陆海统筹）。下面将结合 GDP、人均 GDP、消费、投资、进出口等具有代表性的统计数据，按照"两主"、"五核"与"四从"的逻辑主线，系统解读"十四五"规划纲要关于区域协调发展新格局的全新构想。在此基础上，探讨区域协调发展对 2035 年基本实现社会主义现代化的驱动机制，兼及 2035 年基本实现社会主义现代化的战略框架。

一、"十四五"规划纲要关于区域协调发展新格局的构想："两主"

本部分将结合 GDP、消费、投资、进出口，总结区域发展总体战略与主体功能区战略的历史演进轨迹。在此基础上，回归"十四五"规划纲要文本，梳理"十四五"规划纲要关于区域发展总体战略与主体功能区战略的新思路。

（一）区域发展总体战略

"十四五"规划纲要第三十二章指出要"深入推进西部大开发、东北全面振兴、中部地区崛起、东部率先发展，支持特殊类型地区加快发展，在发展中促进相对平衡"，将21世纪初形成的区域发展总体战略再一次推向时代前沿。

根据区域生命周期理论，区域在现代化征程中必将经历幼年、青年、成熟、老年四个阶段（张可云，2018）：幼年区域尚未越过现代化门槛，综合发展水平偏低，以"穷"为主要表现的落后病突出，以西部地区最为典型；青年区域处于现代化的起步期，活力十足，不存在典型的病症；成熟区域已接近现代化的上限阈值，经济活动高度集中，以"堵"为主要表现的膨胀病凸显，以东部地区最具代表性；老年区域是在现代化浪潮中丧失竞争优势的区域，经济结构较为单一，以"老"为主要表现的萧条病最为典型，以东北地区最为突出。

经济规模扩大是高质量发展的物质基础。图12-1展现了2000—2020年四大板块的GDP占比。东部地区GDP占比先由2000年的52.49%逐年提升至2006年的55.49%，后又缓慢下降至2020年的51.93%，对国民经济增长的贡献率占据了绝对优势，这说明在东部率先战略的驱动下，东部地区依然是区域经济的关键增长极，在高质量发展战略实践中纲举目张。中部地区GDP占比先从2000年的20.36%波动下滑至2003年的18.58%，随后缓慢抬升至2020年的21.95%，呈现出V字形的变动轨迹。西部地区GDP占比呈现上升态势，由2000年的17.13%增加至2020年的21.07%，西部大开发成效显著，但东西失调问题并未得到根本性解决。然而，东北地区出现了明显的衰退迹象，GDP占比自2000年的10.02%跌落至2020年的5.05%，东北振兴依然任重道远。

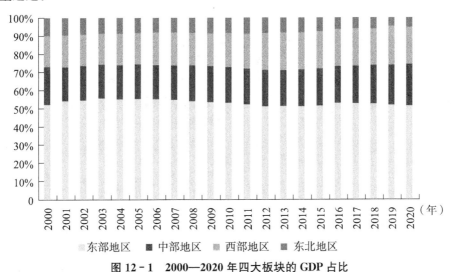

图12-1 2000—2020年四大板块的GDP占比

数据来源：根据EPS数据库计算，香港、澳门、台湾部分数据缺失，未纳入计算范畴。

作为社会扩大再生产链条的最后一环，消费是居民生活水平的直接表现。图12-2

汇报了 2000—2020 年四大板块的社会消费品零售总额占比。与 GDP 占比类似，2000—2020 年东部地区社会消费品零售总额占比始终维持在 50% 以上，这主要是因为东部地区多个省份的人均收入已同中等发达经济体相当，消费日益呈现出高端化、个性化、绿色化的特征，在国民经济高质量发展中的基础性作用不断凸显。中部、西部地区社会消费品零售总额占比分别从 2000 年的 20.55%、16.82% 扩张至 2020 年的 23.53%、20.94%，内需正承担着愈发重要的角色。东北地区社会消费品零售总额占比一路走低，在 2019 年更是出现了 3.44 个百分点的断崖式下跌，消费疲软成为东北振兴需要克服的突出障碍。

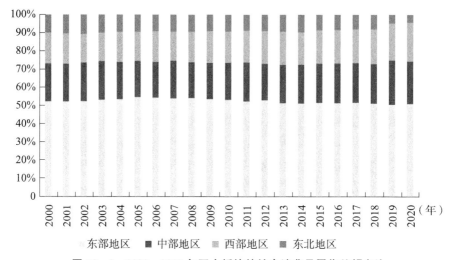

图 12-2　2000—2020 年四大板块的社会消费品零售总额占比
数据来源：根据 EPS 数据库计算，香港、澳门、台湾部分数据缺失，未纳入计算范畴。

在筑牢消费基础性作用的同时，有效投资的关键性作用同样不容忽视。图 12-3 反映了 2000—2019 年四大板块的全社会固定资产投资总额占比。东部地区全社会固定资产投资总额虽然不断扩张，但其占比由 2000 年的 54.82% 下降至 2019 年的 41.58%，对高质量发展的引擎作用减弱。中部、西部地区的全社会固定资产投资总额占比总体增加，依次从 2000 年的 17.55%、19.16% 提高到 2019 年的 28.09%、26.15%，为新一轮中部崛起和西部大开发提供了必要的资金支持。值得注意的是，东北地区全社会固定资产投资总额占比呈现倒 U 形的运动轨迹，先自 2000 年的 8.48% 攀升到 2010 年的 11.32%，在达到峰值后一路走低，仅 2015 年就缩水了 1.75 个百分点，落入了投资困难的发展陷阱。

扩大对外开放是融入全球分工价值链的应时之举。图 12-4 显示了 2000—2020 年四大板块的进出口贸易总额占比。作为开放型经济建设的示范窗口，东部地区进出口贸易总额占比基本维持在 80% 以上，占据了绝对优势地位，是联通国内国际两个市场的重要纽带。受"一带一路"倡议与自由贸易区试点的影响，中部、西部地区进出口贸

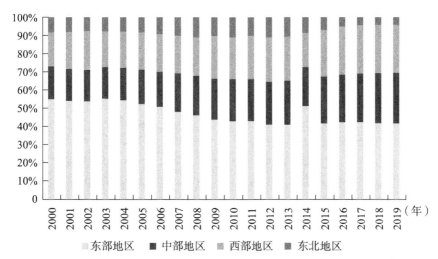

图 12 - 3 2000—2019 年四大板块的全社会固定资产投资总额占比①

数据来源:根据 EPS 数据库计算,香港、澳门、台湾部分数据缺失,未纳入计算范畴。

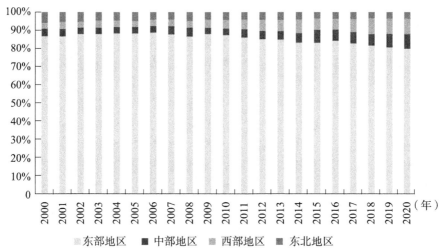

图 12 - 4 2000—2020 年四大板块的进出口贸易总额占比

数据来源:根据 EPS 数据库计算,香港、澳门、台湾部分数据缺失,未纳入计算范畴。

---

① 自 2019 年起,《中国统计年鉴》不再报告各省区市的全社会固定资产投资总额,结合数据的可得性,2018 全社会固定资产投资总额=2018 年城镇固定资产投资总额×(1+2018 年城镇固定资产投资总额增长速度)+2018 年农村农户固定资产投资总额×(1+2018 年农村农户固定资产投资总额增长速度);2019 年全社会固定资产投资总额=2018 年全社会固定资产投资总额×(1+2018 年全社会固定资产投资总额增长速度)。截至发稿时 2020 年的投资增速数据尚未公布,因此未核算 2020 年的全社会固定资产投资总额。

易总额不断增加，占比也相应地从 2000 年的 3.91%、3.92%提升到 2020 年的 7.76%、8.97%。东北地区进出口贸易总额贡献率持续缩水，在 2011 年同时被中部、西部地区超越，开放型经济建设道阻且长。

为持续缩小四大板块间的差距、塑造优势互补的区域协调发展格局，"十四五"规划纲要在第三十二章第一至四节围绕以"东部率先、中部崛起、西部开发、东北振兴"为核心内容的区域发展总体战略提出了一系列新思路：

（1）鼓励东部地区加快推进现代化。1978 年改革开放之初，我国政府为尽快改变落后局面，开创性地实施沿海发展战略。在国家的鼎力支持下，东部地区成为国民经济发展的压舱石。站在"两个一百年"的历史交汇点上，为发挥东部地区对于基本实现社会主义现代化的排头兵作用，"十四五"规划纲要在强调发挥创新要素集聚优势、培育世界级先进制造业集群的同时，明确提出要支持深圳建设中国特色社会主义先行示范区、上海浦东打造社会主义现代化建设引领区、浙江高质量发展建设共同富裕示范区、深入推进山东建设新旧动能转换综合试验区。通过建设上述 4 大示范单元，方能确保东部地区率先完成高质量发展的转型目标，以便更好地支援内陆，最终促成整个国家的高质量发展，描绘出一幅波澜壮阔的新时代"两步走"蓝图。

（2）开创中部地区崛起新局面。为避免发生"中部塌陷"现象，"十四五"规划纲要将武汉都市圈、长株潭都市圈定位为长江中游城市群的轴心，提出在有序承接产业转移的同时，在长江、京广、陇海、京九沿线打造中高端产业集群。此外，考虑到 2020 年初疫情带来的巨大冲击，"十四五"纲要还特别强调提升中部地区应对公共卫生等重大突发事件能力。

（3）推进西部大开发形成新格局。"十四五"规划纲要响应 2020 年 5 月发布的《关于新时代推进西部大开发形成新格局的指导意见》，将成渝地区双城经济圈定位为具有全国影响力的重要经济中心、科技创新中心、改革开放新高地、高品质生活宜居地。在此基础上，考虑到西部地区南北经济分化的特征性事实，"十四五"规划纲要还将关中平原城市群建设作为促进西北西南联动的关键支柱。与此同时，"十四五"规划纲要特别提到要推进新疆大型油气生产加工和储备基地、大型煤炭煤电煤化工基地、大型风电基地以及国家能源资源陆上大通道建设，支持西藏打造面向南亚开放，将西部沿边地区开发纳入国家顶层设计之中。

（4）推动东北振兴取得新突破。"十四五"规划纲要在强调改造提升装备制造等传统优势产业的基础上，立足黑吉辽三省的实际，圈定辽宁沿海经济带、长吉图开发开放先导区、哈尔滨对俄合作开放区三个示范单元，适时培育寒地冰雪、生态旅游等新型业态。

在围绕区域发展总体战略展开系统分析的基础上，"十四五"规划纲要还在第三十二章第五节着重强调要"支持特殊类型地区发展"，为革命老区、生态退化地区、资源型地区、沿边地区高质量发展指明前进方向，同党的十九大报告关于区域协调发展的新论述形成呼应。

(二) 主体功能区战略

2010 年 12 月，《全国主体功能区规划》正式发布，在明确优化结构、保护自然、集约开发、协调开发、陆海统筹五大开发原则的基础上，将国土划分为优化开发、重点开发、限制开发、禁止开发四类。历经十多年的实践，主体功能明显、优势互补、高质量发展的国土空间开发保护格局基本形成。为形成更加有效的国土空间开发保护支撑体系，"十四五" 规划纲要在第三十章第一节秉承分类指导的基本法则，将城市化地区、农产品主产区、生态功能区纳入统一的政策框架。其中，城市化地区与优化开发区、重点开发区一脉相承，农产品主产区同限制开发区在空间分布上高度重合，生态功能区与禁止开发区关联紧密。

为明晰城市化地区、农产品主产区、生态功能区的开发保护思路，"十四五" 规划纲要在第三十章第二、三节提供了方向指引：

（1）开拓城市化地区高质量发展的动力源。为构建多点支撑、协同发力的空间格局，"十四五" 规划纲要指出要 "提高中心城市综合承载能力和资源优化配置能力"。为此，在巩固北京、天津、上海、广州、重庆、成都、武汉、郑州、西安 9 座国家中心城市建设成果的同时，有选择地设立一批集引领、辐射、集散功能于一体的区域中心城市，尚未进入国家中心城市名册的省会城市、处于首位城市或次位城市行列的非省会城市可作为优先考虑对象。在此基础上，为不断增强经济和人口承载能力，"十四五" 规划将京津冀、长三角、粤港澳三大城市群定位为龙头，发挥其对区域发展的辐射带动作用（孙久文和蒋治，2021）。

（2）要提升农产品主产区、生态功能区等重要功能性区域的保障能力。"十四五" 规划纲要强调 "支持农产品主产区增强农业生产能力"。为此，第一，要革新农业生产技术。技术革新是优化农业全要素生产率的关键着眼点。为驱动农业科技自主创新，农产品主产区要加快生物育种、农机装备、绿色增产等领域的技术攻关，推进农产品机械化生产，构建农业生产技术全域推广网络。第二，应加大农业政策优惠力度。农产品主产区在将农业 "三项补贴" 合并为农业支持保护补贴、完善农机具购置补贴政策的同时，必须坚持市场化改革取向和保护农民利益并重，健全农产品市场调控制度，引导流通、加工企业等市场主体参与到农产品社会扩大再生产中去。

（3）为响应 "十四五" 规划纲要 "支持生态功能区把发展重点放到保护生态环境、提供生态产品上，支持生态功能区人口逐步有序向城市化地区转移并定居落户" 的号召，生态功能区需在水体、大气、固体废弃物污染防治三方面齐抓共管。具体而言，对于水体治理而言，我国拥有大量跨行政区的水域，必须按照一体化标准实施对废水的无害化处理，着力改善全域水体水质。对于大气与固体废弃物治理而言，要追根溯源，适时联动淘汰落后产能，释放环境规制的约束效应，从源头上遏制废气废渣的排放。更为重要的是，在生态文明建设进程中必然会出现开发地区、受益地区与受保护地区的分化，这就需要以系统优化思想为指导，建立健全跨区域生态补偿机制，有序引导生态功能区人口的空间转移。

二、"十四五"规划纲要关于区域协调发展新格局的构想："五核"

本部分将围绕"十四五"规划纲要提到的五个区域重大战略展开。每个部分的分析思路是：首先，介绍各个区域重大战略的出台背景及相应的核心规划性文件；其次，选取 GDP、人均 GDP 两个代表性变量，反映各个区域重大战略所涉及地区的总体发展情况；最后，回归"十四五"规划纲要文件，予以解读。

（一）京津冀协同发展

京津冀地域一体、文化一脉，是我国最具经济活力、创新能力最强、吸纳人口最多的地区之一。早在 1983 年版的《北京城市建设总体规划方案》便提出了"首都圈"的概念，并于 1986 年设立环渤海地区市长联席会（张可云和蔡之兵，2014）。步入 21世纪，京津冀经济圈、首都圈等概念陆续诞生，为京津冀协同发展奠定了坚实的制度基础。为了优化城市布局与空间结构、构建现代化交通网络系统、扩大环境容量生态空间、加速产业升级转移、促进公共服务共建共享、加快市场一体化进程，2014 年 2月，习近平总书记在北京召开座谈会时首次将京津冀协同发展上升到国家战略层面，引发了政界、学界的热烈讨论。2015 年 4 月，《京津冀协同发展规划纲要》正式审议通过，指明了京津冀协同发展的总体方向。

图 12-5 展现了 2000—2020 年京津冀的 GDP 与人均 GDP。从总量上看，京津冀 GDP 自 2000 年的 9 207.08 亿元扩张至 2020 年的 86 393.20 亿元，2020 年占全国 GDP 的比重接近 10%。具体到京津冀内部发现，北京、天津、河北的 GDP 分别从 2000 年的 2 478.76 亿元、1 639.36 亿元、5 088.96 亿元提高到 2020 年的 36 102.60 亿元、14 083.70 亿元、36 206.90 亿元，年均增速依次为 14.33%、11.35%、10.31%。比较发现，北京 GDP 年均增速比河北高出 4.02 个百分点，使得北京 2020 年的 GDP 同河北基本持平，在京津冀协同发展战略实践中的领头雁地位持续巩固；天津 GDP 年均增速虽然快于河北，但由于原有经济规模较小，加之 2019—2020 年的 GDP 出现两连降，其 2020 年的 GDP 仅为河北的 38.90%。从均量上看，北京、河北的人均 GDP 分别由2000 年的 22 459.66 元、7 662.76 元攀升至 2020 年的 164 889 元、48 564 元，年均增长率分别是 10.48%、9.67%，河北境内的环首都贫困带逐步消失。天津人均 GDP 虽然总体增加，在 2011—2015 年还曾一度超越北京，位居京津冀人均 GDP 之首，但随后增速放缓，在 2019 年更是出现了 25.13% 的断崖式下滑，同北京人均 GDP 的差距呈扩大趋势。总体上看，京津冀两市一省间仍然存在失衡现象，京津冀协同发展依然是"十四五"规划纲要的关注重点。

为在新发展阶段保障京津冀协同发展平稳推进，"十四五"规划纲要在第三十一章第一节指明了"加快推动京津冀协同发展"的重点任务。2016 年 3 月发布的"十三五"规划纲要从有序疏解北京非首都功能、优化空间格局和功能定位、构建一体化现代交通网络、扩大环境容量和生态空间、推动公共服务共建共享五方面完善了京津冀协同发展的顶层设计。相比之下，2021 年 3 月发布的"十四五"规划纲要更为具体：纲要

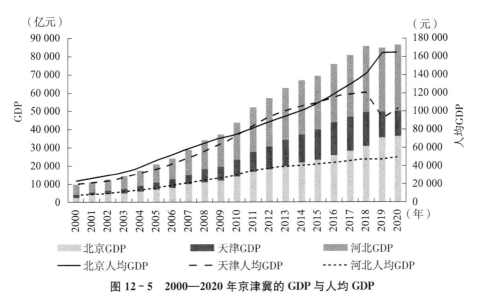

图 12 - 5　2000—2020 年京津冀的 GDP 与人均 GDP

数据来源：根据 EPS 数据库计算。

将空间尺度下移至城市与厂区层面，明确提出要加快建设雄安新区、北京城市副中心、天津滨海新区、张家口首都水源涵养功能区和生态环境支撑区，将疏解北京非首都城市功能作为新发展阶段京津冀协同发展的"牛鼻子"。此外，在生态环境协同治理领域，"十四五"规划纲要特别提到要着重处理好华北地下水超采及地面沉降问题。

（二）长江经济带发展

长江作为联通我国东、中、西三级阶梯的重要通道，是颇具发展潜力的带状区域。早在 20 世纪 90 年代初，长江经济带就已被确立为拉动国家经济社会发展的主轴，与沿海发展战略相呼应，形成了"江海一体"的立体化空间格局。为持续释放长江经济带活力，2016 年 3 月《长江经济带发展规划纲要》正式通过，确立了"共抓大保护、不搞大开发"的总基调，涵盖目标愿景、空间布局、生态环境保护、黄金水道建设、产业培育、对外开放、构建统一大市场、基本公共服务一体化等多个领域的内容。同月发布的"十三五"规划纲要从建设沿江绿色生态廊道、构建高质量综合立体交通走廊、优化沿江城镇和产业布局三方面展开，力求将长江经济带建设成为先行示范带、创新驱动带、协调发展带。

长江经济带包括云南、贵州、四川、重庆、湖北、湖南、江西、安徽、江苏、浙江、上海共九省二市，本章按照上游（云南、贵州、四川、重庆）、中游（湖北、湖南、江西、安徽）、下游（江苏、浙江、上海）的划分方法，在图 12 - 6 中汇报了 2000—2020 年长江经济带的 GDP 与人均 GDP。在总量上，长江经济带 GDP 自 2000 年的 40 727.93 亿元扩容至 2020 年的 471 580.10 亿元，年均增长 13.03%，对国民经济的贡献率接近 50%。其中，长江经济带上游、中游、下游 GDP 分别从 2000 年的 8 548.21 亿元、13 009.51 亿元、19 170.22 亿元逐年提高到 2020 年的 115 950.10 亿元、149 597.10 亿元、206 032.90 亿元，年均增长率依次是 13.93％、12.99％、12.61％，长江经济带上中游 GDP 增速略快于下游，上中下游经济规模差距呈缩小态势。进一步细化至城市尺度，可以发现长江经济带上游、中游、下游均存在万亿级 GDP 的龙头城市：截至 2020 年底，长江经济带上游拥有成都、重庆 2 座万亿级 GDP 城市，长江经济带中游坐落着武汉、长沙、合肥 3 座万亿级 GDP 城市，长江经济带下游分布有南京、苏州、无锡、南通、杭州、宁波、上海 7 座万亿级 GDP 城市。这些龙头城市是成渝城市群、长江中游城市、长三角城市群的轴心，在长江经济带上中下游协调发展的进程中扮演了不可替代的角色。在均量上，长江经济带上游、中游、下游人均 GDP 由 2000 年的 4 458.09 元、5 795.01 元、14 079.18 元增加为 2020 年的 57 546.33 元、64 926.48 元、118 280.56 元，实现了年均 13.64％、12.84％、11.23％的增长。其中，长江经济带下游已成功跨越中等收入陷阱，人均 GDP 同中等发达经济体基本持平，长江经济带上中游人均 GDP 接近 1 万美元的临界值，正处在调整经济结构、转变发展方式的关键窗口期。

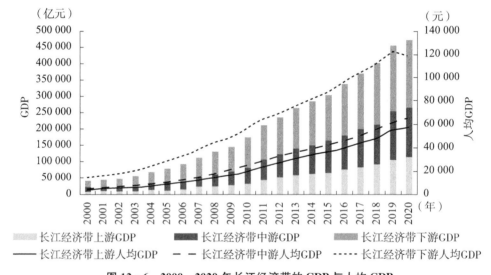

图 12-6　2000—2020 年长江经济带的 GDP 与人均 GDP

数据来源：根据 EPS 数据库计算。

为在新发展阶段持续推动长江经济带高质量发展，"十四五"规划纲要第三十一章第二节遵循《长江经济带发展规划纲要》以及"十三五"规划纲要确立的"共抓大保护、不搞大开发"总基调，从绿色环保产业体系建设、长江水环境生态保护以及水体污染、大气污染、固体废弃物污染综合治理等方面切入，力求将长江经济带打造成为人与自然和谐共生的美丽中国样板。在此基础上，"十四五"规划纲要强调要以长江大动脉为枢纽，通过加快沿江客运高铁和货运铁路建设，形成立体化综合交通运输网络，实现长江经济带上游、中游、下游的全域联动发展。

（三）粤港澳大湾区建设

改革开放以来，广东充分发挥毗邻港澳的区位优势，通过与香港、澳门的跨区域合作,湾区经济初具规模,取得了举世瞩目的成就。粤港澳大湾区总面积仅为 5.60 万平方千米,但经济密度极高,是我国经济的核心增长极。2017 年 7 月 1 日,国家发改委、广东省政府、香港特别行政区政府和澳门特别行政区政府联合签发《深化粤港澳合作 推进大湾区建设框架协议》,协议圈定了七大重点合作领域,引航国际一流湾区和世界级城市群建设。2019 年 2 月,备受关注的《粤港澳大湾区发展规划纲要》正式发布,涉及空间布局、创新能力、基础设施建设、产业体系、生态环境、人民生活、对外开放、区域合作等多个领域,成为打造集纽约湾区的金融中心角色、东京湾区的制造业水准、旧金山湾区的创新能力于一体的世界级大湾区的行动指南。

图 12-7 反映了 2000—2019 年粤港澳大湾区的 GDP 与人均 GDP。从大湾区 GDP 总量来看,2000 年大湾区 GDP 为 23 241.61 亿元,到 2010 年达到了 55 407.31 亿元,到 2019 年攀升至 115 842.40 亿元,分别是 2000 年的 2.38 倍、4.98 倍。从大湾区 GDP 增速来看,大湾区 2000—2010 年 GDP 平均增长 9.08%,占到全国经济总量的 1/10,当之无愧地成为"经济增长奇迹中的奇迹",这离不开广州、深圳、香港、佛山 4 座万亿级 GDP 城市的坚实支撑。进入 21 世纪第二个十年,在我国经济由高速增长转为中高速增长的背景下,大湾区 2010—2019 年 GDP 年均增长 8.54%,增速有所放缓,但依然高于全国平均水平。从大湾区人均 GDP 来看,大湾区人均 GDP 由 2000 年的 46 488.98 元提高到 2010 年的 86 947.65 元,并进一步增长至 2019 年的 159 457.33 元,人均 GDP 以 10 年为周期实现翻番,迸发出旺盛的发展活力。

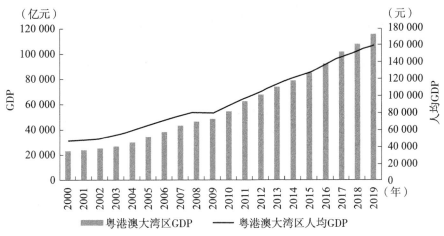

图 12-7 2000—2019 年粤港澳大湾区的 GDP 与人均 GDP

数据来源:根据 EPS 数据库计算。

为积极稳妥推进粤港澳大湾区建设,"十四五"规划纲要秉持"一国两制"的基本方针,承袭《粤港澳大湾区发展规划纲要》的思路,在第三十一章第三节高屋建瓴地勾勒出粤港澳跻身世界级一流湾区的实施方案,要点包括:其一,通过广深港、广珠澳科技创新走廊以及深港河套、粤澳横琴科技创新极点建设,塑造创新网络化格局;其二,在加快现代化城际铁路、港口与机场建设的同时,推进通关模式改革,促进大湾区内生产要素的自由流动;其三,深化珠三角与港澳的文化交流,鼓励港澳青年赴内地创业就业。

(四) 长三角一体化发展

长三角近三十年来取得了举世瞩目的历史性成就。然而,随着国民经济逐渐由高速增长转向高质量发展阶段,长三角一体化发展面临全新的机遇与挑战。2018 年 11 月,习近平总书记在首届中国国际进口博览会上明确表示支持长江三角洲区域一体化发展上升为国家战略;2020 年 8 月,习近平总书记在合肥主持召开以扎实推进长三角一体化发展为主题的座谈会,强调长三角需紧扣一体化和高质量两个关键词,与 2019 年 12 月印发的《长江三角洲区域一体化发展规划纲要》形成呼应,共同为长三角要素一体化、政策一体化向纵深迈进指明了方向。

图 12-8 显示了 2000—2020 年长三角的 GDP 与人均 GDP。长三角的 GDP 由 2000 年的 22 208.45 元攀升至 2020 年的 244 713.50 亿元,对中国国民经济的贡献率接近 1/4。与此同时,长三角的人均 GDP 在 2020 年已突破 10 万元关口,高达 104 451.94 元,紧追粤港澳大湾区,同中等发达经济体基本持平。若将空间尺度进一步细化,不难发现长三角域内经济活力旺盛,高质量一体化特征明显,其一,从总量上看,上海、江苏、浙江、安徽 GDP 分别从 2000 年的 4 551.15 亿元、8 582.73 亿元、6 036.34 亿元、3 038.24 亿元扩容到 2020 年的 38 700.60 亿元、102 719 亿元、64 613.30 亿元、38 680.60 亿元,其中江苏、浙江 GDP 长期位列全国第 2 位与第 4 位,上海、安徽 GDP 也稳居全国中上游水平,这与上海、苏州、杭州、南京、宁波、无锡、南通、合肥 8 座万亿级 GDP 城市的增长极作用密不可分。其二,从均量上看,上海、江苏、浙江人均 GDP 分列全国第 2、4、5 位,早在 2012 年就已突破 10 000 美元大关,成功跨越中等收入陷阱,但后期归入长三角地域范围的安徽人均 GDP 水平偏低,2019 年的人均 GDP 依然不及上海、江苏、浙江 2012 年的水平,尚存在较大的提升空间。其三,从增速上看,上海、江苏、浙江、安徽的 GDP 年均增长率分别是 11.30%、13.21%、12.58%、13.56%,人均 GDP 年均增长率依次为 7.82%、12.37%、10.58%、13.70%,增速均超过或同全国平均增速相当。在国内大循环面临结构性调整、国际大循环充斥不确定性的宏观背景下,长三角三省一市高度一体化无疑为国民经济高质量发展打下了坚实的基础。

为保障长三角高质量一体化行稳致远,"十四五"规划纲要在第三十一章第四节围绕"提升长三角一体化发展水平",从创新能力、产业体系、基础设施、对外开放、公共服务、生态环境治理六个方面设计了多条路径,为恰当处理好长三角一体化进程中的资源共享问题、利益共得问题与行为约束问题提供了基本准则,形成了集"区域合作政策—区域合作组织—区域合作章程—区域合作项目—区域合作绩效考核"于一体的五维一体化制度框架,促进教育、就业、卫生、文旅资源的全域有序流动。

(五) 黄河流域生态保护与高质量发展

2019 年 9 月,习近平总书记在河南考察调研时将黄河流域生态保护与高质量发展

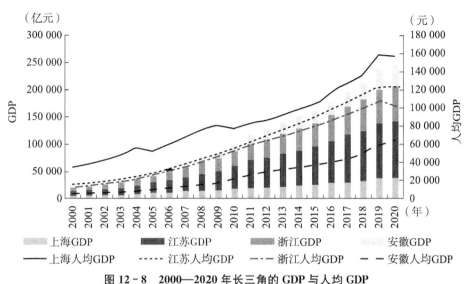

图 12 - 8　2000—2020 年长三角的 GDP 与人均 GDP
数据来源：根据 EPS 数据库计算。

定位为国家战略。与长江经济带不同，黄河流域由于航运之利不济，门户城市与枢纽城市数量较少，目前尚不具备建成网络化国家级经济带的能力。为此，2020 年 1 月，习近平总书记在中央财经委员会第六次会议上明确，黄河流域必须下大气力进行大保护、大治理，走生态保护和高质量发展的路子；要推动成渝地区双城经济圈建设，在西部形成高质量发展的重要增长极。

经过历史上的长期开发，尤其是改革开放以来工业化与城镇化的快速建设，黄河流域已基本形成了科学合理的国土空间开发格局。黄河流域生态保护与高质量发展战略作用的空间范围包括青海、甘肃、内蒙古中西部七盟市、宁夏、陕西、山西、河南、山东，本章按照上游（青海、甘肃、内蒙古中西部七盟市、宁夏）、中游（陕西、山西、河南）、下游（山东）的划分方法，在图 12 - 9 展现了 2000—2019 年黄河流域的 GDP 与人均 GDP。从总量上看，黄河流域 GDP 自 2000 年的 19 317.84 亿元提升至 2019 年的 195 219.96 亿元，年均增长 12.95%，慢于长江经济带，经济规模同长江经济带的差距呈扩大态势。其中，黄河流域上游、中游、下游 GDP 分别从 2000 年的 2 333.01 亿元、8 442.39 亿元、8 542.44 亿元增加到 2019 年的 27 073.38 亿元、97 079.05 亿元、71 067.53 亿元，年均增长率依次是 13.77%、13.72%、11.80%。尽管黄河流域上游 GDP 增速更快，但由于其基数较小，在绝对数额上同黄河流域中下游依然有着较大差距。虽然黄河流域中游 GDP 自 2001 年起就高于黄河流域下游，但黄河流域中游地域面积远大于黄河流域下游，中游的陕西、山西、河南三省份同下游的山东依然存在较为明显的差距。从均量上看，黄河流域下游人均 GDP 一路领先，由 2000 年的 9 494.76 元抬升到 2019 年的 70 572.04 元，实现了年均 11.13% 的增长，正处于跨越中等收入陷阱的攻关期。黄河流域上游 2000—2018 年的人均 GDP 略高于黄河流域中游，但在 2019 年被反超。比较后发现，黄河流域上中游人均 GDP 提高速度比黄河流域下游快，上中下游三大地带的协同性不断增进。需要注意的是，黄河流域人均 GDP 同长江经济带的绝对与相对差距均较为明显，要成长为我国北方地区纵贯东西的经济命脉仍需久久为功。

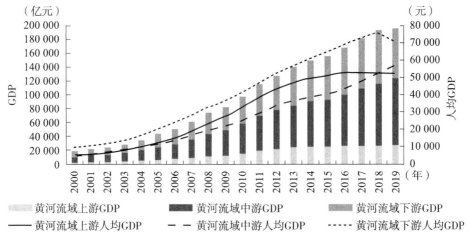

图 12 - 9   2000—2019 年黄河流域的 GDP 与人均 GDP
数据来源：根据 EPS 数据库计算。

随着资源开发强度增加、城市建设规模扩大，加之过境水是黄河流域的主要水资源，生产、生活、生态用水需求已远远超过当地的水资源存蓄量，诱发了严重的水资源供需矛盾（金凤君，2019）。为解决上述问题，"十四五"规划纲要坚持以水定城、以水定地、以水定人、以水定产四项原则，将提升水源涵养能力构筑"中华水塔"作为黄河流域上游地区的中心工作，将小流域综合治理、旱作梯田和淤地坝建设作为治理其中游地区水土流失问题的不二法门，将悬河与滩区综合治理、黄河三角洲湿地保护与修复确立为其下游地区的重点任务。与此同时，"十四五"规划纲要还将汾渭平原与河套灌区的农业面源污染治理、黄河岸线内工业污染型企业整顿、沿黄河城镇的节水控水与污水处理纳入关注范畴，多措并举打造黄河流域生态保护和高质量发展先行区。

三、"十四五"规划纲要关于区域协调发展新格局的构想："四从"

"十四五"规划纲要在第九篇第三十至三十一章围绕构建更加有效的区域协调发展新机制提出了详细构想。除第九篇外，"十四五"规划纲要在第七、八、十二篇也涉及部分促进新时代区域协调发展的思路。本部分将逐一介绍各项战略的出台背景以及"十四五"规划纲要中的相应论述。

（一）新型城镇化

步入 21 世纪以来，我国城镇化率由 2000 年的 36.22% 提升至 2020 年的 63.89%，提升了 27.67 个百分点，我国已由以农为本、以土为生、以村而治、根植于土的"乡土中国",进入乡土变故土、告别过密化农业、乡村变故乡、城乡互动的"城乡中国"（刘守英和王一鸽，2018）。在改革开放前 30 多年的时间里，我国城镇化主要依靠大城市吸引外来人口的传统方式展开，是典型的以城市为核心、以增长为导向的劳动力非农化进程。在此过程中，城乡在就业、教育、医疗、社会保障等领域的差距拉大，诱发了一系列社会问题。为此，我国在 2014 年印发了《国家新型城镇化规划（2014—2020 年）》，规划围绕农业转移人口市民化、优化城镇化布局和形态、提高城市可持续发展能力、推动城乡发展一体化、改革完善城镇化发展体制机制五方面展开，呈现出一条以人为本、以人口空间流动与社会流动为主线、以城乡深度融合为归宿的中国特色新型城镇化道路。历经多年的实践，农民工不断融入城市成为新市民，中等收入阶层持续壮大，以城市群为骨架的网络化空间布局基本形成。

为在新起点上推动更高水平的新型城镇化，"十四五"规划纲要的第八篇第二十七至二十九章在以下两方面较《国家新型城镇化规划（2014—2020 年）》向前迈进了一步。一方面，采取了更加灵活的农业人口市民化制度。例如：《国家新型城镇化规划（2014—2020 年）》规定"合理确定城区人口 300 万～500 万的大城市落户条件"，而"十四五"规划纲要则表示"全面放宽城区常住人口 300 万至 500 万的 I 型大城市落户条件"，从"合理确定"到"全面放宽"，将引导更多农业人口完成非农化转型。与此同时，"十四五"规划纲要还就农业转移人口关心的教育、医疗等问题做出庄严承诺，充分彰显出国家加快农业转移人口全面融入城市的决心。另一方面，将建设现代化都市圈作为完善城镇化空间布局的必由之路。都市圈是城镇化进入中高级阶段后的必然产物，在 2019 年 2 月发布的《关于培育发展现代化都市圈的指导意见》中，都市圈被界定为围绕某一个中心城市（即超大或特大城市）、以 1 小时通勤圈为基本范围的城镇化形态。"十四五"规划纲要承袭了上述界定，并从交通基础设施联通、教育和医疗资源共享、产业园区和科研平台共建等方面入手，描绘出现代化都市圈的美好愿景。

（二）乡村振兴

乡村是具有自然、社会、经济特征的地域综合体，兼具生产、生活、生态、文化等多重功能，与城镇互促互进、共生共存，共同构成人类活动的主要空间。2013 年以来，国家在有条不紊地推进脱贫攻坚的同时，将乡村振兴定位为国家层面的战略，确立了"产业兴旺、生态宜居、乡风文明、治理有效、生活富裕"的战略性目标。2018年 9 月，中共中央、国务院正式印发了《乡村振兴战略规划（2018—2022 年）》，明确提出要通过培育农业农村新产业新业态、打造农村产业融合发展新载体新模式等途径，引领新时代乡村振兴。2021 年 2 月，习近平总书记在全国脱贫攻坚总结表彰大会上庄严宣告："我国脱贫攻坚战取得了全面胜利，现行标准下 9 899 万农村贫困人口全部脱贫，832 个贫困县全部摘帽，12.8 万个贫困村全部出列，区域性整体贫困得到解决，完成了消除绝对贫困的艰巨任务"，我国进入脱贫攻坚与乡村振兴两大战略的衔接过渡期（孙久文等，2021）。

在此背景下，"十四五"规划纲要在第七篇第二十三至二十五章从提高农业质量效益和竞争力、加快乡村建设、健全城乡融合发展体制机制三方面点明了构建工农互促、城乡互补新型工农城乡关系的发力点。特别值得一提的是，"十四五"规划纲要坚持将产业兴旺作为乡村振兴的立足点，设计出农林牧渔业、农产品加工业、乡村特色旅游业的发展路径，并尝试性打破乡村产业边界，强调三产融合在乡村振兴中的重要地位。在此基础上，"十四五"规划纲要在第七篇第二十六章升华至巩固拓展脱贫攻坚成果同乡村振兴有效衔接上，设计出农村低收入人口和欠发达地区帮扶机制，与党的十九届五中全会的精神形成呼应。

（三）全方位对外开放

新中国成立70多年来，GDP已由最初的不足千亿元攀升至100万亿元以上，成为全球第二大经济体，创造了举世瞩目的成就。随着经济全球化向前发展，我国同世界各国的经济联系不断加深，对外开放成为不可阻挡的历史潮流。从20世纪80年代的经济特区、沿海开放城市、沿海经济开放地带，到20世纪90年代的浦东开发开放，一条以上海为中心，以京津、广深为南北两翼的沿海经济开放带诞生，与沿江开放城市、沿边开放城市、内地省会城市相互支撑，形成了全方位、宽领域、多层次的对外开放格局。2013年以来，为扩大商品贸易、盘活资金融通，我国先后在上海、天津、广东等17个省份分4批设立自由贸易区，开放的中国正更加自信地屹立于世界舞台中央。然而，近年来中美贸易摩擦频发、国际上保护主义和单边主义盛行等，给我国开放型经济建设带来了一定挑战。

处在机遇与挑战并存的新发展阶段，"十四五"规划纲要在第十二篇第四十章为建设更高水平开放型经济新体制提出了新要求，主要包括三个要点：第一，打造自由贸易区、跨境经济合作区、内陆开放型经济试验区等一系列开放层次更高、营商环境更优、辐射作用更强的开放高地，在扩大进出口贸易规模的同时，"引进来"与"走出去"相结合，向国际分工价值链中高端进军；第二，指明东部、中部、西部、东北四大板块全方位对外开放的发力方向，针对性提及了广西、云南在对外开放新棋局中的角色；第三，从顶层设计层面高瞻远瞩地点明推进制度型开放、健全开放安全保障体系的总体思路。

（四）陆海统筹

我国背倚亚欧大陆、面向太平洋，拥有300余万平方千米的海洋国土，蕴藏着丰沛的矿物资源、化学资源、生物资源与动力资源，创造的生产总值在2020年已超过9万亿元，海洋开发与利用已成为综合国力的标志。早在20世纪初，孙中山就曾强调，中国的发展要"海权与陆权并重，不偏于海，亦不偏于陆，而以大陆雄伟之精神，与海国超迈之意识，左右逢源，相得益彰"。其著名的《建国方略》中也将港口定位为"国际发展实业计划之策源地""中国与世界交通运输之关键"。新中国成立70多年来，中国共产党五代领导集团群策群力，重视海洋，发展海洋，海洋经济前途不可估量。

为扎实推进陆海统筹、开展蓝色国土空间的开发保护，"十四五"规划纲要在第九篇第三十三章选取建设现代海洋产业体系、打造可持续海洋生态环境、深度参与全球海洋治理三个视角，将海洋经济发展、海洋生态保护与海洋权益维护纳入统一框架下。

具体而言：其一，在海洋经济发展方面，在优化近海绿色养殖布局、建设海洋牧场、发展可持续远洋渔业的同时，积极培育海洋工程装备业、海洋生物医药业、海洋文化旅游业；其二，在海洋生态保护方面，构建流域—河口—近岸海域污染防治联动机制，优化海岸带综合治理；其三，在海洋权益维护方面，积极发展蓝色伙伴关系，深度参与国际海洋治理机制和相关规则制定与实施，通过海洋保护与开发的国际合作有效化解当前国际政治经济形势下的各种不确定性，增进全人类福祉（林香红，2020）。

四、区域协调发展对 2035 年基本实现社会主义现代化的驱动机制

党的十九大提出全面建设社会主义现代化国家的时间表，即到 2035 年基本实现社会主义现代化，到本世纪中叶把我国建设成为富强民主文明和谐美丽的社会主义现代化强国。党的十九届五中全会擘画了到 2035 年我国基本实现社会主义现代化的远景目标。其中，建设现代化经济体系、构建新发展格局、实现共同富裕、缩小城乡发展差距，都是值得高度关注的目标（孙久文，2021）。着力完成这些目标任务，更好推动区域协调发展向更深层次迈进，是全面建设社会主义现代化国家的题中之义和战略要求。

(一) 以区域协调发展促进建设现代化经济体系

在全面建成小康社会基础上开启基本实现社会主义现代化的新征程，必须构建现代化经济体系，而区域协调发展是构建现代化经济体系的内在要求，是提高资源分配效率、形成整体优化的生产力空间布局的重要手段。2018 年 1 月，习近平总书记在中共中央政治局第三次集体学习时强调："现代化经济体系，是由社会经济活动各个环节、各个层面、各个领域的相互关系和内在联系构成的一个有机整体。"为实现"十四五"时期发展目标和 2035 年远景目标，需要重点解决一系列问题，其中就包括区域协调发展。

展望未来，要促使我国区域经济版图实现高水平的协调发展，就要加快城市群和都市圈建设，形成区域经济的核心引领区。习近平总书记在《求是》发表的文章《推动形成优势互补高质量发展的区域经济布局》中指出："我国经济发展的空间结构正在发生深刻变化，中心城市和城市群正在成为承载发展要素的主要空间形式。"从我国当前的情况来看，未来 15 年将会形成十大城市群，每一个城市群内部包括若干都市圈，同时在城市群之外也会形成若干都市圈。这些城市群是：长三角城市群、粤港澳大湾区城市群、京津冀城市群、成渝城市群、长江中游城市群、中原城市群、关中城市群、山东半岛城市群、辽中南城市群和海峡西岸城市群。要以上述十大城市群为引擎，带动区域发展，实现区域联动，形成多极支撑的区域发展格局。这必将为促进我国区域协调发展注入不竭动力，最终建成现代化经济体系。

(二) 以区域协调发展促进构建新发展格局

积极推动并实施区域协调发展战略，是新时代构建以国内大循环为主体、国内国际双循环相互促进的新发展格局的基本路径之一。构建新发展格局，必须形成强大的

国内市场。

一方面，要打通、整治不同区域在生产、分配、流通、消费各环节的堵点、难点、痛点，提高经济运行效率，建成国内统一大市场。健全区域协调发展新机制，必须"形成全国统一开放、竞争有序的商品和要素市场"。习近平总书记在《求是》发表的文章《推动形成优势互补高质量发展的区域经济布局》中指出："要实施全国统一的市场准入负面清单制度，消除歧视性、隐蔽性的区域市场壁垒，打破行政性垄断，坚决破除地方保护主义。除中央已有明确政策规定之外，全面放宽城市落户条件，完善配套政策，打破阻碍劳动力流动的不合理壁垒，促进人力资源优化配置。要健全市场一体化发展机制，深化区域合作机制，加强区域间基础设施、环保、产业等方面的合作。"

另一方面，要挖掘国内市场潜力，进一步扩大内需，为畅通国内大循环提供更广阔的平台，拓展我国经济发展的回旋空间。当前，我国东中西部以及南北方的发展差距问题仍然突出，是构建国内统一大市场的绊脚石。为此，要持续推进西部大开发、中部崛起，加大中西部城市群与都市圈的建设力度，吸引更多的人口与资源向中西部的核心区域集中。与此同时，针对习近平总书记在文章《推动形成优势互补高质量发展的区域经济布局》中指出的"区域经济发展分化态势明显。长三角、珠三角等地区已初步走上高质量发展轨道，一些北方省份增长放缓，全国经济重心进一步南移"，要综合考虑南北方历史和现实等多重因素，引导南北方人口与经济适度均衡发展。

（三）以区域协调发展促进共同富裕取得实质性进展

习近平总书记在《关于〈中共中央关于制定国民经济和社会发展第十四个五年规划和二○三五年远景目标的建议〉的说明》中指出："共同富裕是社会主义的本质要求，是人民群众的共同期盼。我们推动经济社会发展，归根结底是要实现全体人民共同富裕。"党的十九届五中全会提出的到2035年基本实现社会主义现代化的远景目标中，就包括"全体人民共同富裕取得更为明显的实质性进展"。

为提高人民收入水平，必须稳定就业、促进就业，激发人民积极性、主动性、创造性，最终实现共同富裕。而稳定就业、促进就业，与区域产业分布密切相关。这表现在产业空间布局上，就是城市群、中小城市、小城镇和新农村产业的繁荣发展。其中，大城市大量集聚各类生产要素，发展技术密集型产业；中小城镇是接纳农村转移人口的主要承载地，将承担壮大现代制造业的发展任务，并成为主要的消费品生产基地；新农村要承担保证粮食安全、优化生态环境等任务。同时，还要引导产业有序转移，化解要素与产业的空间错配，进而消除优化全要素生产率面临的障碍。按照上述产业布局思路，人民群众的就业将得到切实保障，可支配收入将稳步提升，向着共同富裕的目标进军。

（四）以区域协调发展巩固拓展脱贫成果，全面实施乡村振兴战略

当前，我国已经消除了绝对贫困和区域性整体贫困。但同时也要看到，我国城乡收入差距仍然较大，实现城乡协调发展是一个长期任务。根据国家统计局数据显示，

2020 年城镇居民的人均可支配收入为 43 833.80 元，农村居民的人均纯收入为 17 131.50 元，两者之比为 2.56∶1，城镇 20% 的高收入户的人均可支配收入为 96 061.60 元，农村 20% 的低收入户的人均纯收入只有 4 681.50 元，两者的收入差距明显。在完成脱贫攻坚任务后，如何进一步巩固拓展脱贫攻坚成果，缩小城乡发展差距？要解决上述问题，离不开城乡协调发展的深入推进。

区域协调发展同城乡协调发展紧密相关。要以深入实施乡村振兴战略为抓手。为此，要建立统一规范、层次明晰、功能精准的城乡政策体系，统筹区域发展和城乡发展，深化区域合作，明确城市与乡村的功能定位，健全利益平衡机制，特别要完善对粮食主产区的利益补偿机制、对生态保护区的支付保障机制。按照上述部署，已脱贫人口的收入水平和生活水平将显著提高，逐步实现由集中资源支持脱贫攻坚向全面推进乡村振兴的平稳过渡。

五、2035 年基本实现社会主义现代化的战略框架

本部分将立足"十四五"规划纲要关于区域协调发展新构想的若干论述，结合创新、协调、绿色、开放、共享五大新发展理念，设计高质量发展导向下 2035 年基本实现社会主义现代化的战略框架。

第一，激发创新活力。为强化创新对 2035 年基本实现社会主义现代化的带动作用，可从微观与宏观两个层面进行战略框架设计。（1）在微观层面，要充分尊重企业的创新主体地位，加快产学研一体化进程。相较于高校与科研院所，企业具有适应市场需求进行针对性创新的优势。为此，要积极构建以企业为主体的创新链条，在调动企业从事研发活动积极性的同时，加大资金、人才等创新要素的公共投入力度，确保创新成果成功运用于生产实践过程中。创新不能仅依靠企业自身，还需要同高校及科研院所建立联动机制，通过产学研一体化将外生冲击对我国经济运行的负面影响降至最低：一方面，企业应为高校与科研院所的人才培养提供创新创业基地，不仅能让创新型人才更具实操能力，也可为自身储备丰富的潜在人力资本，让企业能够更顺利地开展创新实践；另一方面，高校与科研院所应当深化同业界的交流，更精准地把握企业创新诉求，开发契合市场需要的专利产品，引导专利成果向业界转移，避免因外国卡技术"脖子"而引发经济波动。（2）在宏观层面，作为知识、人才、技术等创新资源和要素的集聚地，创新综合试验区是建设创新型国家的基本空间单元，对加快高质量发展步伐至关重要。为此，新时代背景下要积极借鉴北京中关村科学城、上海张江高新区"一区多园"管理模式、广州国际科技创新中心"四区合一"运营模式的成功经验，提升国家级自主创新示范区、国家级高新区的层次，通过深化创新综合试验区政策实践提升我国经济发展质量。

第二，健全现代产业体系。健全现代产业体系是国民经济完成由高速增长向高质量发展过渡的重要一环。为在 2035 年基本实现社会主义现代化，需从重构产业链供应链与重塑产业布局两方面入手，构思健全现代产业体系的战略框架。（1）重构产业链

供应链。我国政府应大力发展以集成电路、飞机发动机、新能源汽车、新材料为代表的新型制造业，培育一批先进装备制造产业带、战略性新兴制造业基地，进而完善产业链供应链，捍卫在全球分工价值链中的话语权。与此同时，随着新一轮科学技术革命浪潮的兴起，我国的服务业增加值占比已超过制造业，成为高质量发展的第一拉力。鉴于此，要坚持生产性服务业与生活性服务业并重，重点扶持以金融、现代物流、会议展览为代表的生产性服务业，和以旅游、商贸、居家养老为代表的生活性服务业，释放现代化产业链供应链对加速高质量发展的正外部性。需要特别强调的是，作为现代服务业支柱的金融是实体经济的血脉，金融和以高端制造业为代表的实体经济循环不畅，是制约经济发展质量提升的重要因素，这就要求对金融供给体系进行结构性调整，提供更多可直达市场主体的金融产品，拓展多层次资本市场发展空间，畅通金融和实体经济之间的传导机制。（2）重塑产业布局。面向"十四五"时期，我国政府需坚持因地制宜、分类指导的基本原则，独资、合资、收购、兼并、非股权安排等方式并重，科学引导纺织、服装等劳动密集型制造业，钢铁、石化、有色金属等资本密集型制造业向要素成本更低的中西部地区转移，缩小高质量发展后发区域与先发区域间的差距。在肯定梯度推移主导地位的同时，要使反梯度推移同大范围的生产力梯度推移相补充，以医药、计算机等技术密集型制造业为支柱，夯实东部地区京津冀、长三角、珠三角国家制造业中心的地位，将其作为参与国际竞争合作的主导力量。

第三，注重投资消费协同。国民经济高质量发展的基点在于扩大内需，应从发挥有效投资的关键性作用和释放消费的基础性作用两方面入手构思战略框架。（1）发挥有效投资的关键性作用。近年来，我国政府将港珠澳大桥、川藏铁路、洋山深水港等基础设施建设项目作为支点，固定资产投资总额呈井喷式增长，成为高质量发展的强劲动力之一。为进一步发挥有效投资对助推高质量发展的关键性作用，应适时引导投资向交通、水利、信息等社会公共领域倾斜，谨防投资过多地流入虚拟经济部门。（2）释放消费的基础性作用。过度依赖投资可能加剧产能过剩，因此新发展阶段需坚持消费的主体地位，释放消费的基础性作用。目前，我国人均收入同中等发达国家的差距正逐步缩小，已经具备建设消费型社会的基本前提。为此，要以住房、汽车和健康养老等大宗消费为主攻，以高端、个性化消费为发展方向，引导以绿色、时尚、品质为特征的新型消费，通过内需扩张驱动高质量发展。

第四，实现城乡深度融合。城乡深度融合是弥补乡村经济发展质量短板，完成"乡土中国—城乡中国—城市中国"三阶梯演进的题中之义。根据《乡村振兴战略规划（2018—2022年）》，要牢牢扭住"产业兴旺"的总基调，探讨乡村三次产业如何共荣共生，进而实现乡村地区高质量发展。（1）延长农产品产业链。各乡村应充分利用得天独厚的自然条件，积极建设优质农产品生产与深加工基地，满足多样化的国内市场需求。在此基础上，适时开拓出口创汇农业，提升单位农产品的附加值。（2）集中力量发展乡镇工业。乡镇工业是连接城市与农村的经济纽带，属于典型的劳动密集型产业，对解决县域内剩余劳动力就业、增加农村居民收入具有重要意义。20世纪80年代以来，苏南地区、温州市、晋江市等地先行先试，为广大农村地区提供了可供借鉴的乡镇工业发展模式。（3）注重商贸零售、文化旅游等新业态的孵化，通过服务业牵动乡村振兴，义乌的小商品交易市场、江浙一带的文化特色小镇都是很好的范例。

第五，坚持绿色循环低碳。要实现 2030 年碳达峰、2060 年碳中和的"双碳"远景目标，就必须以新理念引领绿色发展，将"绿水青山就是金山银山"的理念落实到生产生活实践中，确保我国经济发展质量不断提升。下面从循环生产、环境规制、低碳生活三方面入手进行分析。（1）注重循环生产。借鉴循环经济示范区的成功经验，在降低原料开采、生产制造、消费使用等环节废弃物排放量的同时，通过废弃物循环再利用优化资源要素的使用效率，避免因资源枯竭而陷入低质量发展的陷阱。（2）强化环境规制。在完善环境保护地方性法规的同时，要充分运用大数据、互联网等现代技术手段，建立全天候的生态安全预警机制。同时，加速域内钢铁、化工、冶金等传统制造业部门实施绿色技术改造，释放环境规制对高质量发展的波特效应。（3）倡导低碳生活。随着居民物质生活的极大丰富，对优质生态环境的支付意愿显著增强，为此要加大对低碳生活理念的宣传力度，培养环保责任意识与环境监督意识，倒逼社会生产模式转型升级，为高质量发展注入持久动力。

第六，加深开放互利互惠。在经济全球化时代，我国同世界各国的经济联系不断加深，对外开放的时代潮流不可阻挡，其中最为重要的载体就是自由贸易区。为此，需秉持"以更高水平外循环促进双循环畅通高效"的基本原则，将自由贸易区作为战略基点，形成加速高质量发展的思路。（1）创新自由贸易区监管模式。逐步将检疫、通关等审批环节纳入同一部门的管理范畴，顺利推进以"一线放开""二线安全高效管住""负面清单"为核心的监管服务改革，在吸引外资进驻的同时，鼓励国内华为、华虹、奇虎、通用、大疆等创新百强企业主动"走出去"，广泛开展国际经济技术合作。（2）自由贸易区需借助现代信息技术，通过"单一窗口"建设为国际经贸往来提供线上渠道，加快移动互联网、新能源汽车、大型飞机、超级计算机等高端产品进驻国际市场的步伐，移步至"微笑曲线"两端。（3）进一步扩大自由贸易区的试点范围，将对外开放城市发展与自由贸易区建设纳入统一的制度框架，沿海沿江沿边城市、省会（首府）城市可作为自由贸易区试点的优先考虑对象。

第七，深化收入分配改革。"十四五"规划纲要提出了到 2035 年"人均国内生产总值达到中等发达国家水平，中等收入群体显著扩大"的远景目标，是形成强大国内市场、提高经济发展质量的关键一步。下面从初次分配、再分配与第三次分配三方面展开战略框架设计。（1）初次分配。要稳步提高居民劳动报酬占初次分配的比重，健全职工工资的正常增长机制与支付保障机制，鼓励居民按照生产要素贡献参与收入分配，发挥中等收入群体对扩大国内市场规模、发挥超大规模经济体优势的支撑作用。（2）再分配。在完善社会保障体系的同时，逐步提高最低工资标准，创造更多条件让低收入者跻身中等收入行列，刺激国内消费，发挥对高质量发展的带动作用。（3）第三次分配。发挥社会组织的作用，以自愿和道德为基本准则，通过募集、捐赠、资助、义工等慈善公益方式对资源和财富进行分配。

第八，加快基本公共服务均等化。新发展格局下各地区应以高品质教育、就业、医疗、基础设施资源共享为驱动,形成公平包容的社会环境,在普惠共赢的实践中不断开拓高质量发展的新境界,达成"幼有所育、学有所教、劳有所得、病有所医、老有所养、住有所居、弱有所扶"的大同愿景。在将基本公共服务"蛋糕"做大的同时,将基本公共服务"蛋糕"分好也是高质量发展的关键议题。幼儿养育、科学教育、收入分配、医疗卫生、基础设施、养老与住房保障的均等化并不意味着基本公共服务的绝对平均。一般而言,可支配收入相对较低的群体往往更需依靠优质的基本公共服务提升生活质量。因此,在扩大基本公共服务供给时,要适当向弱势群体倾斜。特别需要指出的是,在人口跨地区流动日益频繁的今天,外来务工人员的整体收入水平低于本地人口,因此在满足户籍人口日常生活需要的同时,还要确保外来人口也能享受同等福利。按照上述思路,人民群众将更加积极地参与到社会扩大再生产的实践中,为改善我国经济基本质量而贡献力量。

参考文献

[1] 金凤君. 黄河流域生态保护与高质量发展的协调推进策略 [J]. 改革, 2019 (11): 33-39.

[2] 林香红. 面向2030: 全球海洋经济发展的影响因素、趋势及对策建议 [J]. 太平洋学报, 2020, 28 (1): 50-63.

[3] 刘守英, 王一鸽. 从乡土中国到城乡中国: 中国转型的乡村变迁视角 [J]. 管理世界, 2018, 34 (10): 128-146.

[4] 孙久文, 蒋治. "十四五"时期中国区域经济发展格局展望 [J]. 中共中央党校(国家行政学院)学报, 2021, 25 (2): 77-87.

[5] 孙久文, 李方方, 张静. 巩固拓展脱贫攻坚成果 加快落后地区乡村振兴 [J]. 西北师大学报(社会科学版), 2021, 58 (3): 5-15.

[6] 孙久文. 区域协调发展与全面建成小康社会和全面建设社会主义现代化国家 [J]. 党的文献, 2021 (1): 18-25.

[7] 张可云, 蔡之兵. 京津冀协同发展历程、制约因素及未来方向 [J]. 河北学刊, 2014, 34 (6): 101-105.

[8] 张可云. 新时代的中国区域经济新常态与区域协调发展 [J]. 国家行政学院学报, 2018 (3): 102-108.

后 记

值此《中国区域经济发展报告（2022）》出版之际，感谢中国人民大学科研处和应用经济学院各位领导的大力支持和帮助。本报告是中国人民大学科研基金资助的研究报告系列项目和教育部哲学社会科学研究发展报告系列的培育项目。我们有信心在教育部和中国人民大学相关单位的指导下，把本报告做成精品研究报告。

本报告由孙久文、张皓、苏玺鉴设计大纲并确定编写体例，确定具体的研究内容；孙久文担任主编，张皓担任副主编。

本报告具体分工如下：

总报告：孙久文、张皓

第一章：李承璋

第二章：李承璋

第三章：周孝伦、邢晓旭、张皓

第四章：胡俊彦

第五章：陈超君、殷赏

第六章：张皓

第七章：张翔、崔雅琪

第八章：王邹

第九章：李方方

第十章：宋准

第十一章：高宇杰

第十二章：蒋治

其中，孙久文、张皓对全书进行了编纂、修订和增补。

最后，向中国人民大学出版社负责本书出版编辑工作的老师表示由衷的感谢。

图书在版编目（CIP）数据

中国区域经济发展报告. 2022："十四五"时期区
域经济特征分析与目标展望/孙久文主编. --北京：
中国人民大学出版社，2023.12
（中国人民大学研究报告系列）
ISBN 978-7-300-31521-8

Ⅰ. ①中… Ⅱ. ①孙… Ⅲ. ①区域经济发展－研究报
告－中国－2022 Ⅳ. ①F127

中国国家版本馆 CIP 数据核字（2023）第 044652 号

中国人民大学研究报告系列
中国区域经济发展报告 2022——"十四五"时期区域经济特征分析与目标展望
主　编　孙久文
副主编　张　皓
Zhongguo Quyu Jingji Fazhan Baogao 2022——Shisiwu Shiqi Quyu Jingji Tezheng Fenxi yu Mubiao
　　　　Zhanwang

出版发行　中国人民大学出版社
社　　址　北京中关村大街 31 号　　　　　邮政编码　100080
电　　话　010 - 62511242（总编室）　　　010 - 62511770（质管部）
　　　　　010 - 82501766（邮购部）　　　010 - 62514148（门市部）
　　　　　010 - 62515195（发行公司）　　010 - 62515275（盗版举报）
网　　址　http://www.crup.com.cn
经　　销　新华书店
印　　刷　固安县铭成印刷有限公司
开　　本　787 mm×1092 mm　1/16　　　版　　次　2023 年 12 月第 1 版
印　　张　15.5 插页 1　　　　　　　　　　印　　次　2023 年 12 月第 1 次印刷
字　　数　330 000　　　　　　　　　　　　定　　价　62.00 元